4年

実力アップ
白地図ノート

教科書ワーク
96ページの
プラスワークも
見てみましょう。

自分だけの地図を作って
社会の力をのばす！調べ学習にも！

JN131539

年	組	名前

※地図の縮尺は異なっている場合があります。また、一部の離島を省略している場合があります。

「白地図ノート」はとりはずして使用できます。

1 日本のすがた①

使い方のヒント
わたしたちの住む日本は、どんな形をしているのかな。キミが住んでいる場所がどのあたりか、考えてみよう。

0　　　200km

2 日本のすがた②

0 ————— 200km

3　日本のすがた③

●色分けのルールをかこう。

0　　　　　　　　　　400km

4 世界のすがた

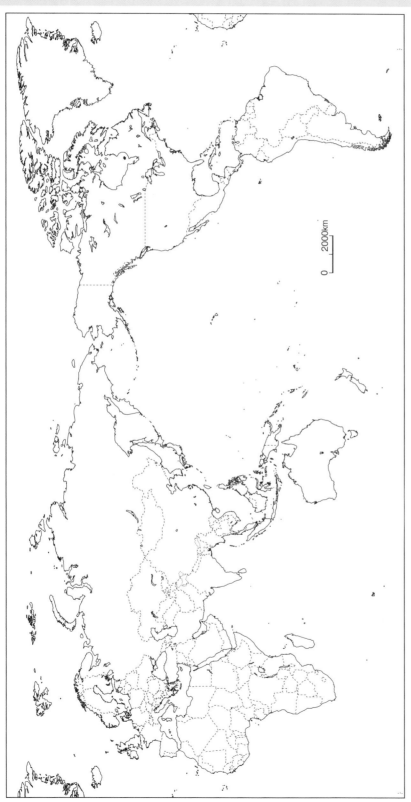

0 ── 2000km

●調べたことを自由にかこう。

●色分けのルールをかこう。

5 都道府県マスター！

とどうふけん

使い方の ヒント

①～㊼の都道府県名がわかるかどうか、たしかめてみよう！漢字で書けるとかんぺき！

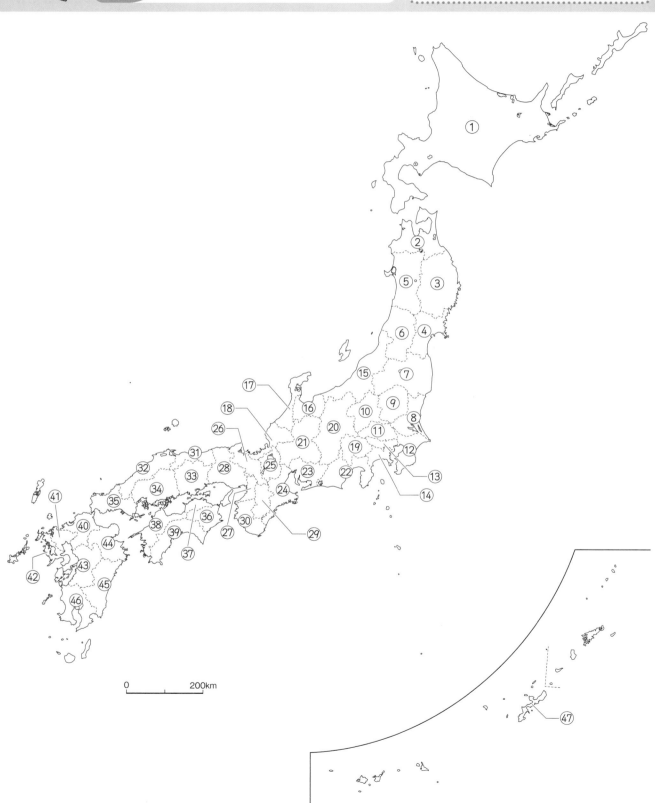

0　　200km

6 都道府県庁所在地マスター！

使い方のヒント

①〜㊼の都道府県の都道府県庁所在地名がわかるかどうか、たしかめてみよう！漢字で書けるとかんぺき！

0　　　200km

7 日本の地方区分

●調べたことを自由にかこう。

0   400km

●色分けのルールをかこう。

8 北海道地方
ほっかいどう

使い方の **ヒント**

北海道地方は、ただ1つの「道」である
北海道だけでできているよ。地形や農業、
祭りなどの特色を自由に調べてみよう。
とくしょく

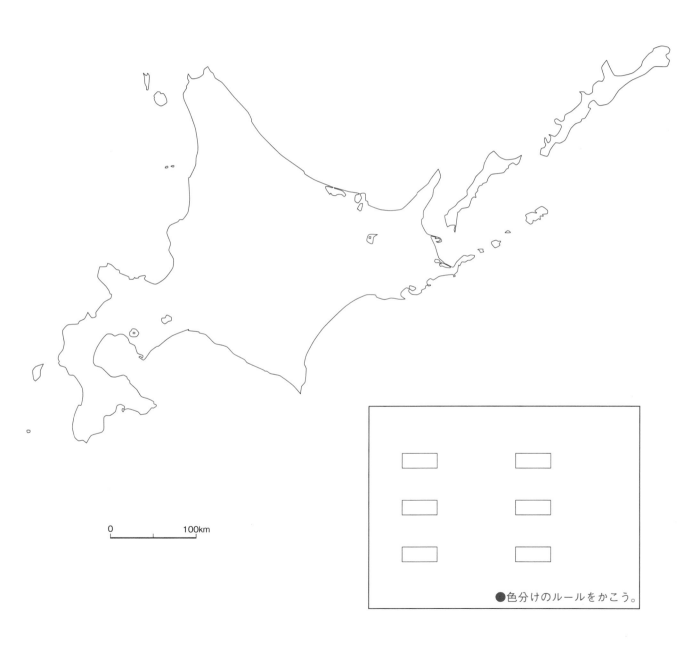

0　　　　　　100km

●色分けのルールをかこう。

9 東北地方
とうほく

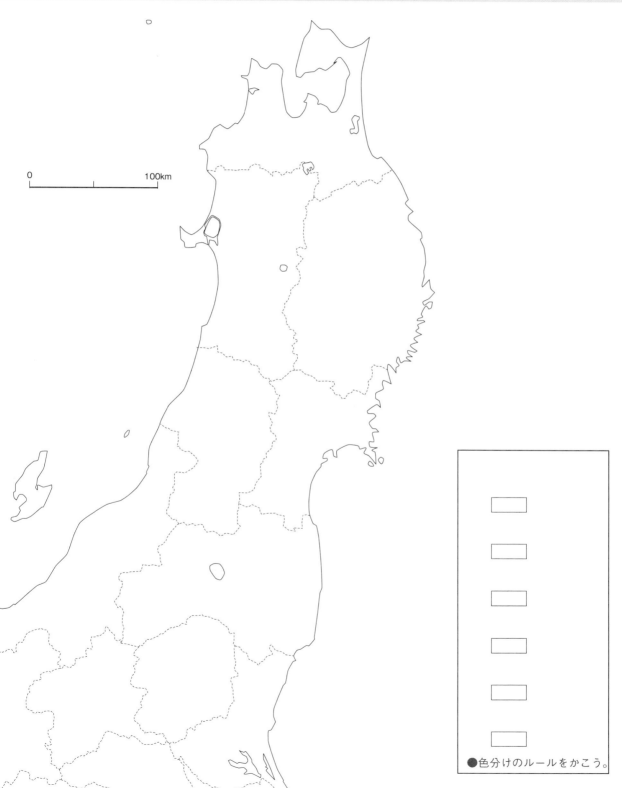

0　　　　　　　　100km

●色分けのルールをかこう。

10 関東地方

使い方の ヒント

関東地方には１つの都と６つの県があるよ。好きな都県について、地形や農業、祭りなどの特色を自由に調べてみよう。

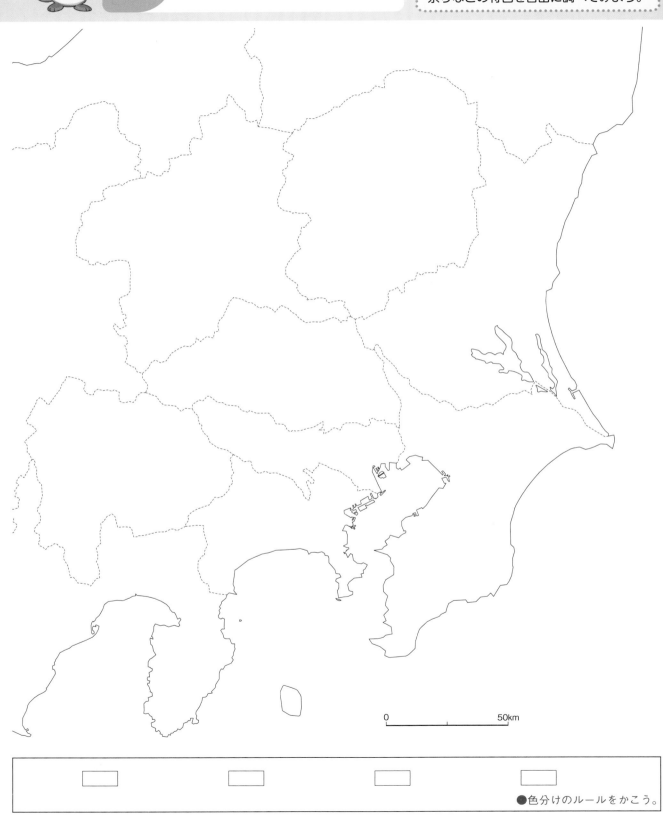

0　　　　　50km

●色分けのルールをかこう。

●勉強した日　　月　　日

11 中部地方
ちゅう ぶ

使い方の ヒント

中部地方には９つの県があるよ。好きな県について、地形や農業、祭りなどの特色を自由に調べてみよう。
とく
しょく

0　　　　50km

●色分けのルールをかこう。

12 近畿地方
きんき

使い方のヒント

近畿地方には2つの府と5つの県があるよ。好きな府県について、地形や農業、祭りなどの特色を自由に調べてみよう。

0　　25km

●色分けのルールをかこう。

13 中国・四国地方

使い方のヒント

中国・四国地方には9つの県があるよ。好きな県について、地形や農業、祭りなどの特色を自由に調べてみよう。

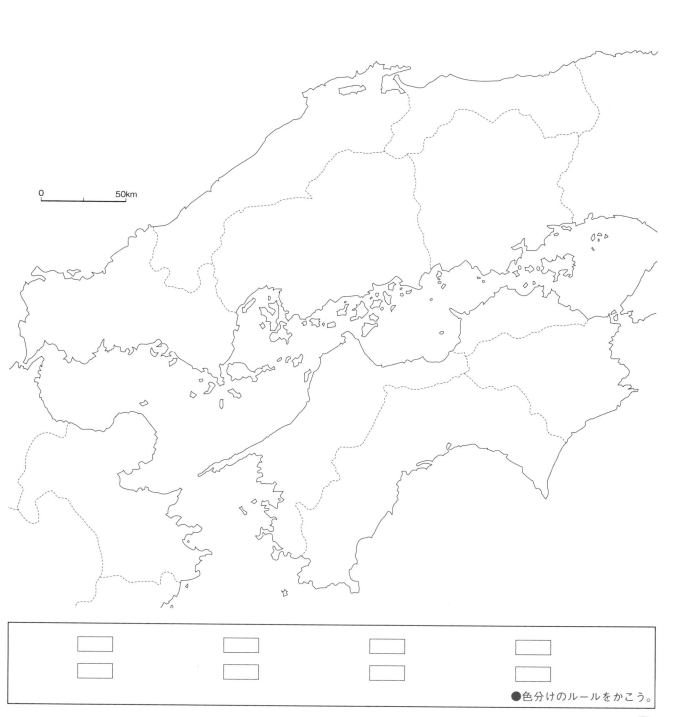

0　　50km

●色分けのルールをかこう。

14 九州地方
きゅうしゅう

使い方のヒント

九州地方には8つの県があるよ。好きな県について、地形や農業、祭りなどの特色を自由に調べてみよう。
とく
しょく

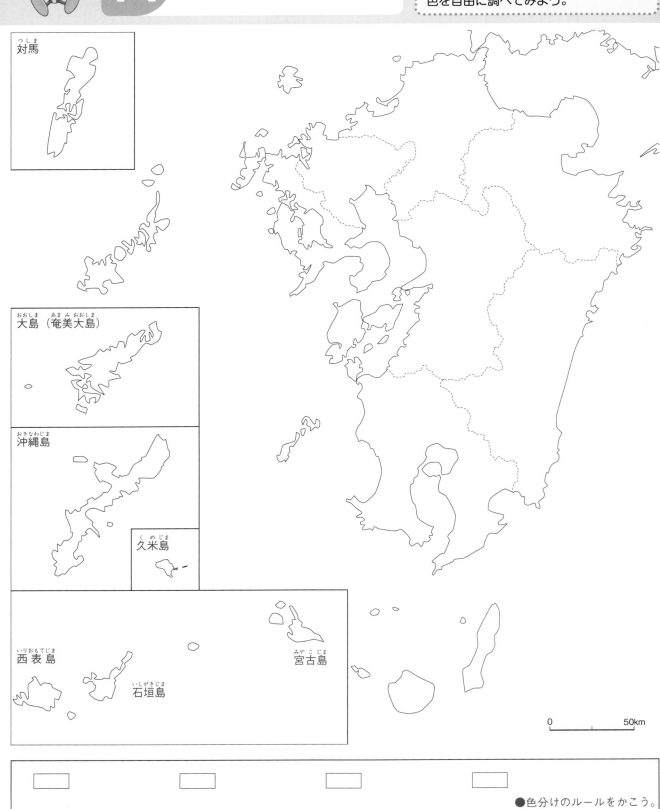

対馬
つしま

大島（奄美大島）
おおしま　あまみ おおしま

沖縄島
おきなわじま

久米島
くめじま

西表島
いりおもてじま

石垣島
いしがきじま

宮古島
みやこじま

0　　　　　50km

●色分けのルールをかこう。

わくわく シール

まんてん シール

★1日の学習がおわったら、チャレンジシールをはろう。
★実力はんていテストがおわったら、まんてんシールをはろう。

チャレンジ シール

都道府県と県庁所在地

まとめて覚える！

名前がにている 都道府県

宮城県 と 宮崎県

福島県 と 福井県 と 福岡県

山形県 と 山梨県 と 山口県

滋賀県 と 佐賀県

都道府県名とことなる 県庁所在地

札幌市	さいたま市	大津市
盛岡市	横浜市	神戸市
仙台市	金沢市	松江市
水戸市	甲府市	高松市
宇都宮市	名古屋市	松山市
前橋市	津市	那覇市

漢字がむずかしい 都道府県

新潟県　栃木県

岐阜県　愛媛県

面積が広い！

1位 北海道

2位 岩手県　3位 福島県

人口が多い！

1位 東京都

2位 神奈川県　3位 大阪府

北海道地方

北海道

札幌

青森県

秋田県　盛岡

岩手県

中部地方

山形県

宮城県

石川県　新潟県

富山県

福島県

東北地方

福井県　岐阜県

長野県　群馬県　栃木県

宇都宮　茨城県

山梨県　埼玉県　水戸

さいたま

中国・四国地方

島根県　鳥取県

広島県　岡山県　京都府

兵庫県　滋賀県

山口県

佐賀県　福岡県

香川県　大阪府　奈良県

愛媛県　徳島県　三重県

高知県　和歌山県

長崎県

大分県

熊本県

宮崎県

鹿児島県

九州地方

近畿地方

関東地方

東京都　神奈川県　千葉県

静岡県　愛知県

北　西　東　南

沖縄県　那覇

●	都道府県庁所在地
----	都道府県の境界
──	地方の境界

0　　　200km

都道府県クイズ

教科書ワーク

クイズに答えて、都道府県にくわしくなろう！
キミは何問できるかな？

答えは一番下にあるよ！

うら面の地図がヒントになるかも！

※クイズに出てくる地図のしゅくしゃくは同じではありません。

スタート！

---

1 面積の大きい都道府県 1位から3位はどこかな？

1位 ??? 78421km²
2位 ??? 15275km²
3位 ??? 13784km²

1位はかんたんかな？
2位3位はどこだろう…

---

6 次の㋐〜㋒にあてはまる県はそれぞれどこかな？

---

7 群馬県のように動物がつく都道府県を、3つ答えよう！

群馬県！

---

8 次の㋐〜㋒にあてはまる県はそれぞれどこかな？

---

9 次の特産品には、昔の地名がついているよ！どの県かな？

❶ 讃岐うどん
❷ 伊勢えび
❸ 紀州うめ

---

10 次の5つはどこの県庁所在地かわかるかな？

❶ 仙台市　❹ 神戸市
❷ 水戸市　❺ 松江市
❸ 松山市

①〜⑤はそれぞれことなる地方にあるよ！

---

2 人口が多い都道府県を、1位から3位まで答えよう！

1位 ??? 約1401万人
2位 ??? 約924万人
3位 ??? 約881万人

面積が大きいとはかぎらないよ！

---

5 次のくだものの生産がさかんな県はどこだろう？

❶ りんご
❷ パイナップル
❸ さくらんぼ

---

12 次の㋐〜㋓にあてはまる県はそれぞれどこかな？

---

11 次の府県を、東から順番に並べよう！

京都府　高知県　新潟県

---

3 海がない都道府県は8つ！ぜんぶ答えてみよう！

関東地方、中部地方、近畿地方のどこかにあるよ！内陸県ともいうんだ！

---

4 次の都道府県はどこかな？

❶　❷　❸

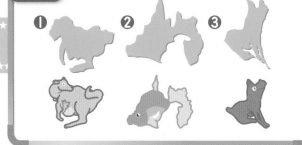

---

13 次の都道府県はどこかな？

❶　❷　❸

これでラスト！少してごわいぞ！

やったね！
ゴール！

特産戦隊 レットウジャー

※データはすべて2021年のもの。（出典：『データでみる県勢』2023年版）

教科書ワーク

わくわく 都道府県カード

アプリにも対応！

この都道府県はどこかな？ ❶

ココ!!
青森県

北海道地方

面積…1位　人口…8位

面積が広くて農業がさかん！

この都道府県はどこかな？ ❷

北海道
ココ!!
秋田県
岩手県

東北地方

面積…8位　人口…31位

りんごの生産がさかんだよ！

この都道府県はどこかな？ ❸

青森県
秋田県
ココ!!
宮城県

東北地方

面積…2位　人口…32位

わんこそばでおなかいっぱい！

この都道府県はどこかな？ ❹

秋田県
岩手県
山形県
ココ!!
福島県

東北地方

面積…16位　人口…14位

ささかまぼこが有名だよ！

この都道府県はどこかな？ ❺

青森県
ココ!!
岩手県
山形県
宮城県

東北地方

面積…6位　人口…38位

きりたんぽなべで体ぽかぽか！

この都道府県はどこかな？ ❻

秋田県
ココ!!
宮城県
新潟県
福島県

東北地方

面積…9位　人口…36位

さくらんぼがたくさんとれるよ！

この都道府県はどこかな？ ❼

山形県
宮城県
新潟県
ココ!!
栃木県
茨城県
群馬県

東北地方

面積…3位　人口…21位

赤べこは赤い牛って意味なんだ！

この都道府県はどこかな？ ❽

福島県
栃木県
ココ!!
埼玉県
千葉県

関東地方

面積…24位　人口…11位

県庁所在地では納豆が有名！

この都道府県はどこかな？ ❾

ココ!!
福島県
群馬県
茨城県
埼玉県

関東地方

面積…20位　人口…19位

いちごの生産がさかんだよ！

この都道府県はどこかな？ ❿

新潟県
福島県
栃木県
長野県
埼玉県
ココ!!

関東地方

面積…21位　人口…18位

こんにゃくの生産量日本一！

この都道府県はどこかな？ ⓫

栃木県
群馬県
茨城県
長野県
ココ!!
山梨県
東京都
千葉県

関東地方

面積…39位　人口…5位

深谷ねぎや草加せんべいが有名だよ！

山形県
県庁所在地…山形市

名物・特産品メモ
- さくらんぼ
- 西洋なし
- 米

どの地方にあるかな？

6

福島県
県庁所在地…福島市

名物・特産品メモ
- もも
- 赤べこ
- 会津塗

どの地方にあるかな？

7

茨城県
県庁所在地…水戸市

名物・特産品メモ
- 納豆
- 白菜
- れんこん

どの地方にあるかな？

8

栃木県
県庁所在地…宇都宮市

名物・特産品メモ
- いちご
- かんぴょう
- ぎょうざ

どの地方にあるかな？

9

群馬県
県庁所在地…前橋市

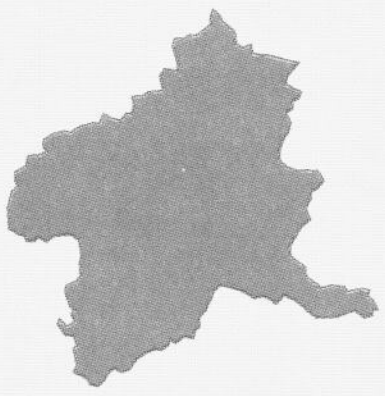

名物・特産品メモ
- こんにゃくいも
- キャベツ
- 釜めし

どの地方にあるかな？

10

埼玉県
県庁所在地…さいたま市

名物・特産品メモ
- こまつな
- ひな人形
- ねぎ

どの地方にあるかな？

11

使い方

●きりとり線にそって切りはなしましょう。
●表面を見て都道府県名を、うら面を見てその都道府県がある地方を答えてみましょう。
●面積や人口をくらべたり、食べ物など興味のあることを覚えたりして楽しく学習しましょう。
※地図の縮尺は同じではありません。データは 2021 年のものです。

北海道
県庁所在地…札幌市

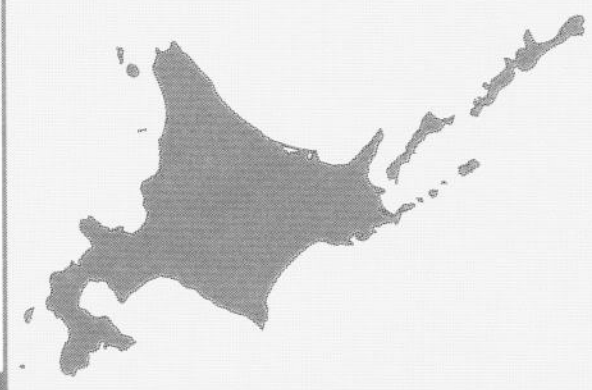

名物・特産品メモ
- 牛乳
- じゃがいも
- 雪まつり

どの地方にあるかな？

1

青森県
県庁所在地…青森市

名物・特産品メモ
- にんにく
- りんご
- ねぶた祭

どの地方にあるかな？

2

岩手県
県庁所在地…盛岡市

名物・特産品メモ
- わんこそば
- 木炭
- 南部鉄器

どの地方にあるかな？

3

宮城県
県庁所在地…仙台市

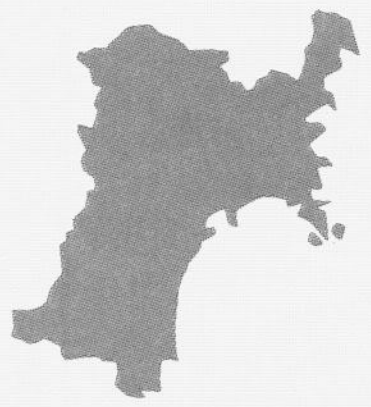

名物・特産品メモ
- ささかまぼこ
- ふかひれ
- 七夕まつり

どの地方にあるかな？

4

秋田県
県庁所在地…秋田市

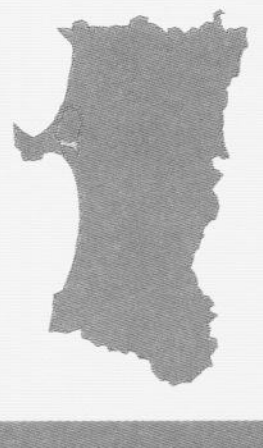

名物・特産品メモ
- なまはげ
- きりたんぽ
- 竿燈まつり

どの地方にあるかな？

5

この都道府県はどこかな？

関東地方
面積…28位　人口…6位

日本の落花生のほとんどを生産しているよ！

⑫

この都道府県はどこかな？

中部地方
面積…34位　人口…43位

鯖江市のめがねわくが有名だよ！

⑱

この都道府県はどこかな？

関東地方
面積…45位　人口…1位

日本の首都で、人口がとっても多いよ！

⑬

この都道府県はどこかな？

中部地方
面積…32位　人口…42位

ぶどうとももの生産量日本一！

⑲

この都道府県はどこかな？

関東地方
面積…43位　人口…2位

横浜港でのぼうえきがさかんだよ！

⑭

この都道府県はどこかな？

中部地方
面積…4位　人口…16位

すずしい高地でのレタスの生産がさかん！

⑳

この都道府県はどこかな？

中部地方
面積…5位　人口…15位

お米の生産がさかんだよ！

⑮

この都道府県はどこかな？

中部地方
面積…7位　人口…17位

和紙できれいなちょうちんを作るよ！

㉑

この都道府県はどこかな？

中部地方
面積…33位　人口…37位

切り分けて食べるますずしが有名だよ！

⑯

この都道府県はどこかな？

中部地方
面積…13位　人口…10位

ピアノをたくさん作っているよ！

㉒

この都道府県はどこかな？

中部地方
面積…35位　人口…33位

輪島塗や九谷焼など、伝統工芸がさかん！

⑰

この都道府県はどこかな？

中部地方
面積…27位　人口…4位

自動車の生産がさかんだよ！

㉓

福井県（ふくい）

県庁所在地…**福井市**

名物・特産品メモ
- めがねわく
- 越前がに（えちぜん）
- 越前漆器（えちぜんしっき）

どの地方にあるかな？

18

千葉県（ちば）

県庁所在地…**千葉市**

名物・特産品メモ
- 落花生（らっかせい）
- かぶ
- 成田国際空港（なりたこくさい）

どの地方にあるかな？

12

山梨県（やまなし）

県庁所在地…**甲府市**（こうふ）

名物・特産品メモ
- もも
- ぶどう
- ほうとう

どの地方にあるかな？

19

東京都（とうきょう）

県庁所在地…**東京**

名物・特産品メモ
- スカイツリー
- 深川めし（ふかがわ）
- 国会議事堂（こっかいぎじどう）

どの地方にあるかな？

13

長野県（ながの）

県庁所在地…**長野市**

名物・特産品メモ
- まつたけ
- みそ
- レタス

どの地方にあるかな？

20

神奈川県（かながわ）

県庁所在地…**横浜市**（よこはま）

名物・特産品メモ
- しゅうまい
- 鎌倉大仏（かまくら）
- 箱根寄せ木細工（はこねよせぎざいく）

どの地方にあるかな？

14

岐阜県（ぎふ）

県庁所在地…**岐阜市**

名物・特産品メモ
- あゆ
- 包丁（ほうちょう）
- ちょうちん

どの地方にあるかな？

21

新潟県（にいがた）

県庁所在地…**新潟市**

名物・特産品メモ
- ささ団子（だんご）
- まいたけ
- 米

どの地方にあるかな？

15

静岡県（しずおか）

県庁所在地…**静岡市**

名物・特産品メモ
- ピアノ
- 茶
- うなぎ

どの地方にあるかな？

22

富山県（とやま）

県庁所在地…**富山市**

名物・特産品メモ
- ホタルイカ
- アルミサッシ
- ますずし

どの地方にあるかな？

16

愛知県（あいち）

県庁所在地…**名古屋市**（なごや）

名物・特産品メモ
- 自動車
- 名古屋コーチン
- 電照菊（てんしょうぎく）

どの地方にあるかな？

23

石川県（いしかわ）

県庁所在地…**金沢市**（かなざわ）

名物・特産品メモ
- 金ぞくはく（きんぞくはく）
- 輪島塗（わじまぬり）
- 九谷焼（くたにやき）

どの地方にあるかな？

17

この都道府県はどこかな？

近畿地方
面積…25位　人口…22位

伊勢えびの伊勢は昔の地名だよ！

㉔

この都道府県はどこかな？

近畿地方
面積…30位　人口…40位

ココ!!

うめの生産量日本一！

㉚

この都道府県はどこかな？

近畿地方
面積…38位　人口…26位

ココ!!

日本一大きな湖があるよ！

㉕

この都道府県はどこかな？

中国・四国地方
面積…41位　人口…47位

ココ!!

大きな砂丘があるよ！

㉛

この都道府県はどこかな？

近畿地方
面積…31位　人口…13位

ココ!!

歴史ある建物がたくさんあるよ！

㉖

この都道府県はどこかな？

中国・四国地方
面積…19位　人口…46位

ココ!!

しじみがたくさんとれるよ！

㉜

この都道府県はどこかな？

近畿地方
面積…46位　人口…3位

ココ!!

お好み焼きやたこ焼きがおいしい！

㉗

この都道府県はどこかな？

中国・四国地方
面積…17位　人口…20位

ココ!!

学生服の生産がさかんだよ！

㉝

この都道府県はどこかな？

近畿地方
面積…12位　人口…7位

ココ!!

姫路城は世界遺産になっているよ！

㉘

この都道府県はどこかな？

中国・四国地方
面積…11位　人口…12位

ココ!!

かきの養しょくがさかんだよ！

㉞

この都道府県はどこかな？

近畿地方
面積…40位　人口…29位

ココ!!

東大寺の大仏を見て、鹿とふれ合おう！

㉙

この都道府県はどこかな？

中国・四国地方
面積…23位　人口…27位

ココ!!

本州で一番西にある県だね！

㉟

和歌山県 <ruby>和<rt>わ</rt></ruby><ruby>歌<rt>か</rt></ruby><ruby>山<rt>やま</rt></ruby><ruby>県<rt>けん</rt></ruby>

<ruby>県庁所在地<rt>けんちょうしょざいち</rt></ruby>…**和歌山市**

名物・特産品メモ

- うめ　　みかん
- ラーメン

どの地方にあるかな？

30

鳥取県 <ruby>鳥<rt>とっ</rt></ruby><ruby>取<rt>とり</rt></ruby><ruby>県<rt>けん</rt></ruby>

<ruby>県庁所在地<rt>けんちょうしょざいち</rt></ruby>…**鳥取市**

名物・特産品メモ

- <ruby>鳥取砂丘<rt>とっとりさきゅう</rt></ruby>　　らっきょう
- <ruby>二十世紀<rt>にじゅうせいき</rt></ruby>なし

どの地方にあるかな？

31

島根県 <ruby>島<rt>しま</rt></ruby><ruby>根<rt>ね</rt></ruby><ruby>県<rt>けん</rt></ruby>

<ruby>県庁所在地<rt>けんちょうしょざいち</rt></ruby>…**<ruby>松江市<rt>まつえし</rt></ruby>**

名物・特産品メモ

- しじみ　　<ruby>松葉<rt>まつば</rt></ruby>ガニ
- <ruby>出雲大社<rt>いずもたいしゃ</rt></ruby>

どの地方にあるかな？

32

岡山県 <ruby>岡<rt>おか</rt></ruby><ruby>山<rt>やま</rt></ruby><ruby>県<rt>けん</rt></ruby>

<ruby>県庁所在地<rt>けんちょうしょざいち</rt></ruby>…**岡山市**

名物・特産品メモ

- マスカット　　<ruby>学生服<rt>がくせいふく</rt></ruby>
- きびだんご

どの地方にあるかな？

33

広島県 <ruby>広<rt>ひろ</rt></ruby><ruby>島<rt>しま</rt></ruby><ruby>県<rt>けん</rt></ruby>

<ruby>県庁所在地<rt>けんちょうしょざいち</rt></ruby>…**広島市**

名物・特産品メモ

- レモン　　<ruby>養<rt>よう</rt></ruby>しょくかき
- もみじまんじゅう

どの地方にあるかな？

34

山口県 <ruby>山<rt>やま</rt></ruby><ruby>口<rt>ぐち</rt></ruby><ruby>県<rt>けん</rt></ruby>

<ruby>県庁所在地<rt>けんちょうしょざいち</rt></ruby>…**山口市**

名物・特産品メモ

- ふぐ　　すだいだい
- 夏みかん

どの地方にあるかな？

35

三重県 <ruby>三<rt>み</rt></ruby><ruby>重<rt>え</rt></ruby><ruby>県<rt>けん</rt></ruby>

<ruby>県庁所在地<rt>けんちょうしょざいち</rt></ruby>…**<ruby>津<rt>つ</rt></ruby>市**

名物・特産品メモ

- <ruby>伊勢<rt>いせ</rt></ruby>えび　　<ruby>松阪牛<rt>まつさかうし</rt></ruby>
- <ruby>伊勢神宮<rt>いせじんぐう</rt></ruby>

どの地方にあるかな？

24

滋賀県 <ruby>滋<rt>し</rt></ruby><ruby>賀<rt>が</rt></ruby><ruby>県<rt>けん</rt></ruby>

<ruby>県庁所在地<rt>けんちょうしょざいち</rt></ruby>…**<ruby>大津<rt>おおつ</rt></ruby>市**

名物・特産品メモ

- <ruby>信楽焼<rt>しがらきやき</rt></ruby>　　<ruby>近江牛<rt>おうみぎゅう</rt></ruby>
- <ruby>琵琶湖<rt>びわこ</rt></ruby>

どの地方にあるかな？

25

京都府 <ruby>京<rt>きょう</rt></ruby><ruby>都<rt>と</rt></ruby><ruby>府<rt>ふ</rt></ruby>

<ruby>県庁所在地<rt>けんちょうしょざいち</rt></ruby>…**京都市**

名物・特産品メモ

- ちりめん　　<ruby>西陣織<rt>にしじんおり</rt></ruby>
- <ruby>八<rt>や</rt></ruby><ruby>ツ橋<rt>つはし</rt></ruby>

どの地方にあるかな？

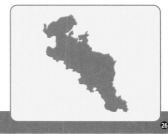

26

大阪府 <ruby>大<rt>おお</rt></ruby><ruby>阪<rt>さか</rt></ruby><ruby>府<rt>ふ</rt></ruby>

<ruby>県庁所在地<rt>けんちょうしょざいち</rt></ruby>…**大阪市**

名物・特産品メモ

- <ruby>毛布<rt>もうふ</rt></ruby>　　たこ<ruby>焼<rt>や</rt></ruby>き
- <ruby>大阪城<rt>おおさかじょう</rt></ruby>

どの地方にあるかな？

27

兵庫県 <ruby>兵<rt>ひょう</rt></ruby><ruby>庫<rt>ご</rt></ruby><ruby>県<rt>けん</rt></ruby>

<ruby>県庁所在地<rt>けんちょうしょざいち</rt></ruby>…**<ruby>神戸<rt>こうべ</rt></ruby>市**

名物・特産品メモ

- <ruby>線香<rt>せんこう</rt></ruby>　　<ruby>姫路城<rt>ひめじじょう</rt></ruby>
- たこ

どの地方にあるかな？

28

奈良県 <ruby>奈<rt>な</rt></ruby><ruby>良<rt>ら</rt></ruby><ruby>県<rt>けん</rt></ruby>

<ruby>県庁所在地<rt>けんちょうしょざいち</rt></ruby>…**奈良市**

名物・特産品メモ

- かき　　<ruby>大仏<rt>だいぶつ</rt></ruby>
- <ruby>奈良漬<rt>ならづ</rt></ruby>け

どの地方にあるかな？

29

この都道府県はどこかな？

中国・四国地方

面積…36位　人口…44位

すだちがとってもおいしい！

36

この都道府県はどこかな？

中国・四国地方

面積…47位　人口…39位

うどんが有名な「うどん県」！

37

この都道府県はどこかな？

中国・四国地方

面積…26位　人口…28位

みかんいよかんかんきつ王国！

38

この都道府県はどこかな？

中国・四国地方

面積…18位　人口…45位

かつおの一本づりが有名だよ！

39

この都道府県はどこかな？

九州地方

面積…29位　人口…9位

博多の明太子が有名だよ！

40

この都道府県はどこかな？

九州地方

面積…42位　人口…41位

有明海でのりがたくさんとれるよ！

41

この都道府県はどこかな？

九州地方

面積…37位　人口…30位

カステラが有名だよ！

42

この都道府県はどこかな？

九州地方

面積…15位　人口…23位

たたみになるい草の生産がさかんだよ！

43

この都道府県はどこかな？

九州地方

面積…22位　人口…34位

日本一たくさんの温泉があるよ！

44

この都道府県はどこかな？

九州地方

面積…14位　人口…35位

マンゴーや、ヤシの木みたいな木があるよ！

45

この都道府県はどこかな？

九州地方

面積…10位　人口…24位

さつまいもの生産量日本一！

46

この都道府県はどこかな？

九州地方

面積…44位　人口…25位

さとうきびの生産がさかんだよ！

47

長崎県
県庁所在地…長崎市

名物・特産品メモ
- びわ ● あじ
- カステラ

どの地方にあるかな？

42

徳島県
県庁所在地…徳島市

名物・特産品メモ
- すだち ● 生しいたけ
- 阿波おどり

どの地方にあるかな？

36

熊本県
県庁所在地…熊本市

名物・特産品メモ
- い草 ● トマト
- スイカ

どの地方にあるかな？

43

香川県
県庁所在地…高松市

名物・特産品メモ
- うどん ● オリーブ
- 丸亀うちわ

どの地方にあるかな？

37

大分県
県庁所在地…大分市

名物・特産品メモ
- 温泉 ● ほししいたけ
- かぼす

どの地方にあるかな？
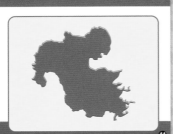
44

愛媛県
県庁所在地…松山市

名物・特産品メモ
- いよかん ● タオル
- 養しょくだい

どの地方にあるかな？

38

宮崎県
県庁所在地…宮崎市

名物・特産品メモ
- マンゴー ● きゅうり
- ピーマン

どの地方にあるかな？

45

高知県
県庁所在地…高知市

名物・特産品メモ
- なす ● しょうが
- かつお

どの地方にあるかな？

39

鹿児島県
県庁所在地…鹿児島市

名物・特産品メモ
- さつまいも ● ぶた肉
- 屋久島

どの地方にあるかな？

46

福岡県
県庁所在地…福岡市

名物・特産品メモ
- たんす ● 明太子
- 博多人形

どの地方にあるかな？

40

沖縄県
県庁所在地…那覇市

名物・特産品メモ
- パイナップル ● さとうきび
- シーサー

どの地方にあるかな？

47

佐賀県
県庁所在地…佐賀市

名物・特産品メモ
- 養しょくのり ● たまねぎ
- 有田焼

どの地方にあるかな？

41

教科書ワーク もくじ

教育出版版 **社会4年**

動画 コードを読みとって、下の番号の動画を見てみよう。

写真提供：AP/アフロ、岡垣町、古紙再生促進センター、三条市、静岡市、太宰府市、DAZAIFU FES実行委員会、新潟県三条地域整備部治水課、沼津市明治史料館、福岡県観光連盟、福岡市、PIXTA、PETボトル協議会/PETボトルリサイクル推進協議会（敬称略・五十音順）

勉強した日 月 日

知りたいな、47都道府県

きほんのワーク

もくひょう
自分が住んでいる地方名や都道府県名をたしかめよう。

おわったらシールをはろう

教科書 8～13ページ　答え 1ページ

1 日本の都道府県の区分　8つの地方区分

(　　)にあてはまる言葉を□から書きましょう。

よみトク！地図

●日本は、次の8つの地方に分けられる。

- ①(　　　　　　)地方
- 東北地方
- ②(　　　　　　)地方
- ③(　　　　　　)地方
- 近畿地方
- 中国地方
- ④(　　　　　　)地方
- ⑤(　　　　　　)地方

中部　関東　九州
四国　北海道

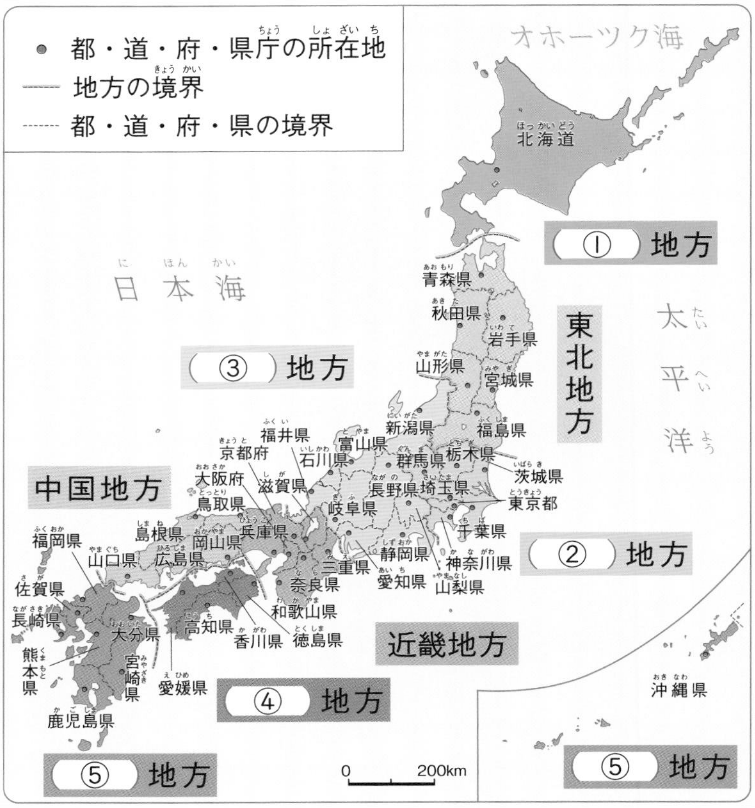

都・道・府・県庁の所在地
地方の境界
都・道・府・県の境界
オホーツク海
北海道
① 地方
日本海
太平洋
青森県
秋田県
岩手県
山形県
宮城県
東北地方
③ 地方
新潟県
福島県
福井県
京都府
富山県
石川県
群馬県
栃木県
茨城県
大阪府
滋賀県
長野県
埼玉県
東京都
中国地方
鳥取県
岐阜県
島根県
岡山県
兵庫県
千葉県
福岡県
山口県
広島県
静岡県
神奈川県
② 地方
佐賀県
三重県
愛知県
山梨県
奈良県
長崎県
大分県
和歌山県
高知県
香川県
徳島県
近畿地方
熊本県
宮崎県
愛媛県
④ 地方
沖縄県
鹿児島県
⑤ 地方
0 200km
⑤ 地方

2 日本の都道府県の区分　47の都道府県

(　　)にあてはまる言葉を□から書きましょう。

●日本には47の**都道府県**がある。都は⑥(　　　　　　)都、道は⑦(　　　　　　)、府は⑧(　　　　　　)府と大阪府、県はぜんぶで⑨(　　　　　　)ある。

●九州地方にある⑩(　　　　　　)県は、日本全体で見ると、⑪(　　　　　　)の方にある。

●都道府県には、それぞれ**特産物**や有名な祭り、**観光地**がある。

都道府県の中心の都市を、都道府県庁所在地というよ。

福岡　京都　43　西　東京　北海道

しゃかい工場　北海道は1つの道だけで1つの地方だよ。中国地方と四国地方を合わせて中国・四国地方として、日本を7地方に分けるときもあるよ。

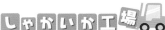

勉強した日　　月　　日

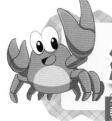

練習のワーク

教科書　8〜13ページ　答え　1ページ

できた数　／12問中

おわったら シールを はろう

1 右の地図を見て、次の問いに答えましょう。

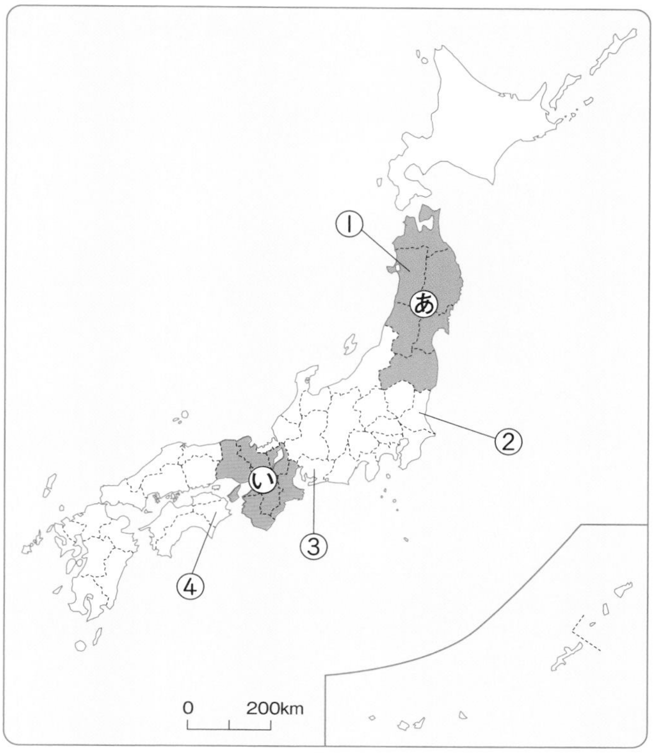

(1) 地図中の[あ]・[い]はそれぞれ何地方ですか。

[あ](　　　　　　)地方

[い](　　　　　　)地方

(2) 地図中の①〜④にあてはまる都道府県名を書きましょう。

①(　　　　　　)

②(　　　　　　)

③(　　　　　　)

④(　　　　　　)

(3) 次のうち、九州地方にふくまれる都道府県を選びましょう。

(　　　)

㋐ 高知県　㋑ 富山県

㋒ 長崎県　㋓ 福井県

(4) 日本を８つの地方に分けたとき、最も多くの都道府県がふくまれる地方はどこですか。

(　　　　　　)地方

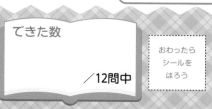

2 次の問いに答えましょう。

(1) 日本にある都道府県の数はいくつですか。

(　　　　　　)

(2) 次の特産物がある都道府県を、あとからそれぞれ選びましょう。

①(　　)　②(　　)　③(　　)

みかん

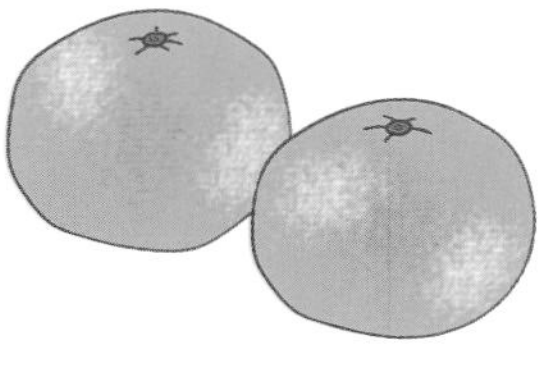

さくらんぼ

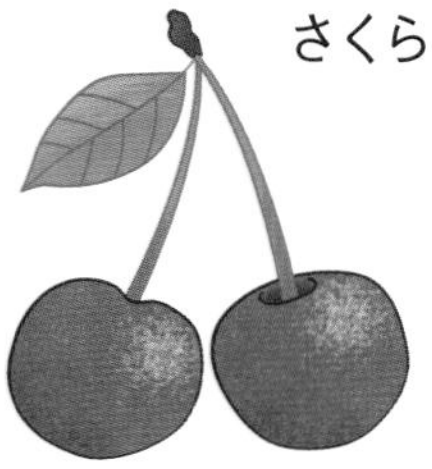

肉牛

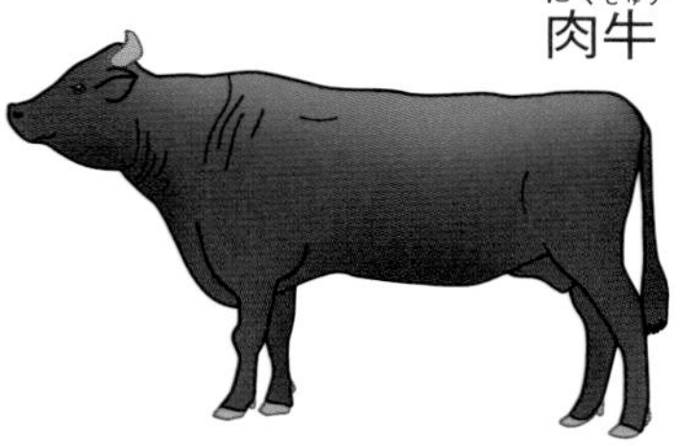

㋐ 新潟県　㋑ 宮崎県　㋒ 山形県　㋓ 和歌山県

ポイント 日本は８つの地方、47都道府県に分かれている。

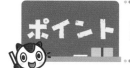

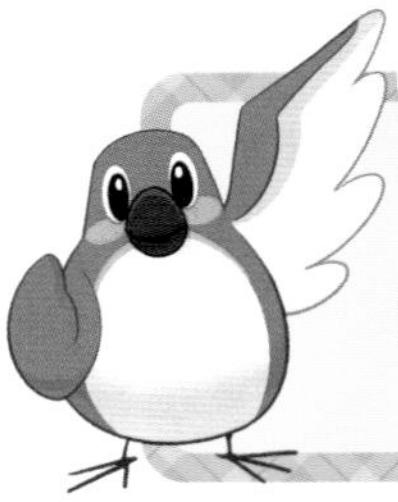

まとめのテスト

知りたいな、47都道府県

勉強した日　月　日

とく点　/100点

おわったらシールをはろう

時間 20分

教科書 8～13ページ　答え 1ページ

1 日本の地方区分　右の地図を見て、次の問いに答えましょう。　1つ4〔28点〕

よく出る

(1) 地図中の㋒・㋓・㋗は、それぞれ何地方ですか。

㋒(　　　　　)地方

㋓(　　　　　)地方

㋗(　　　　　)地方

(2) 次の文にあてはまる地方を、地図中の㋐～㋗からそれぞれ選びましょう。

①(　　)1つの都道府県で1つの地方となっている。

②(　　)1つの「都」がある。

③(　　)2つの「府」がある。

④(　　)最も多くの都道府県がある。

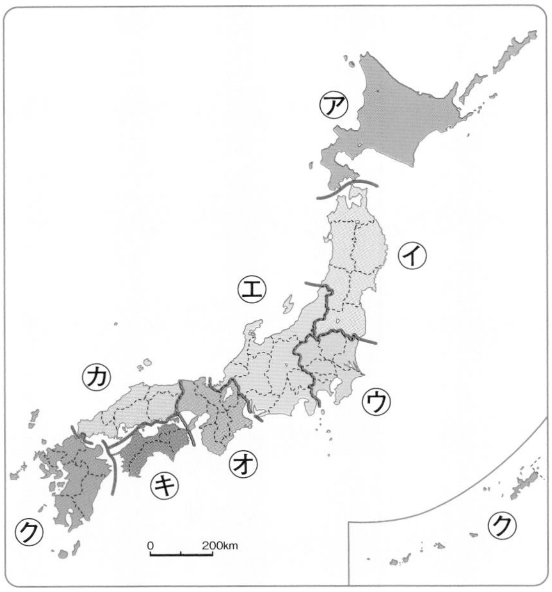

2 都道府県の特色　次の問いに答えましょう。　1つ4〔24点〕

(1) 次の祭りが行われている都道府県を、あとからそれぞれ選びましょう。

①(　　)

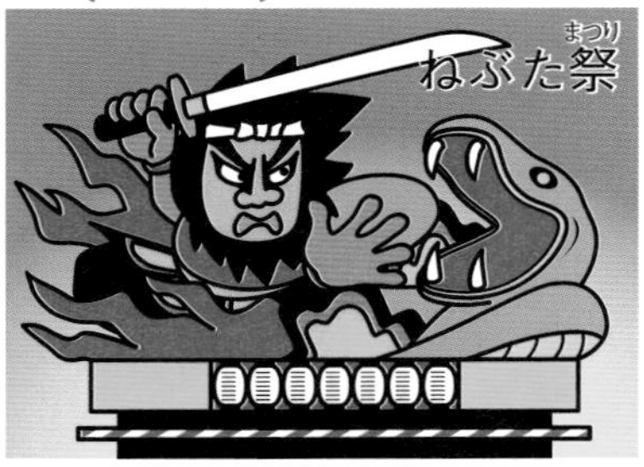

②(　　)

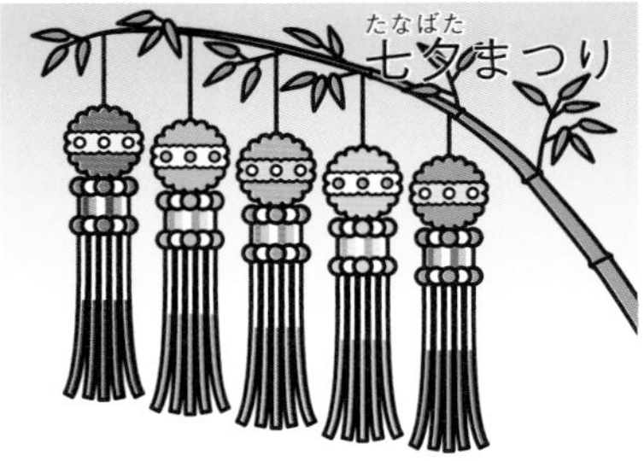

③(　　)

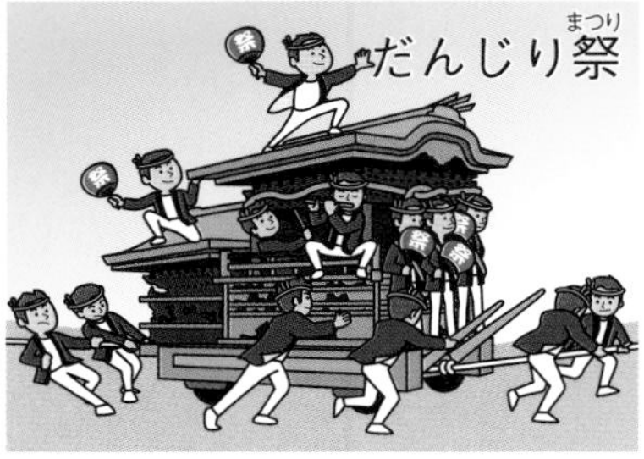

㋐ 宮城県　㋑ 大阪府　㋒ 青森県　㋓ 佐賀県

(2) 次の観光地がある都道府県を、あとからそれぞれ選びましょう。

①(　　)

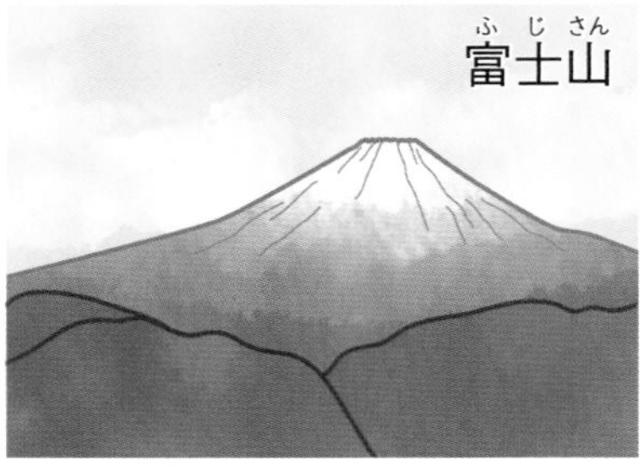

②(　　)

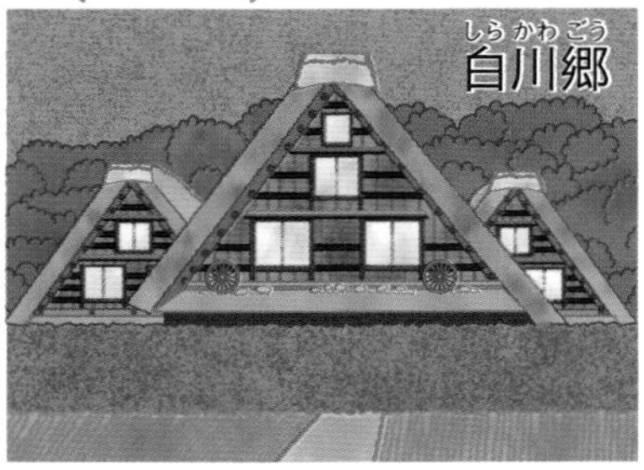

③(　　)

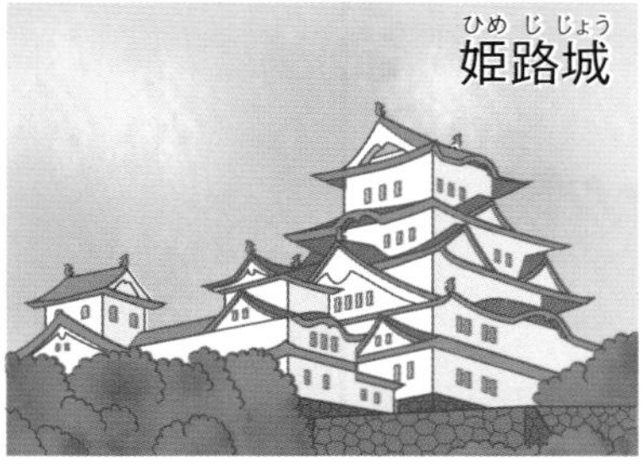

㋐ 静岡県　㋑ 兵庫県　㋒ 大分県　㋓ 岐阜県

3 それぞれの都道府県　右の地図を見て、次の問いに答えましょう。　1つ4〔48点〕

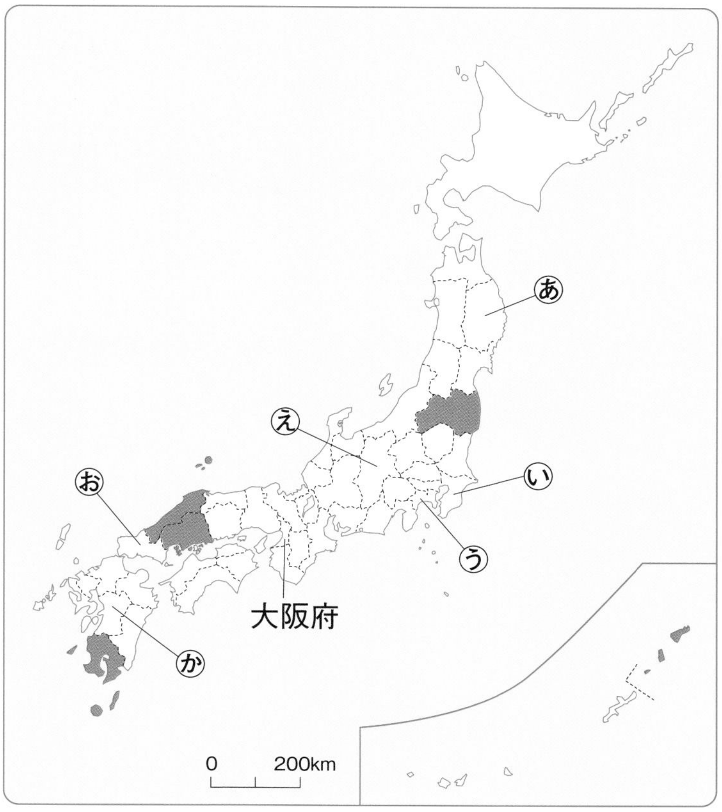

(1)　47ある都道府県のうち、2つだけある「府」は、大阪府とどこですか。

(　　　　　　　)府

(2)　次の文のうち、**地図**中の▬でしめした県について、正しいもの1つに○を書きましょう。

㋐(　　　)近畿(きんき)地方の県が1つある。

㋑(　　　)中国(ちゅうごく)地方の県が1つある。

㋒(　　　)すべての県名に島が入っている。

㋓(　　　)瀬戸内海(せとないかい)に面した県が2つある。

(3)　次の文にあてはまる都道府県を、**地図**中の[あ]～[か]からそれぞれ選びましょう。

①(　　　)47の都道府県の中で、最も多くの都道府県とせっしている。

②(　　　)中国地方の県で、日本海(にほんかい)と瀬戸内海の両方に面している。

③(　　　)都道府県名に動物の名前が入っている。

④(　　　)都道府県名に数字が入っている。

作図

(4)　海に面していない都道府県はどこですか。あてはまる都道府県をすべて選んで、**地図**をぬりましょう。

チャレンジ!

(5)　都道府県庁所在地(ちょうしょざいち)について、次の問いに答えましょう。

①　次のうち、都道府県名と都道府県庁所在地名が同じもの2つに○を書きましょう。

㋐(　　　)北海道(ほっかいどう)　㋑(　　　)沖縄県(おきなわ)　㋒(　　　)香川県(かがわ)

㋓(　　　)三重県(みえ)　㋔(　　　)鳥取県(とっとり)　㋕(　　　)岡山県(おかやま)

②　次の都道府県の都道府県庁所在地名を、右の⬚からそれぞれ選びましょう。

[あ](　　　　　　)　[い](　　　　　　)　[う](　　　　　　)

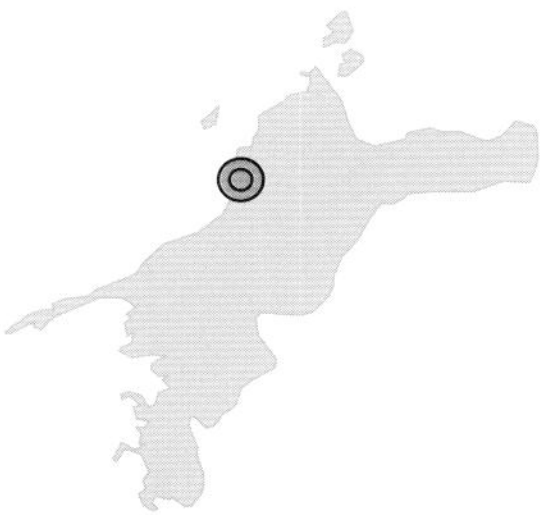

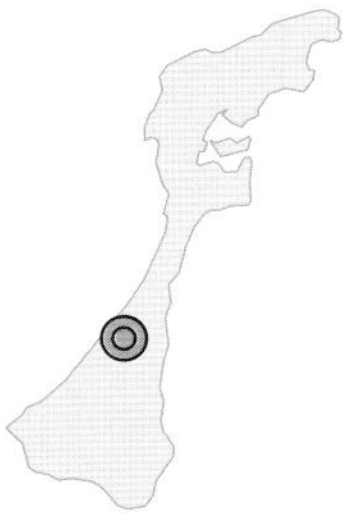

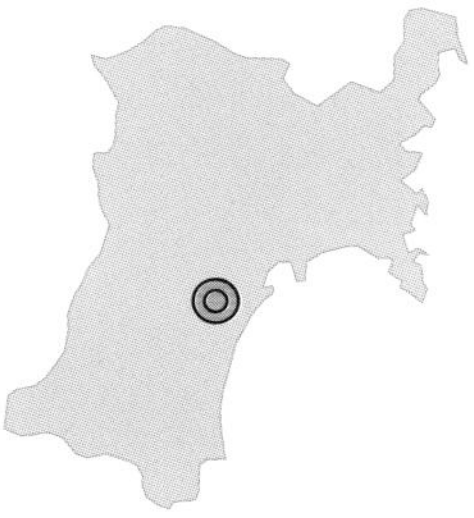

仙台市(せんだい)
松江市(まつえ)
松山市(まつやま)
金沢市(かなざわ)

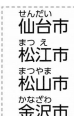

県の地図を広げて①

もくひょう
地図を見て、地形や土地利用の様子を読み取ろう。

おわったらシールをはろう

きほんのワーク

教科書 14〜19ページ | 答え 2ページ

1 県の地図を見てみよう

✏ ( )にあてはまる言葉を □ から書きましょう。

よみトク！ 地図

- 福岡県は、玄界灘、響灘、周防灘、①( )の４つの海に囲まれている。
- ②( )川と矢部川が東から西に流れている。
- ③( )平野が県の南に広がっている。
- 福岡県の西の④( )県、南の⑤( )県、東の⑥( )県とのさかいは、土地が高い。

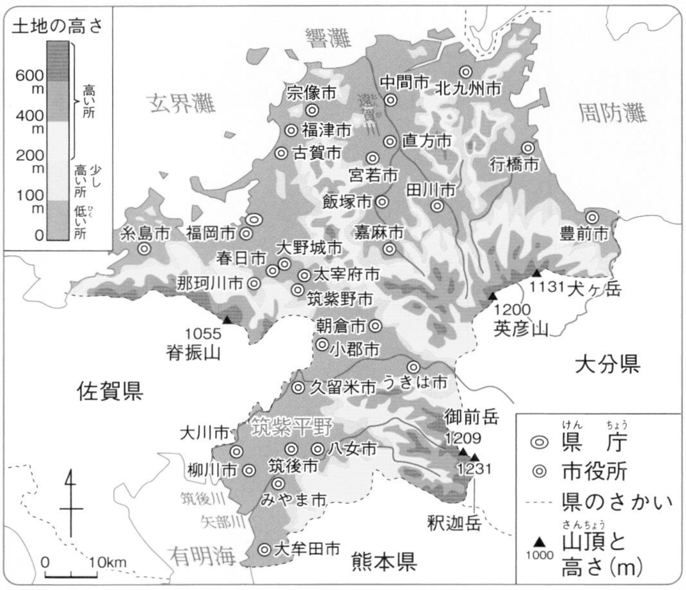

土地の高さ
600m
400m
200m
100m
0
高い所
少し高い所
少し低い所

響灘
玄界灘
周防灘
宗像市
中間市 北九州市
福津市
直方市
行橋市
古賀市
宮若市
田川市
飯塚市
豊前市
糸島市 福岡市
嘉麻市
大野城市
1131 犬ヶ岳
春日市
太宰府市
1200
那珂川市
筑紫野市
朝倉市
英彦山
脊振山 1055
小郡市
大分県
久留米市 うきは市
御前岳
佐賀県
筑紫平野
1209
大川市
八女市
1231
柳川市
筑後市
釈迦岳
筑後川
みやま市
矢部川
有明海
大牟田市
熊本県

◎ 県 庁
◎ 市役所
--- 県のさかい
▲1000 山頂と高さ(m)

0 10km

| 大分(おおいた) | 佐賀(さが) | 熊本(くまもと) |
| 筑後(ちくご) | 有明海(ありあけかい) | 筑紫(つくし) |

上の地図は、等高線にそって色分けしてあるよ。

等高線
地図で同じ高さを結んだ線。土地の高さがわかる。

2 県の土地の使われ方

✏ ( )にあてはまる言葉を □ から書きましょう。

- ビルや商業しせつは⑦( )市に多く、工場は北九州市に多い。
- 土地利用図を見ると、工場や住宅、田などは⑧( )に広がっている。
- 筑後川、矢部川、遠賀川など、大きな⑨( )のまわりには田が広がっている。
- ⑩( )は、県の南西側の山のふもとに多い。

地形によって、土地の使われ方がちがうね。

| 川 | 福岡 | 果樹園(かじゅ) | 平野 |

しゃかいか工場 福岡県は、九州地方の中心となっている県なんだ。県庁所在地の福岡市には、国の機関や大きな会社が集まっているよ。

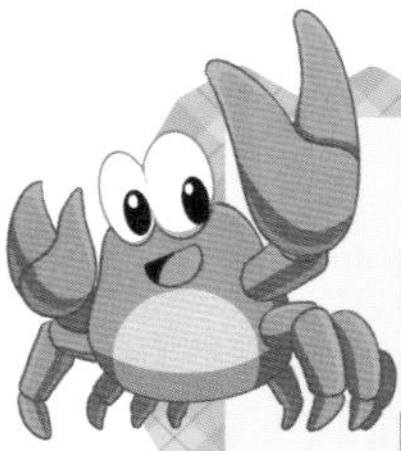

練習のワーク

できた数 ／9問中

おわったらシールをはろう

教科書 14～19ページ　答え 2ページ

1 次の問いに答えましょう。

(1) 地図上で、同じ高さの土地を結んだ線を何といいますか。（　　　　）

(2) 右の図を見て、次の問いに答えましょう。

① 高さが120m以上の所を茶色でぬりましょう。

② 高さが40m以下の所を緑色でぬりましょう。

③ あの地点の高さは約何mですか。

（約　　　　m）

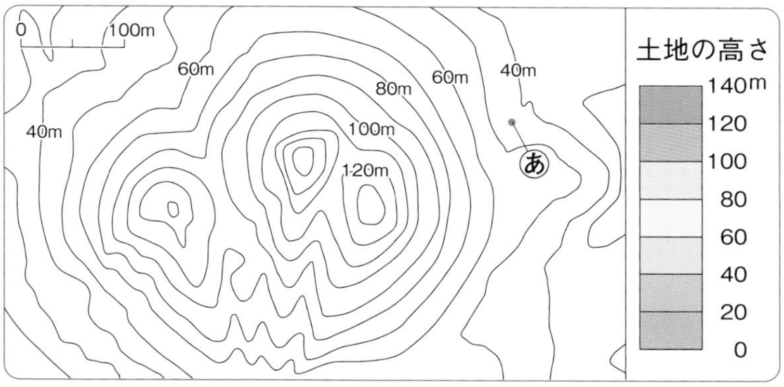

2 次の地図を見て、あとの問いに答えましょう。

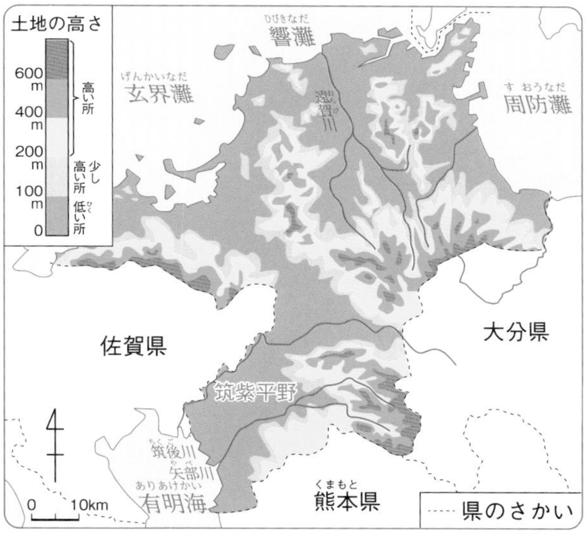

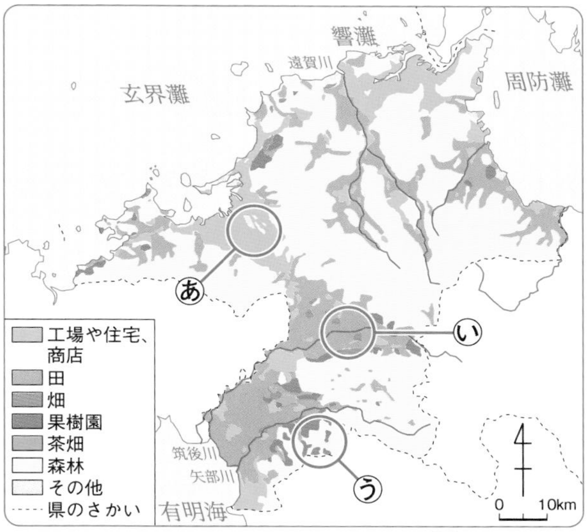

(1) 地図中のあ～うの場所は、何に利用されていますか。次からそれぞれ選びましょう。

あ（　　　）　い（　　　）　う（　　　）

㋐ 田　㋑ 工場や住宅、商店　㋒ 果樹園　㋓ 茶畑

(2) 次の文のうち、福岡県について正しいもの２つに○を書きましょう。

㋐（　　　）工場や住宅、商店の多い所は土地が低い。

㋑（　　　）筑紫平野は県の北に広がっている。

㋒（　　　）福岡県は、大分県、宮崎県、佐賀県に囲まれている。

㋓（　　　）大分県とのさかいは土地が高くなっている。

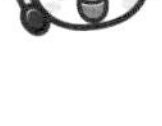

ポイント 土地の使われ方は、地形と関係がある。

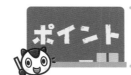

勉強した日　月　日

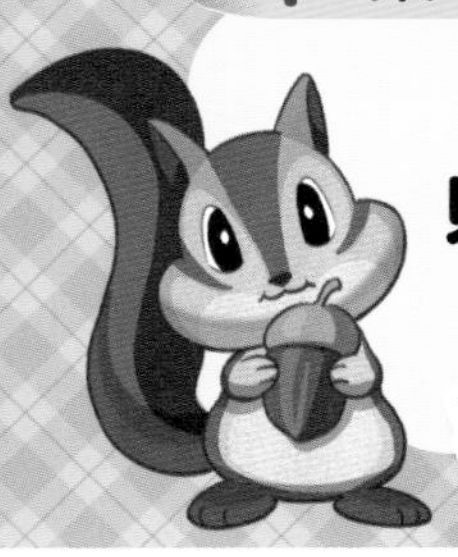

県の地図を広げて②

もくひょう
地図やグラフで、都道府県の産業について調べよう。

おわったらシールをはろう

きほんのワーク

教科書 20〜23ページ　答え 3ページ

1 農業や漁業がさかんな地域

（　）にあてはまる言葉を□から書きましょう。

- 福岡県では、県の①（　　　　）側に広がる②（　　　　）平野を中心に、**農業**がさかん。
- 糸島市では③（　　　　）の、八女市では茶の**さいばい**がさかんに行われている。
- ④（　　　　）海では、のりの**養しょく**がさかん。

八女茶は福岡県の有名な農産物だよ。

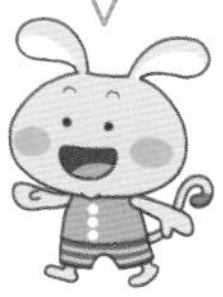

福岡県でつくられている主な農産物

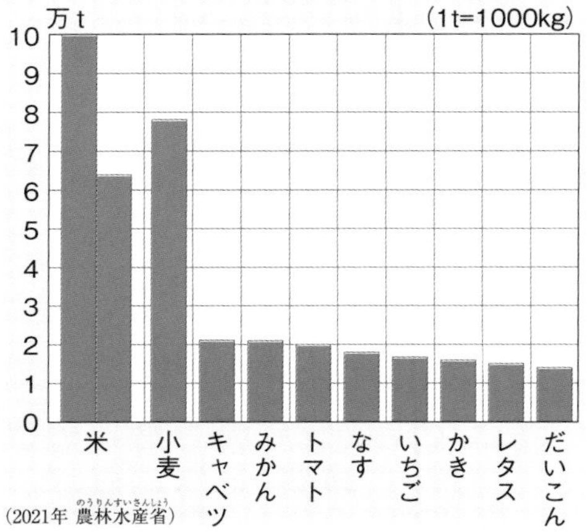

万t
(1t=1000kg)
10
9
8
7
6
5
4
3
2
1
0
米
小麦
キャベツ
みかん
トマト
なす
いちご
かき
レタス
だいこん

（2021年 農林水産省）

いちご　南　筑紫　有明

2 工業がさかんな地域

（　）にあてはまる言葉を□から書きましょう。

よみトク！ 地図

- 北九州市では、**工業製品**の材料となる、⑤（　　　　）製品がつくられている。
- 苅田町と宮若市の主な工業製品は⑥（　　　　）である。
- 福岡市では、⑦（　　　　）がつくられている。
- 久留米市では⑧（　　　　）、大牟田市では⑨（　　　　）製品がさかんにつくられている。

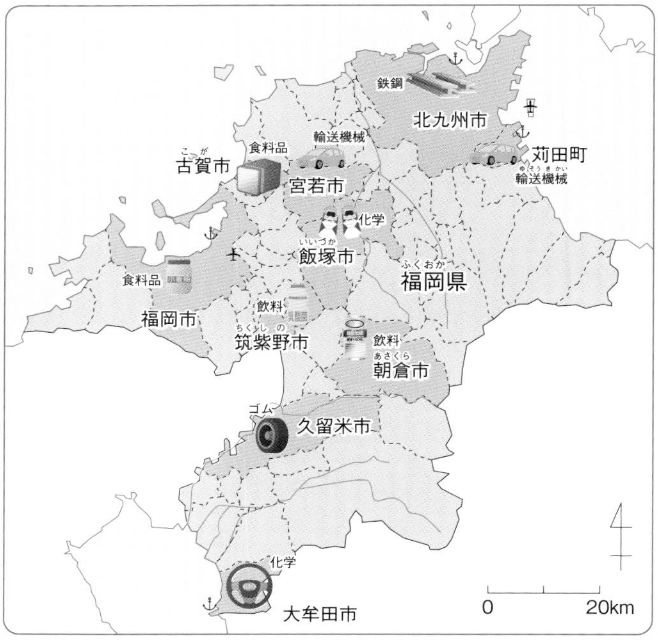

鉄鋼
北九州市
食料品
輸送機械
古賀市
宮若市
苅田町
輸送機械
化学
飯塚市
福岡県
食料品
福岡市
飲料
筑紫野市
飲料
朝倉市
ゴム
久留米市
化学
大牟田市
0
20km

化学　食料品　自動車　鉄鋼　ゴム

しゃかいか工場
福岡県に広がっている筑紫平野は、九州地方でも有数の米どころだよ。クリークとよばれる運河がはりめぐらされていて、農業用水に使われているんだ。

練習のワーク

教科書 20〜23ページ　答え 3ページ

できた数　／9問中　おわったらシールをはろう

1 右の地図を見て、次の問いに答えましょう。

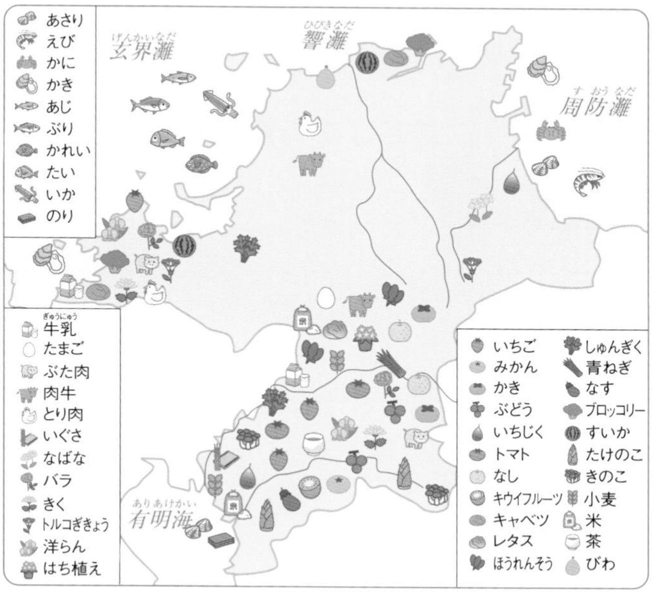

(1) 福岡県で農業がさかんなのは、北側と南側のどちらですか。

（　　　　　）側

(2) **地図**中から、米をすべてさがして、○で囲みましょう。

(3) **地図**からわかることとして、正しいもの２つに○を書きましょう。

㋐（　　　）ブロッコリーの主な産地は２か所ある。

㋑（　　　）場所によって、よくとれる農産物はことなる。

㋒（　　　）福岡県で一番よくとれる農産物は米である。

㋓（　　　）福岡県のまわりの海では、どこでも同じ海産物がとれる。

2 次の問いに答えましょう。

(1) 右の**グラフ**を見て、次の文の□にあてはまる言葉や数字を、あとからそれぞれ選びましょう。

①（　　　）　②（　　　）　③（　　　）

● 工業製品の出荷額が最も高いのは [①] で、[②] がさかんである。

● 苅田町の出荷額は福岡市の出荷額の約 [③] 倍になっている。

㋐ 北九州市　㋑ 宮若市　㋒ 漁業

㋓ 鉄鋼業　㋔ ２　㋕ ６

福岡県の市や町の工業製品出荷額

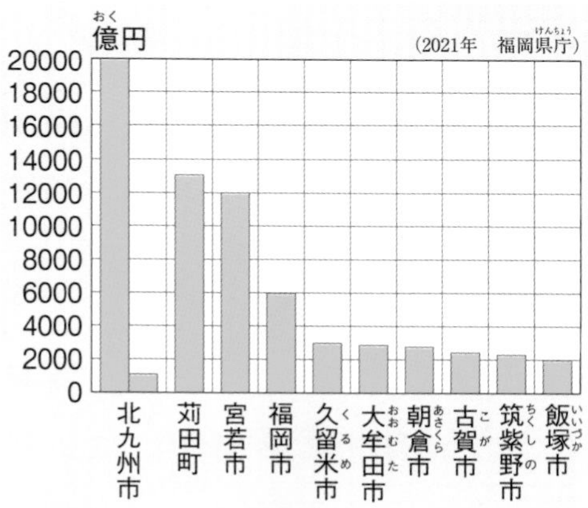

(2) 北九州市で工業がさかんなわけとして、正しいもの２つに○を書きましょう。

㋐（　　　）平野が広がり、ゆたかな自然がある。

㋑（　　　）海に面していて、原料や製品を運びやすい。

㋒（　　　）製品をつくるために必要な材料が、近くでとれた。

㋓（　　　）たくさんの住宅が建てられている。

ポイント 地域によって、さかんな産業はことなっている。

勉強した日　月　日

県の地図を広げて③

きほんのワーク

もくひょう
都道府県の交通について考え、都道府県の様子をまとめよう。

おわったらシールをはろう

教科書 24〜27ページ　答え 3ページ

1 県の交通の様子

（　）にあてはまる言葉を□から書きましょう。

よみトク！地図

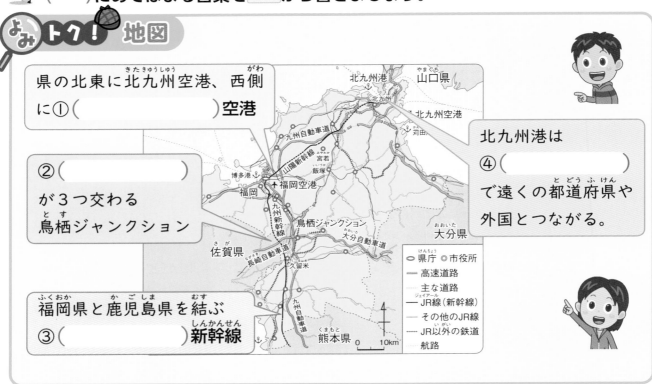

県の北東に北九州空港、西側に①（　　　　）空港

②（　　　　）が3つ交わる鳥栖ジャンクション

福岡県と鹿児島県を結ぶ③（　　　　）新幹線

北九州港は④（　　　　）で遠くの都道府県や外国とつながる。

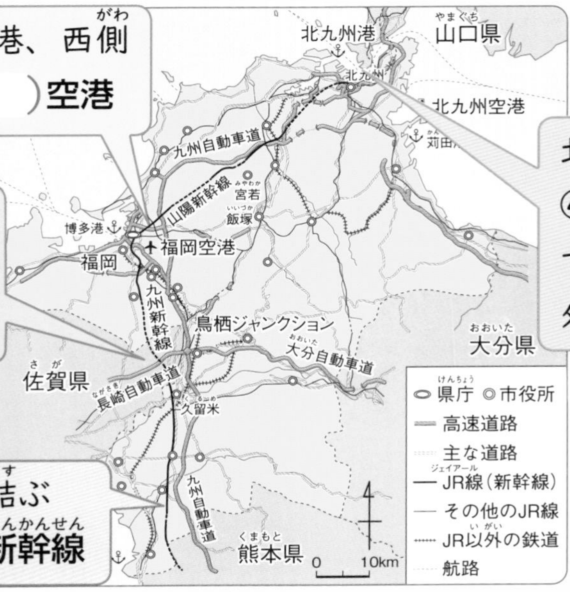

福岡　九州　高速道路　航路

2 県の様子について調べたことを整理しよう

（　）にあてはまる言葉を□から書きましょう。

- 県の地形…県の南側には筑紫⑤（　　　　）があり、筑後川が流れている。
- 土地利用…平野は住宅や工場、⑥（　　　　）などに使われている。
- 主な産業…⑦（　　　　）は、平野の広がる南側でさかん。⑧（　　　　）は、北九州市で鉄鋼業、宮若市などで自動車工業がさかん。
- 交通の広がり…道路や⑨（　　　　）が県内の市や町を結んでいる。

北九州市は近くで石炭がとれたことから、昔から工業がさかんだよ。

鉄道　工業　農業　平野　田

しゃかいか工場
博多駅と鹿児島中央駅を約1時間20分で結ぶ九州新幹線は、2011年に開業したんだ。九州新幹線の開通で、大阪から直通で鹿児島まで行けるようになったよ。

練習のワーク

勉強した日 月 日

できた数 ／10問中

おわったら
シールを
はろう

教科書 24〜27ページ 答え 3ページ

1 次の問いに答えましょう。

(1) 次の文にあてはまる交通を、あとからそれぞれ選びましょう。

① ( ) 工業製品を海外に運ぶために使われる。

② ( ) 遠くの都道府県にも、短い時間で行くことができる。

③ ( ) 都道府県内の市や町、となりの都道府県とつながっている。

(2) 次の文のうち、県の交通について正しいもの2つに○を書きましょう。

㋐ ( ) 大きな都市には道路や鉄道が集まっている。

㋑ ( ) 港は、工業の発達している地域にしかない。

㋒ ( ) 道路や鉄道の多くは、人の少ない山地を通っている。

㋓ ( ) 高速道路や鉄道で、他の都道府県とつながっている。

2 福岡県について調べたことをカードにし、福岡県の地図の上にはりました。これを見て、次の問いに答えましょう。

(1) 次の①・②にあてはまるカードを、地図中の㋐〜㋕からそれぞれ選びましょう。

① 主な工業について

( ) ( )

② 交通の広がりについて

( )

(2) 福岡県の県庁所在地はどこですか。 ( )

(3) 果樹園が多い場所を、地図中の㋐〜㋒から選びましょう。

( )

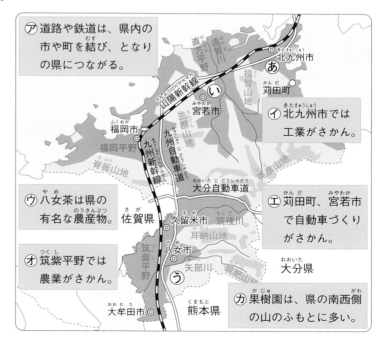

㋐ 道路や鉄道は、県内の市や町を結び、となりの県につながる。

㋑ 北九州市では工業がさかん。

㋒ 八女茶は県の有名な農産物。

㋓ 苅田町、宮若市で自動車づくりがさかん。

㋔ 筑紫平野では農業がさかん。

㋕ 果樹園は、県の南西側の山のふもとに多い。

ポイント 県庁所在地には道路や鉄道が集まっている。

11

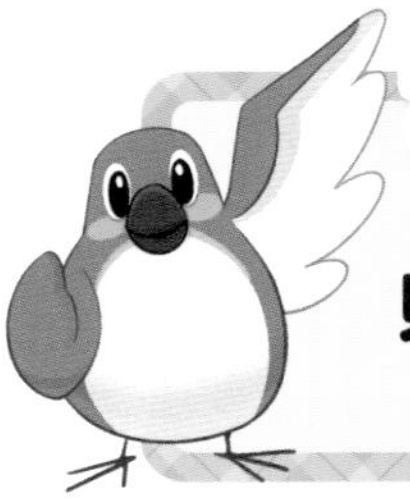

まとめのテスト

県の地図を広げて

とく点　/100点

おわったらシールをはろう

時間20分

教科書　14〜27ページ　　答え　3ページ

1 [福岡県のすがた] **次の問いに答えましょう。**　　1つ4〔32点〕

(1)　右の**地図**中の①〜⑤にあてはまる地形名や都市名を、あとの[　　]からそれぞれ選(えら)びましょう。

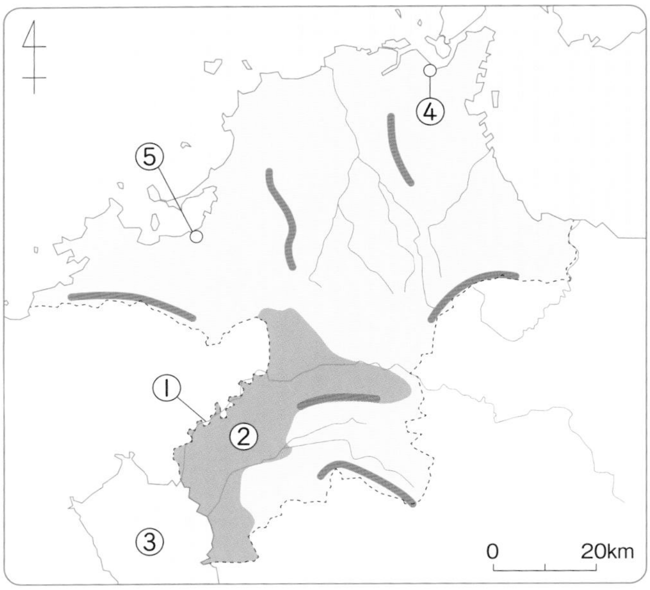

①（　　　　　　）川
②（　　　　　　）平野
③（　　　　　　）海
④（　　　　　　）市
⑤（　　　　　　）市

福岡(ふくおか)　筑後(ちくご)　北九州(きたきゅうしゅう)
筑紫(つくし)　有明(ありあけ)

(2)　次の文の[　　]にあてはまる言葉を、あとからそれぞれ選びましょう。

①（　　）②（　　）③（　　）

● 福岡県の土地利用(りよう)図や地形図を見ると、[①]は大きな川の流れる平野に多く、[②]は県の南西側(がわ)の山のふもとに多い。また、[③]は、高い所に広がる。

㋐　果樹(かじゅ)園　　㋑　田　　㋒　工場や住宅(じゅうたく)　　㋓　森林

2 [地図の読み取り] **右の図を見て、次の問いに答えましょう。**　　1つ5〔20点〕

[よく出る]

(1)　[あ]の線について、次の文の[　　]にあてはまる言葉を書きましょう。（　　　　）

● [あ]の線のように同じ[　　]の土地を結(むす)んだ線を、等高線という。

(2)　㋐と㋑をくらべたとき、かたむきがゆるやかなのはどちらですか。（　　）

(3)　[い]の場所の高さは約(やく)何mですか。

（約　　　m）

[作図]

(4)　下にあるのは、[う]—[え]の線にそって切ったときに横から見た図です。上の**図**をもとに線を引いて、これを完成(かんせい)させましょう。

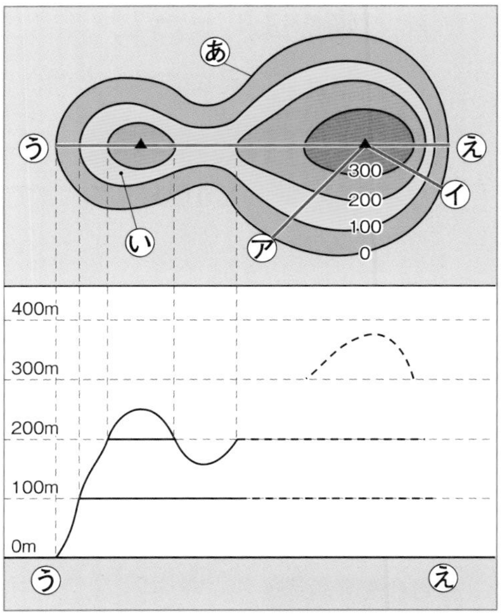

3 福岡県の産業　次の資料を見て、あとの問いに答えましょう。　1つ4〔28点〕

資料1　福岡県でつくられている主な農産物

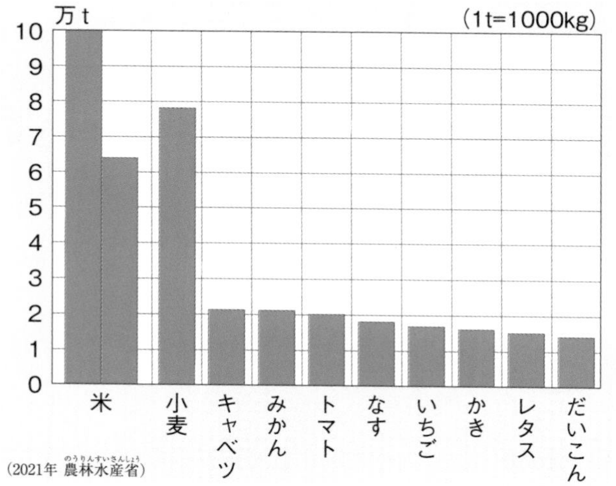

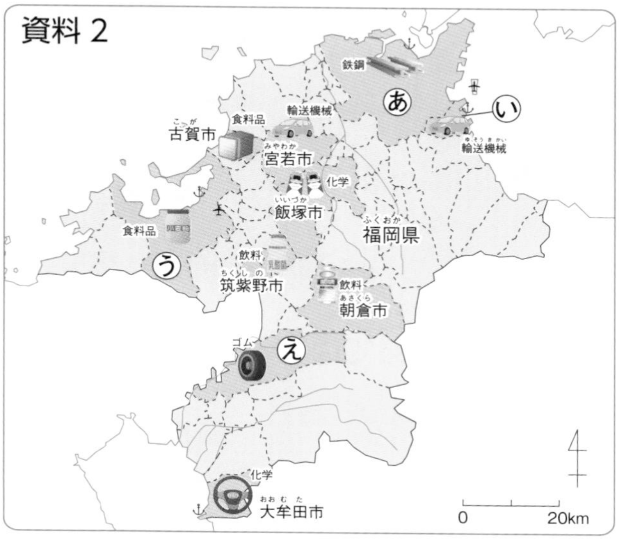

(1)　**資料1**からわかることとして、正しいもの2つに○を書きましょう。

㋐（　　　）福岡県の小麦の生産量は、トマトの生産量の約3倍である。

㋑（　　　）福岡県で最も多くつくられている農産物は、米である。

㋒（　　　）福岡県で最も生産が多い果物は、かきである。

㋓（　　　）キャベツとみかんの生産量は、ほぼ同じである。

(2)　**資料2**のあ～えの市や町でつくられている主な工業製品を、次からそれぞれ選びましょう。　あ（　　　）　い（　　　）　う（　　　）　え（　　　）

㋐　自動車　　㋑　食料品　　㋒　ゴム　　㋓　鉄鋼

記述　(3)　北九州市で、特に工業がさかんな理由を、「海」「原料」「製品」の言葉を使って1つ書きましょう。

（　　　　　　　　　　　　　　　　　　　　　　　　　　　　　　）

4 福岡県の交通　右の地図を見て、次の問いに答えましょう。　1つ5〔20点〕

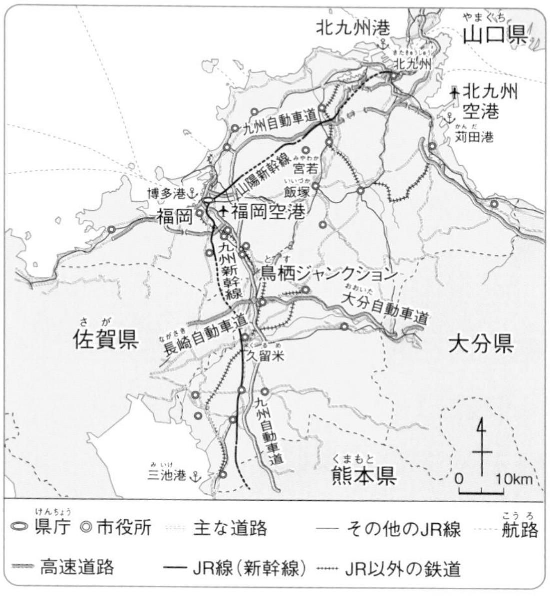

(1)　交通が集まっている、福岡県の県庁所在地はどこですか。（　　　　　）

(2)　福岡県と大分県をつなぐ交通を、次から選びましょう。（　　　）

㋐　新幹線　　㋑　高速道路

㋒　ＪＲ以外の鉄道

(3)　次の文の｛　　｝にあてはまる言葉に○を書きましょう。

● 福岡県の①｛北東　南東｝には北九州空港が、②｛西　南｝側には福岡空港がある。

勉強した日　月　日

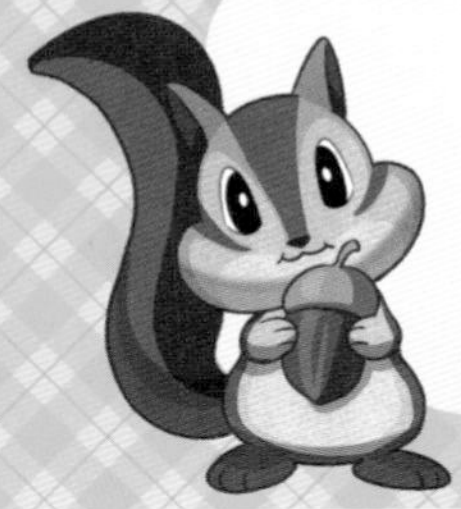

1　ごみはどこへ①

きほんのワーク

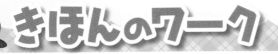

もくひょう
ごみの種類と、分け方、収集の様子について調べよう。

おわったら シールを はろう

教科書 28～35ページ　答え 4ページ

1 家のごみを調べて／学習問題をつくり、学習の見通しを立てよう

（　　）にあてはまる言葉を［　］から書きましょう。

よみトク！資料　●東京都大田区のごみの出し方

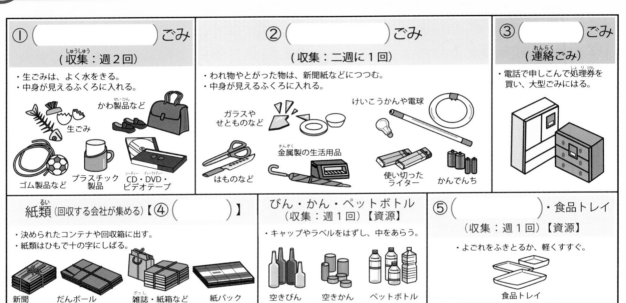

①（　　　　）ごみ
（収集：週２回）
・生ごみは、よく水をきる。
・中身が見えるふくろに入れる。

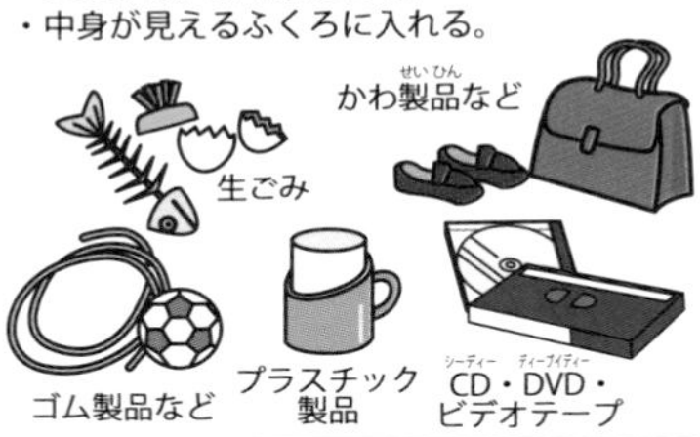

かわ製品など
生ごみ
ゴム製品など
プラスチック製品
CD・DVD・ビデオテープ

②（　　　　）ごみ
（収集：二週に１回）
・われ物やとがった物は、新聞紙などにつつむ。
・中身が見えるふくろに入れる。

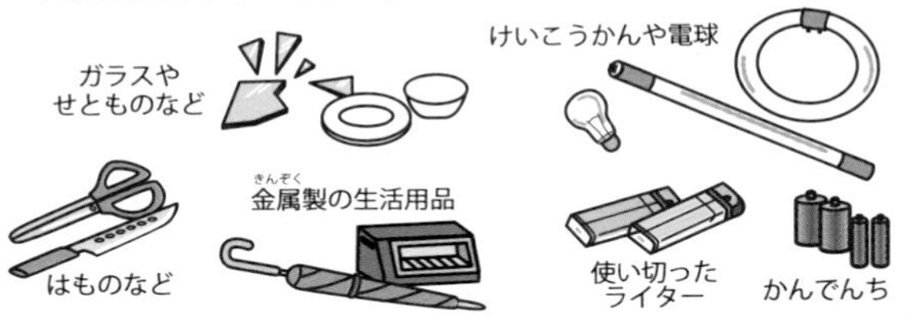

ガラスやせともものなど
けいこうかんや電球
金属製の生活用品
はものなど
使い切ったライター
かんでんち

③（　　　　）ごみ
（連絡ごみ）
・電話で申しこんで処理券を買い、大型ごみにはる。

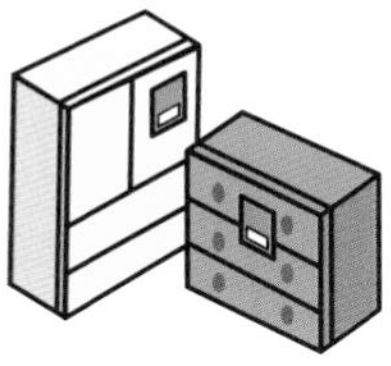

紙類（回収する会社が集める）【④（　　　　）】
・決められたコンテナや回収箱に出す。
・紙類はひもで十の字にしばる。

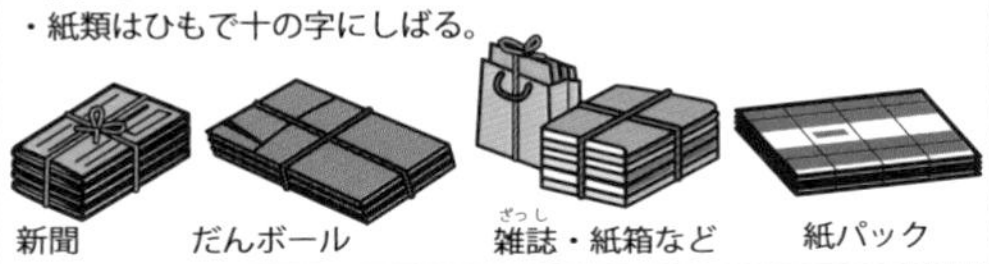

新聞
だんボール
雑誌・紙箱など
紙パック

びん・かん・ペットボトル
（収集：週１回）【資源】
・キャップやラベルをはずし、中をあらう。

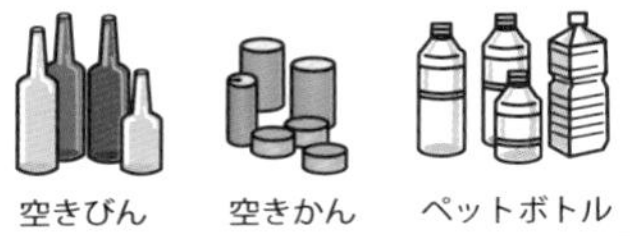

空きびん
空きかん
ペットボトル

⑤（　　　　）・食品トレイ
（収集：週１回）【資源】
・よごれをふきとるか、軽くすすぐ。

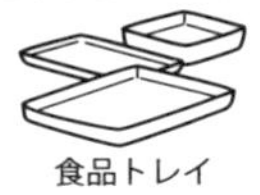

食品トレイ

もやす　資源　もやさない　大型　発泡スチロール

2 ごみの収集の様子を調べよう

（　　）にあてはまる言葉を［　］から書きましょう。

●１日に180台以上の⑥（　　　　）を使ってごみの**収集**を行っている。

●大田区では、ごみは中身が見える⑦（　　　　）に入れて出す。

●ごみの種類によって、処理のしかたがちがうため、ごみの収集は⑧（　　　　）して行われる。

●もやすごみは⑨（　　　　）に、資源は⑩（　　　　）に運ばれる。

つながるSDGs
ごみの分別をして、ごみを資源に変えて使うことが大切。

清掃工場　収集車　ふくろ　分別　回収しせつ

しゃかいか工場　古紙は、近年、回収ステーションなど24時間受け入れ無料のしせつがつくられていて、原料として再利用されることがふえてきているよ。

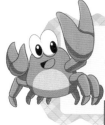

練習のワーク

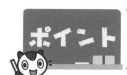

教科書 28～35ページ　答え 4ページ

できた数　／11問中

おわったらシールをはろう

1 次の問いに答えましょう。

(1) 右の表からわかることとして正しいもの２つに○を書きましょう。

㋐(　　)最も多くの種類のごみが出たのは、日曜日である。

㋑(　　)大きなごみは、１か月間出ていない。

㋒(　　)毎日出たごみは５種類ある。

㋓(　　)牛乳パックとプラスチックは、日曜日と水曜日に出た。

家から出たごみの種類とごみが出た日

ごみの種類	3日(日)	4日(月)	5日(火)	6日(水)	7日(木)	8日(金)	9日(土)
生ごみ	○	○	○	○	○	○	○
紙くず	○	○	○	○	○	○	○
ビニール	○	○	○	○	○	○	○
びん・かん・ペットボトル	○			○			○
雑誌・新聞紙	○	○	○	○	○	○	○
牛乳パック	○			○			
食品トレイ	○	○	○	○	○	○	○
ぬの					○		
大きなごみ							
プラスチック	○		○				

(2) ごみを種類ごとに分けて出すことを、何といいますか。(　　　　)

(3) 次の①～③のごみと、㋐～㋒のごみの出し方を、正しく線で結びましょう。

① 生ごみ　・　　・㋐ キャップやラベルをはずし、中をあらう。

② ペットボトル・　　・㋑ よく水をきる。

③ 大きなごみ　・　　・㋒ 電話で申しこんで買った処理券をはる。

2 次の問いに答えましょう。

(1) 次の文のうち、ごみを早く、残さず収集するためのくふうとして、正しいもの２つに○を書きましょう。

㋐(　　)１日に１台の収集車だけが区内を回る。

㋑(　　)毎回、通る道や時間などを決めている。

㋒(　　)それぞれの家の前に、ごみを出してもらう。

㋓(　　)収集する場所は、車が通れる道路ぞいにある。

(2) 次のごみは、何曜日に出せばよいですか。右の資料を見て、それぞれ書きましょう。

①(　　　)曜日　②(　　　)曜日　③(　　　)曜日

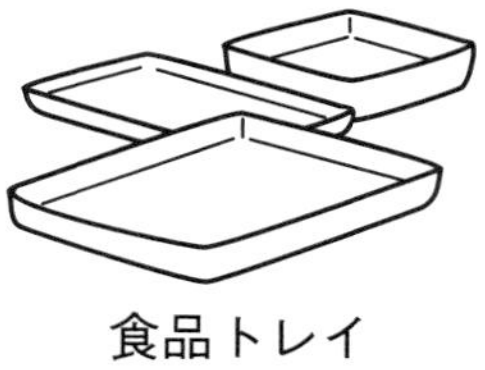
食品トレイ

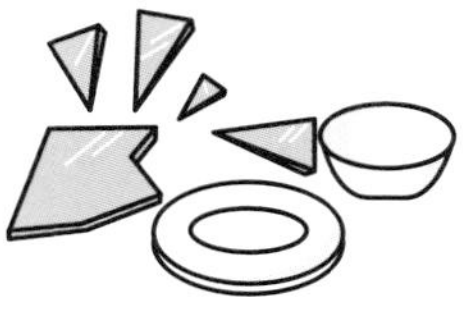
ガラスやせともの

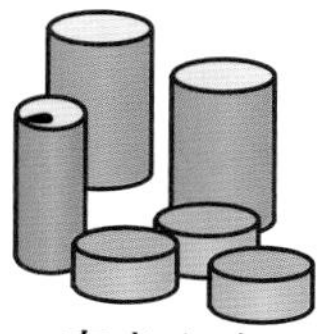
空きかん

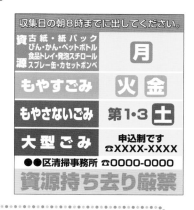

収集日の朝8時までに出してください。

資源 古紙・紙パック びん・かん・ペットボトル 食品トレイ・発泡スチロール スプレー缶・カセットボンベ	月
もやすごみ	火 金
もやさないごみ	第1・3 土
大型ごみ	申込制です ☎XXXX-XXXX

●●区清掃事務所 ☎0000-0000

資源持ち去り厳禁

ポイント　**ごみは分別して収集される。**

勉強した日 月 日

1 ごみはどこへ②

もくひょう
もやすごみが、どのように処理されているかをたしかめよう。

おわったらシールをはろう

きほんのワーク

教科書 36〜39ページ　答え 4ページ

1 清掃工場を見学しよう

✎ (　　)にあてはまる言葉を[　　]から書きましょう。

よみトク！資料

清掃工場のしくみ

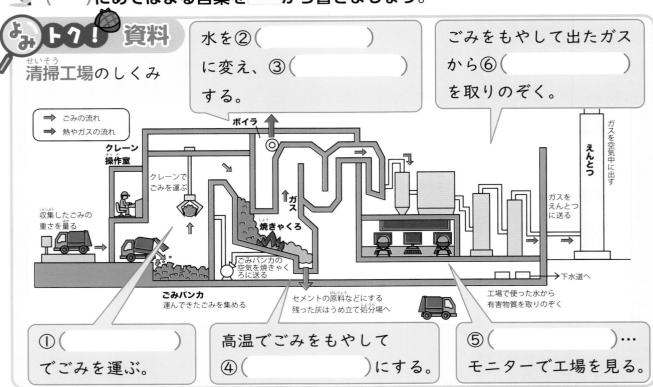

水を②(　　　　)に変え、③(　　　　)する。

ごみをもやして出たガスから⑥(　　　　)を取りのぞく。

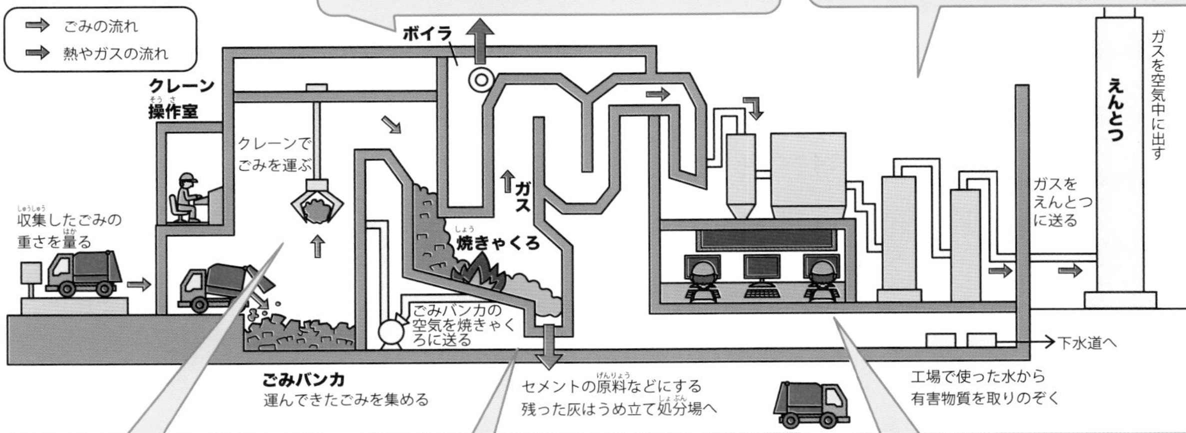

ごみの流れ
熱やガスの流れ
ボイラ
クレーン操作室
クレーンでごみを運ぶ
収集したごみの重さを量る
ガス
焼きゃくろ
ごみバンカの空気を焼きゃくろに送る
ごみバンカ
運んできたごみを集める
セメントの原料などにする
残った灰はうめ立て処分場へ
工場で使った水から有害物質を取りのぞく
下水道へ
ガスをえんとつに送る
えんとつ
ガスを空気中に出す

①(　　　　)でごみを運ぶ。

高温でごみをもやして④(　　　　)にする。

⑤(　　　　)…モニターで工場を見る。

蒸気	中央せいぎょ室	有害物質	クレーン	発電	灰

2 もやしたごみの灰のゆくえ

✎ (　　)にあてはまる言葉を[　　]から書きましょう。

- ⑦(　　　　)でもやしたごみの灰は、⑧(　　　　)に運ばれ、もやさないごみとともにうめられる。
- うめたごみには、⑨(　　　　)をかぶせて、においが出るのをふせいでいる。
- [SDGs] 処分場にうめる灰をへらすために、もやしたごみの灰の一部は、⑩(　　　　)の原料として使われる。

うめ立て処分場	セメント	清掃工場	土

つながるSDGs
清掃工場もうめ立て処分場も環境のことを考えている。

しゃかいか工場
市区町村によって清掃工場のことをごみ処理場とよんだり、クリーンセンターとよんだりするよ。あなたの住む市区町村では何とよんでいるかな。

練習のワーク

勉強した日 ▶ 月 日

できた数

／13問中

おわったら
シールを
はろう

| 教科書 | 36〜39ページ | 答え | 4ページ |

1 次の問いに答えましょう。

(1) 収集車が集めてきたごみを、もやして処理するしせつを何といいますか。

（　　　　　　　　　　）

(2) ごみの処理について、次の文の{　　}にあてはまる言葉に○を書きましょう。

● ごみは、もやして灰にすると、量や重さが①{　ふえ　へり　}、処理がしやすくなる。生ごみは、水分が多いと、もやすときに温度が②{　上がらず　下がらず　}たくさんの燃料が必要になる。

● ごみを③{　高い　低い　}温度でもやして処理することで、安全に処理することができる。

(3) 次の①〜④は、ごみを処理するしせつでのせつびです。それぞれのせつびと、そこで行われる㋐〜㋓の処理を正しく線で結びましょう。

① ごみバンカ　　　・　　　　・㋐ モニターで工場全体を見る。
② 焼きゃくろ　　　・　　　　・㋑ 高温でごみをもやしてガスと灰にする。
③ ボイラ　　　　　・　　　　・㋒ 運んできたごみを集める。
④ 中央せいぎょ室・　　　　・㋓ ごみをもやしたときの熱で発電する。

2 次の問いに答えましょう。

(1) 次の文のうち、もやしたごみの灰が運ばれるうめ立て処分場について、問題となっていること1つに○を書きましょう。

㋐（　　）うめた灰が、風でとんで空気がよごされる。

㋑（　　）このままうめ立てを続けると、処分場がいっぱいになる。

㋒（　　）もやさないごみのにおいが、処理してもなくならない。

(2) 右の**グラフ**を見て、次の文の{　　}にあてはまる言葉に○を書きましょう。

● うめ立て処分場にうめられた灰と、もやさないごみの量が、最も多いのは①{　2001　2021　}年で、それからだんだん②{　ふえている　へっている　}。

(3) もやしたごみの灰が原料となるものを書きましょう。

（　　　　　　　　　　）

うめ立て処分場にうめられた
灰と、もやさないごみの量の変化

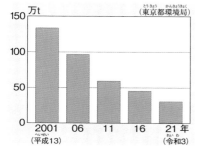

（東京都環境局）

ポイント もやすごみは清掃工場でもやされる。

17

勉強した日　月　日

1　ごみはどこへ③

きほんのワーク

もくひょう
ごみの処理について整理して、その問題点について考えよう。

おわったらシールをはろう

教科書 40〜45ページ　答え 5ページ

1 資源になるもののゆくえ／ごみ処理されるまでを整理しよう

（　　）にあてはまる言葉を　　から書きましょう。

よみトク！資料

ごみの処理のしくみ

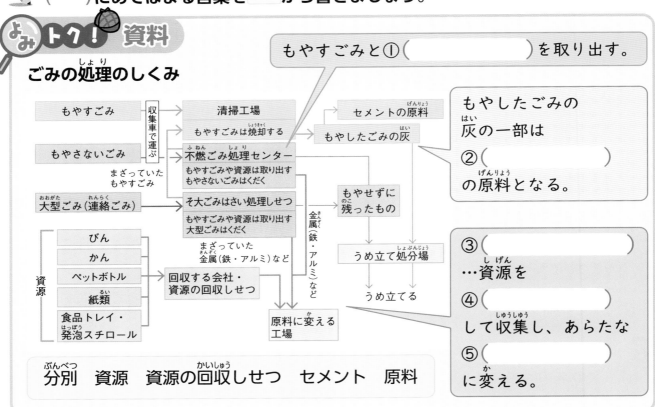

もやすごみと①（　　　　　）を取り出す。

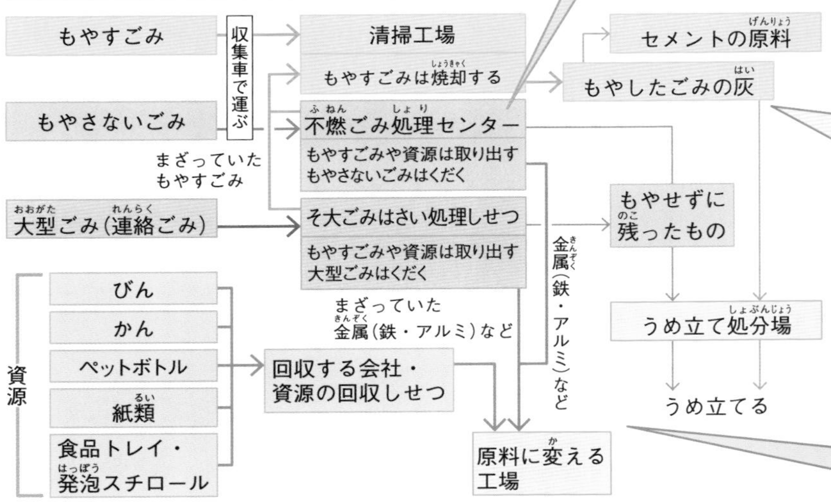

もやしたごみの灰の一部は②（　　　　　）の原料となる。

③（　　　　　）…資源を④（　　　　　）して収集し、あらたな⑤（　　　　　）に変える。

分別　資源　資源の回収しせつ　セメント　原料

2 ごみの問題と向き合って

（　　）にあてはまる言葉を　　から書きましょう。

SDGs ●大田区では、⑥（　　　　　）の考え方を大切にして、ごみをへらすようにしている。

SDGs ●ごみの量もごみを処理する費用も、⑦（　　　　　）して収集することで、へってきている。

SDGs ●⑧（　　　　　）の回収量はあまりふえていないので、リサイクルだけでなく、ごみそのものをへらす⑨（　　　　　）、くり返し使う⑩（　　　　　）が大切である。

リデュース　リユース　分別　3R　資源

つながるSDGs
3Rの考え方は、ごみをへらすだけでなく、環境を守ることになる。

しゃかいか工場
飲料用のアルミかん・スチールかん、ペットボトル、プラスチック容器、牛乳パックなどの紙パックには、リサイクルのための表示マークがあるよ。

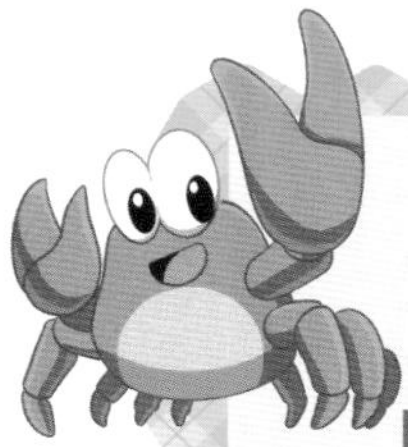

練習のワーク

教科書 40～45ページ　答え 5ページ

できた数　／12問中

おわったらシールをはろう

1 次の問いに答えましょう。

(1) 次の文のうち、資源にあてはまるものには○を、大型ごみにあてはまるものには△を書きましょう。

①(　　) 処理しせつに運ばれ、機械で細かくくだいて分別される。
②(　　) 手作業で材料ごとに仕分けされる。
③(　　) 回収しせつに運ばれる。
④(　　) 右のような環境ラベルがはられた製品になる。

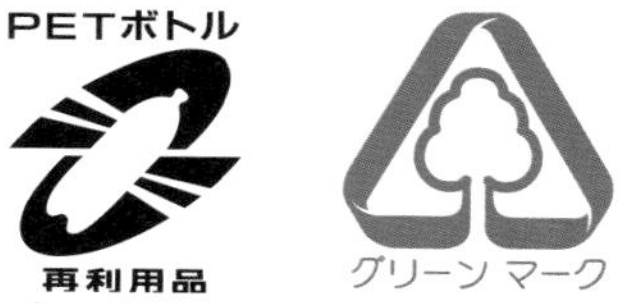

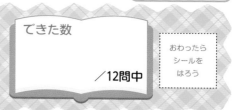

(2) テレビや冷蔵庫などの一部の家庭電化製品について、製造元が引き取ってリサイクルすることを決めた法律を何といいますか。(　　　　法)

(3) 次の資源が原料となった製品を、あとからそれぞれ選びましょう。

①(　　) 紙パック　②(　　) かん
③(　　) びん　④(　　) ペットボトル

㋐
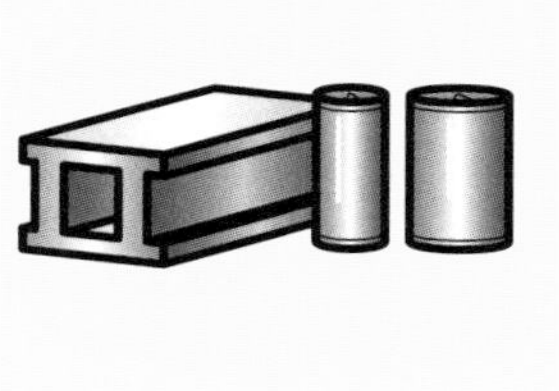

㋑
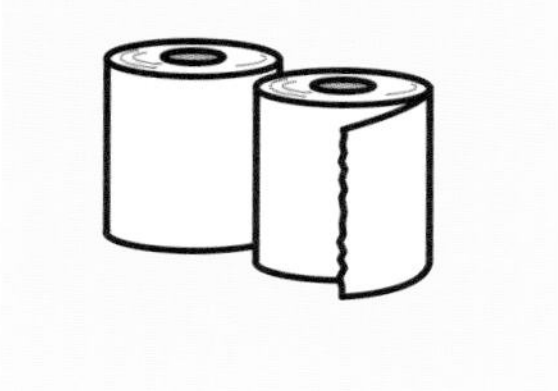

㋒
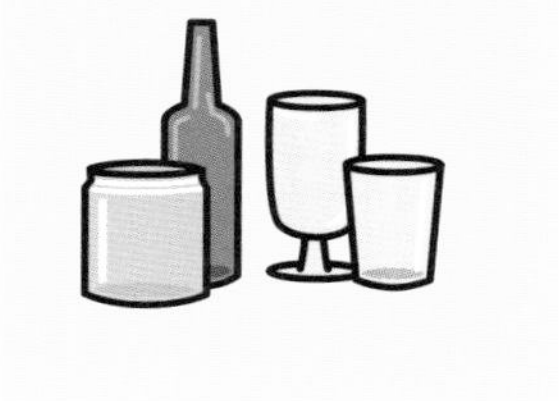

㋓
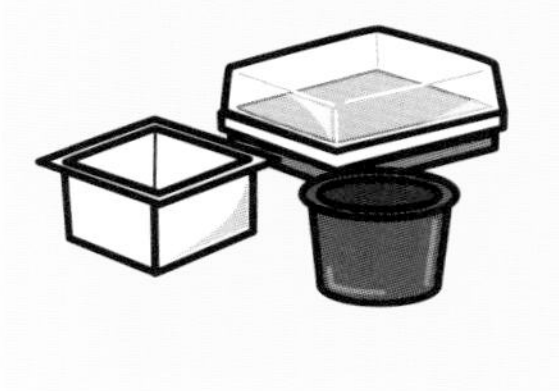

2 次の問いに答えましょう。

(1) 資源について、右の**グラフ**を参考にして、次の文の{　}にあてはまる言葉に○を書きましょう。

●資源の回収量は、この20年くらいの間あまりふえていないが、昔より資源の種類が①{　ふえ　へり　}、また環境を守りながら処理を行うようになったことで、費用は②{　ふえた　へった　}。

区民一人当たりの資源の処理にかかる費用

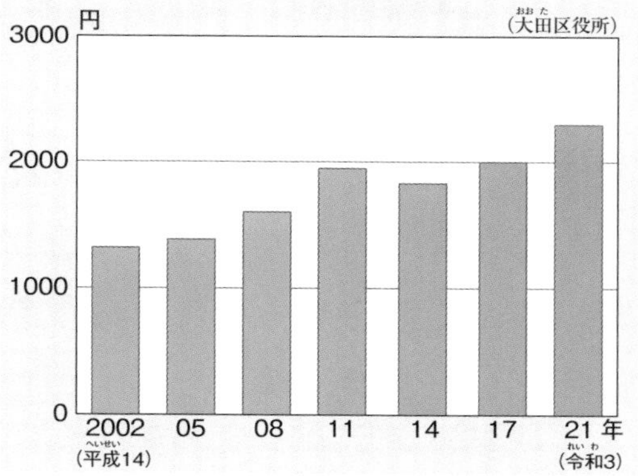

(2) 3Rの考え方のうち、資源を処理して原料とし、ふたたび利用することを、何といいますか。(　　　　)

ポイント　**ごみをへらすには3Rの考え方が大切。**

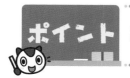

勉強した日　月　日

1　ごみはどこへ④

きほんのワーク

もくひょう
ごみの処理について地域の人々の取り組みを理解しよう。

おわったらシールをはろう

教科書 46〜49ページ　答え 5ページ

1 地域の人々の取り組み

（　　）にあてはまる言葉を[　]から書きましょう。

よみトク！ SDGs

●①（　　　　　　）に②（　　　　　　）の回収箱が置かれている。➡区で決められた日、場所、③（　　　　　　）以外でも、資源を出すことができる。

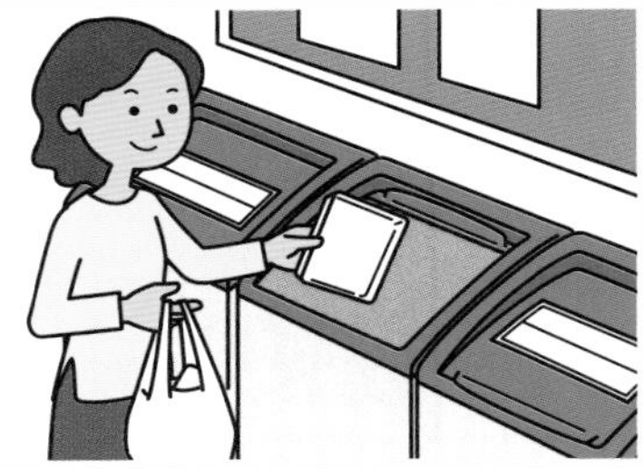

●自治会では、④（　　　　　　）センターに協力してもらい、⑤（　　　　　　）の取り組みを行っている。

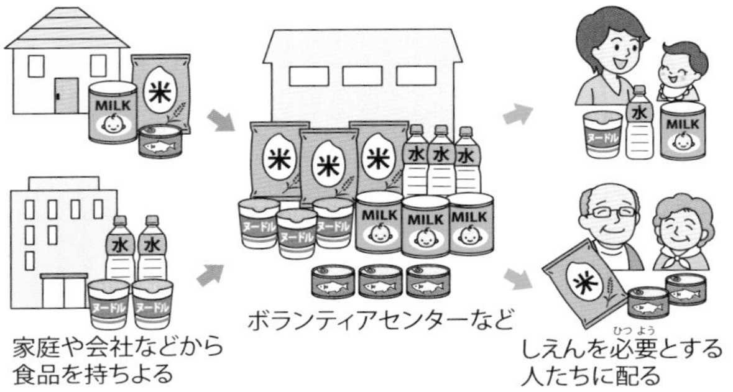

MILK
米
水
ヌードル
家庭や会社などから食品を持ちよる
ボランティアセンターなど
しえんを必要とする人たちに配る

すべての人に健康と福祉をという SDGs の考え方につながっているね。

ボランティア　スーパーマーケット　時間　フードドライブ　資源

2 ごみの問題について、地域の人と話し合おう

（　　）にあてはまる言葉を[　]から書きましょう。

●区がこれからもごみの収集、処理を安定して続けていくために、わたしたちはごみを⑥（　　　　　　）して出すなど、きまりを守る必要がある。

SDGs ●レジぶくろをへらすために、⑦（　　　　　　）の使用が広がっている。

SDGs ●わたしたちは、環境ラベルのついた⑧（　　　　　　）製品を買うことで、ごみをへらすことができる。

SDGs ●うめたて処分場を長く使うことや、ごみをへらす取り組みとして、⑨（　　　　　　）の考え方が大切である。

リデュース、リユース、リサイクルの意味をそれぞれ思い出そう。

分別　リサイクル　3R　マイバッグ

しゃかいか工場　マイバッグは、レジぶくろのかわりに使われるもので、エコバッグともよばれるよ。使用が広がっていて、おしゃれなものも売られているよ。

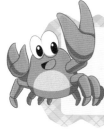

勉強した日　月　日

練習のワーク

できた数　／10問中

おわったら シールを はろう

教科書　46～49ページ　答え　5ページ

1 次の問いに答えましょう。

(1)　右の**資料**はフードドライブとよばれるしくみです。[あ]～[う]にあてはまるものを、次の㋐～㋒から、それぞれ選びましょう。

[あ](　　　)[い](　　　)

[う](　　　)

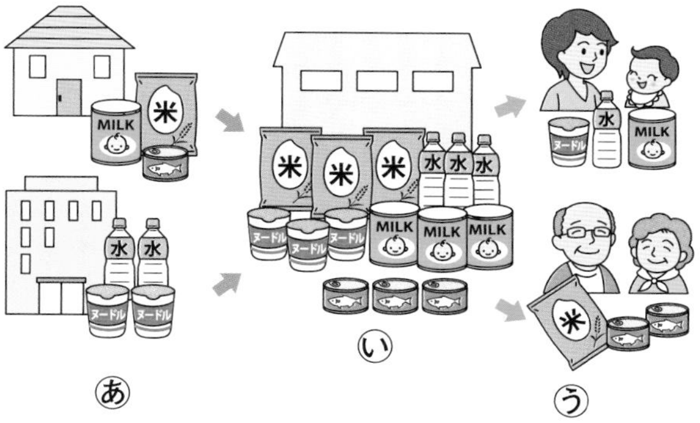

㋐　しえんを必要とする人

㋑　ボランティアセンター

㋒　あまっている食品を持っている会社や家庭

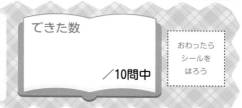

(2)　この**資料**の取り組みの目的として、正しいもの２つに○を書きましょう。

㋐(　　　)資源の回収をふやす。

㋑(　　　)大切な食品をむだにしない。

㋒(　　　)地域の人どうしで助け合いができる。

㋓(　　　)ボランティアセンターの食品をふやす。

2 次の問いに答えましょう。

(1)　次の①～④の人たちと、㋐～㋓のごみをへらす取り組みを、正しく線で結びましょう。

①区役所の人	・	・	㋐資源を回収する箱を置き、マイバッグ（マイバスケット）の使用をよびかけている。
②スーパーマーケットの人	・	・	㋑ごみの量やごみ処理にかかる費用をへらす取り組みを行っている。
③自治会の人	・	・	㋒資源を回収に出すときには、よごれを落としてから出す。
④わたしたち	・	・	㋓資源を集めて、せん門の業者に引きわたす、集団回収を行っている。

(2)　ごみをへらすために大切なリデュース、リユース、リサイクルの３つの考え方をまとめて何といいますか。　(　　　　　　　)

ポイント　**ごみをへらすために多くの人が協力している。**

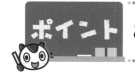

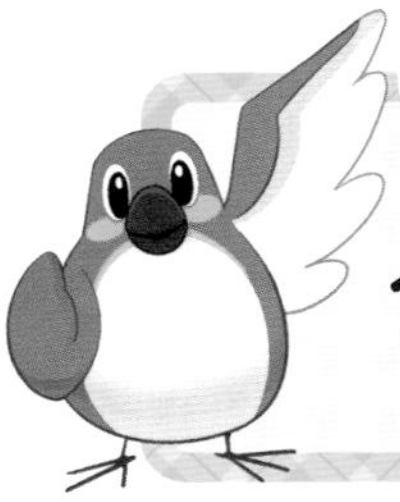

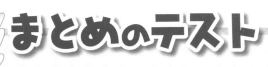

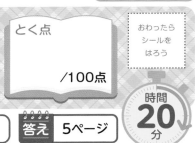

まとめのテスト

1　ごみはどこへ

勉強した日　　月　　日

とく点　　/100点

おわったらシールをはろう

時間20分

教科書　28～49ページ　　答え　5ページ

1 ごみの種類と処理のしかたの変化　次の問いに答えましょう。　1つ4〔20点〕

よく出る

(1)　次のうち、資源にあてはまるもの2つに○を書きましょう。

①(　　)　②(　　)　③(　　)　④(　　)　⑤(　　)

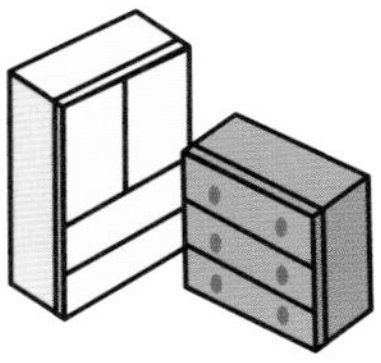 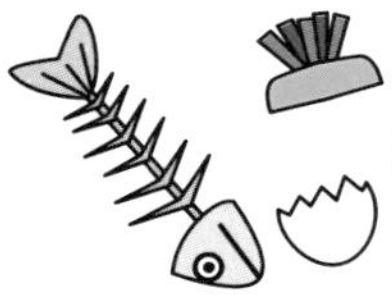 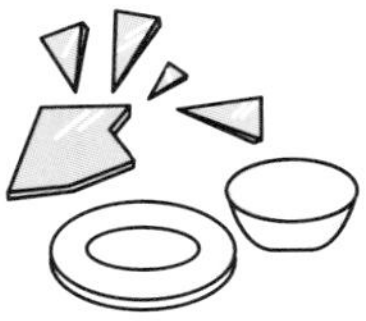 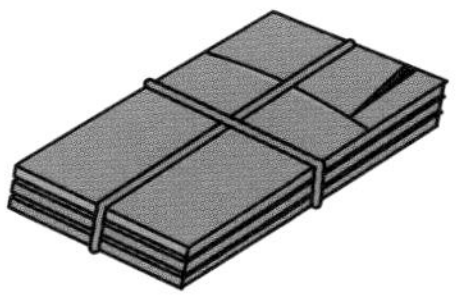 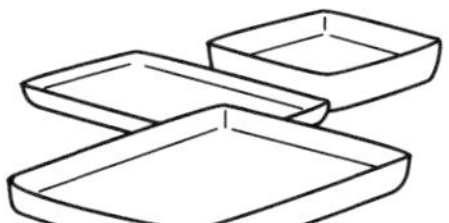

(2)　次のごみの処理のしかたを、年代の古い順にならべましょう。

㋐ 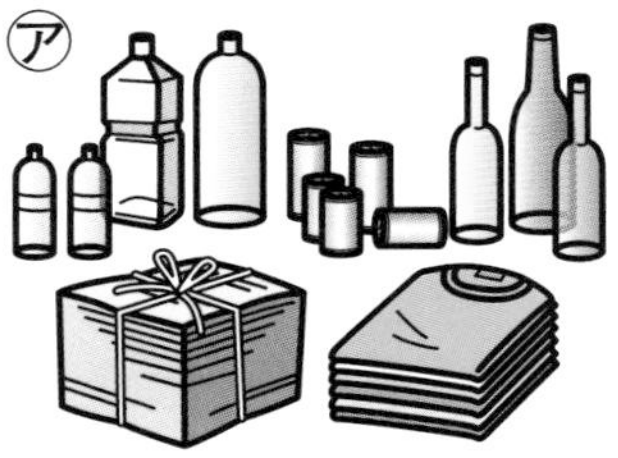

㋑ 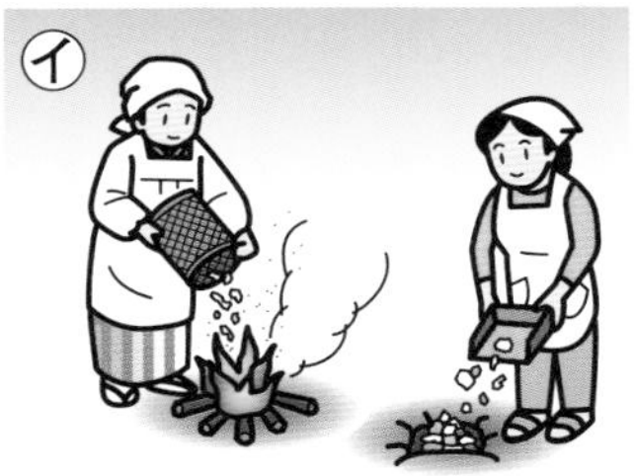

㋒ 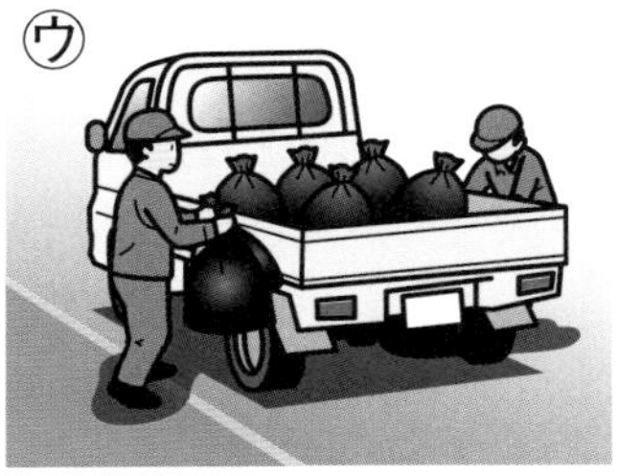

①(　　)
↓
②(　　)
↓
③(　　)

2 清掃工場とうめ立て処分場について　次の問いに答えましょう。　1つ4〔20点〕

(1)　次の㋐～㋕を、ごみを処理するまでの作業の順にならべましょう。

㋒➡①(　　)➡②(　　)➡㋕➡③(　　)➡㋑

㋐　ごみバンカにごみを集める。	㋑　有害物質を取りのぞいたガスを空気中に出す。	㋒　収集したごみの重さを量る。
㋓　ごみをもやして出たガスから有害物質を取りのぞく。	㋔　高温でごみをもやして灰にする。	㋕　ごみをもやした時の熱で、水を蒸気に変えて、発電する。

(2)　清掃工場でもやした灰からつくられるものは何の原料ですか。

(　　　　　)

(3)　次の文のうち、右のグラフからわかることとして正しいもの1つに○を書きましょう。

㋐(　　)うめ立てられるごみの量はふえ続けている。

㋑(　　)2001年にうめ立てられたごみの量が最も多い。

㋒(　　)2021年にうめ立て処分場がいっぱいになる。

うめ立て処分場にうめられた灰と、もやさないごみの量の変化

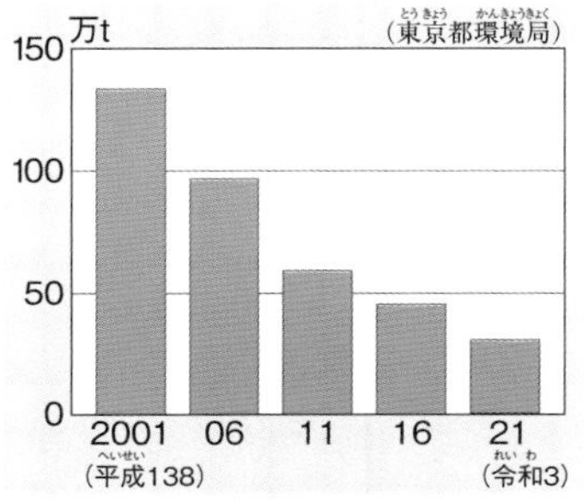

3 資源のゆくえ　**次の問いに答えましょう。**

(1) 次のうち、右の環境ラベルが表示された製品のもとになっ
たと考えられるものを選びましょう。　　　　　　　（　　　）

 ㋐　 ㋑　 ㋒　 ㋓

グリーンマーク

(2) 右の**図**中の㋐〜㋔にあてはまるしせ
つを、次からそれぞれ選びましょう。

㋐（　　　）　　㋕（　　　）

㋒（　　　）　　㋔（　　　）

㋐　回収しせつ　㋑　うめ立て処分場

㋒　清掃工場　㋓　はさい処理しせつ

(3) 資源をリサイクルして、再び原料と
して利用するために、わたしたちがで
きることを1つ書きましょう。

（　　　　　　　　　　　　　　　　　　　　　　　）

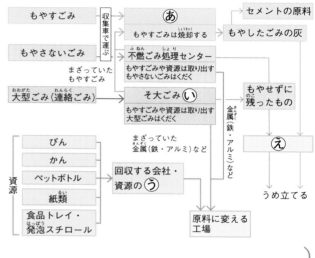

---

4 ごみの問題　**次の問いに答えましょう。**

(1) 次の文の{　　}にあてはまる言葉に○を書きま
しょう。

●右の**グラフ**を見ると、2000年にくらべて2021年
はごみの量が①{　ふえて　へって　}おり、
ごみの処理にかかる費用は②{　ふえて
へって　}いることがわかる。

(2) レジぶくろをへらすために、スーパーマーケッ
トなどで利用がよびかけられている、品物をいれ
るために持参するふくろを何といいますか。

（　　　　　　　　　　　　　）

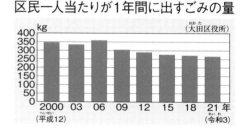
区民一人当たりが1年間に出すごみの量

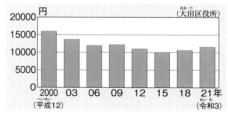
区民一人当たりのごみの処理にかかる費用

(3) 次の①〜③は、3Rのうちのどの考え方にあてはまりますか。あとの　　　から
それぞれ選びましょう。

① 食料品は、必要なときに必要なぶんだけ買う。　　　（　　　　　　　）

② 古くなった新聞などは資源の回収に出す。　　　　　（　　　　　　　）

③ 使わなくなった家具を、必要とする人にゆずる。　　（　　　　　　　）

> リサイクル　　リユース　　リデュース

勉強した日　月　日

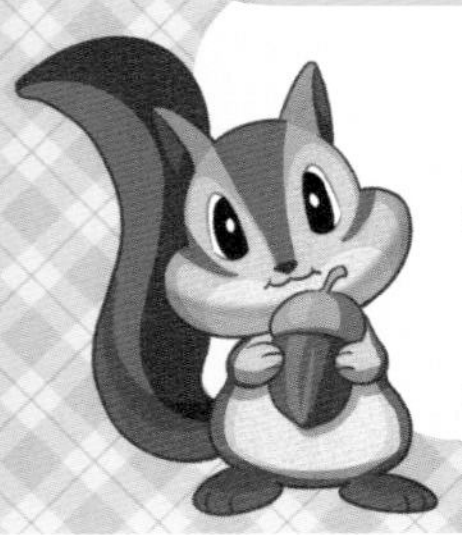

2 水はどこから①

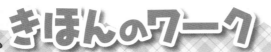

きほんのワーク

もくひょう
ふだん使っている水がどこからきているか考えてみよう。

おわったらシールをはろう

教科書 50〜55ページ　答え 6ページ

1 1日に使う水の量を調べよう／学習問題をつくり、学習の見通しを立てよう

（　）にあてはまる言葉を□から書きましょう。

よみトク！資料

さくらさんの家で1日に使った水の量
- さくらさん1人が使った水の量…62 L
- さくらさんをふくむ家の人3人それぞれが使った水の量の合計…186 L
- さくらさんをふくむ家の人3人が共通して使った水の量…264 L
  ふろ…100 L　せんたく…116 L　料理（3回）…20 L　食器あらい…28 L

●さくらさんの家では、1日に①（　　　　）Lの水を使っている。
●②（　　　　）より、ふろや③（　　　　）に使う水のほうが多い。

●水を使いたいとき、④（　　　　）をひねればいつでも水が出てくる。
●じゃ口から出る水は⑤（　　　　）といい、⑥（　　　　）を通って送られてくる。

じゃ口　450　せんたく　水道水　料理　水道管

2 水はどこから流れてくるのか

（　）にあてはまる言葉を□から書きましょう。

水道のじゃ口 → 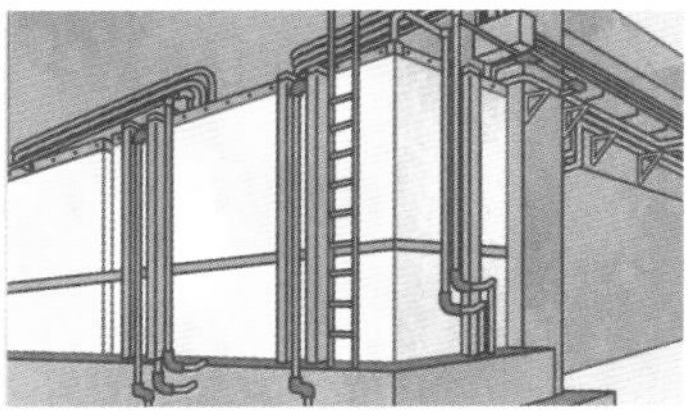 → 水道管 → 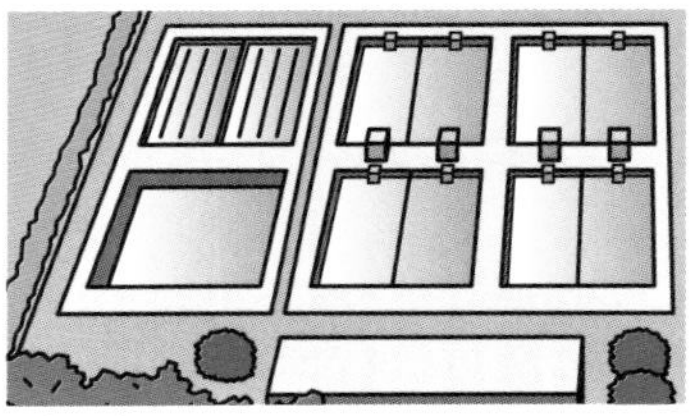

学校の⑦（　　　　）　谷ケ原⑧（　　　　）

水の流れをたどろう！

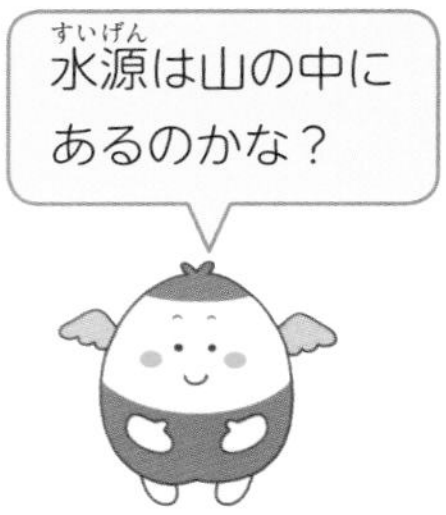
水源は山の中にあるのかな？

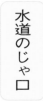

山の中 ← 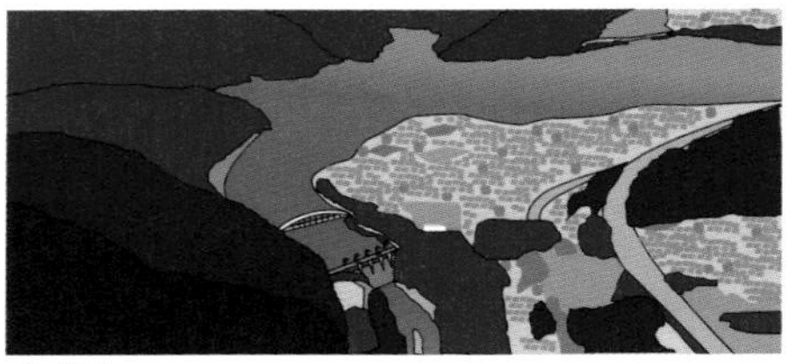

⑨相模（　　　　）・相模湖

浄水場　受水そう　ダム

しゃかいか工場　昔の水道管は金属が使われていることが多かったけど、さびてしまうことがあり、今はポリエチレン管などが使われるようになっているよ。

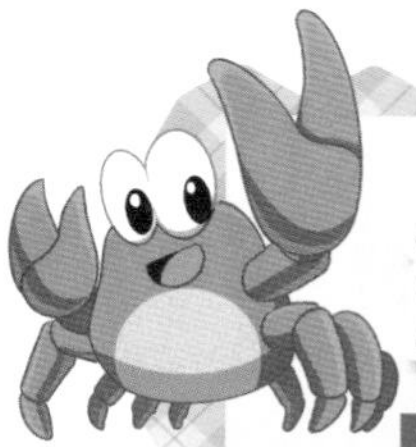

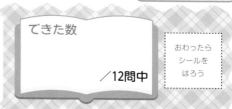

練習のワーク

教科書 50～55ページ　答え 6ページ

できた数　／12問中

おわったらシールをはろう

1 右の上下水道使用量(りょう)のお知らせを見て、次の問いに答えましょう。

(1) 平成29年７月分から８月分の２か月の、この小学校の水の使用量は何㎥ですか。（　　　　㎥）

(2) 次のうち、学校で使う水には○を、家でも学校でも使う水には△を書きましょう。

①（　　）給食(きゅうしょく)をつくる。

②（　　）そうじをする。

③（　　）トイレに使用する。

④（　　）手をあらう。

上下水道使用量のお知らせ

△△市立○○小学校　様

お客様番号　123-012345-678
（使用者番号　12301 23456 7890　）

平成29年度 使用年月分：29年7月分～29年8月分			
今回指針	4617 m³	平成29年　8月　1日点検	
前回指針	3023 m³	平成29年　6月　1日点検	
旧メータ使用量	0 m³		
使用水量	1594 m³	排水量	1594 m³
上下水道料金		842, 122　円	
【上下水道料金内訳】			
水道	526, 372円	（　38, 990円）	
下水道	315, 750円	（　23, 388円）	

金額には、消費税及び地方消費税に相当する( )内の額が含まれています。

2 次の資料(しりょう)を見て、あとの問いに答えましょう。

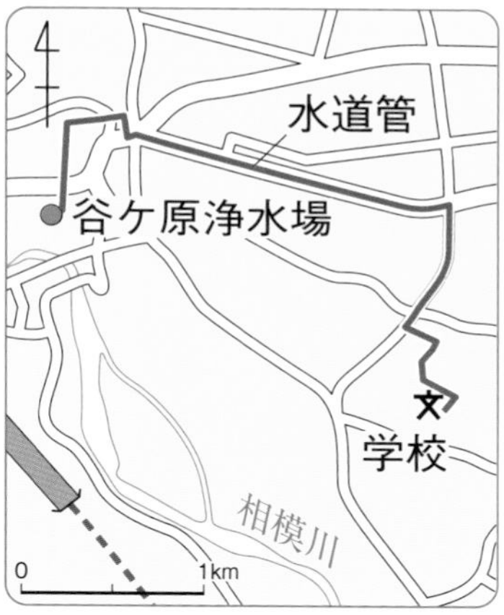

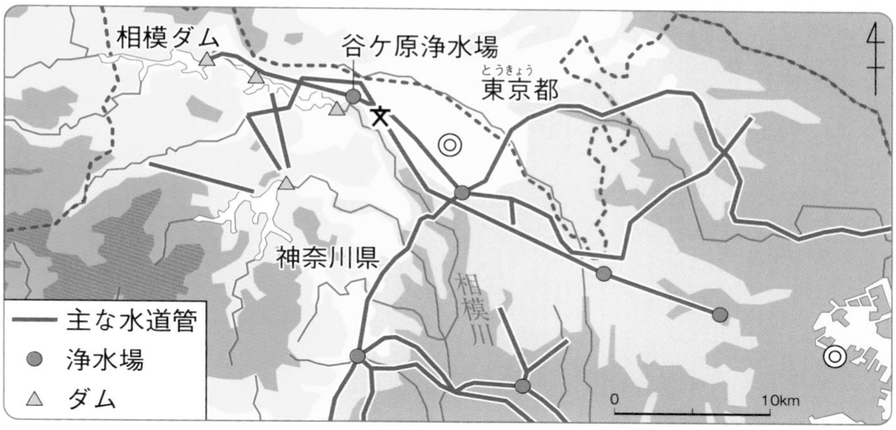

(1) 学校のじゃ口から、水の流れる道をたどりました。次の①～③にあてはまるしせつを、あとからそれぞれ選(えら)びましょう。

● 学校のじゃ口→①（　　）→②（　　）→③（　　）

㋐ 谷ケ原浄水場(たにがはらじょうすいじょう)　㋑ 学校の受水そう　㋒ 相模(さがみ)ダム

(2) 谷ケ原浄水場は、何という川の近くにつくられていますか。（　　　　）

(3) 右の**地図**からわかることとして、正しいもの３つに○を書きましょう。

㋐（　　）神奈川(かながわ)県にはダムが１つだけあり、そこから水道管(かん)がのびている。

㋑（　　）水源(すいげん)になっている場所は、山の中だと考えられる。

㋒（　　）神奈川県にはダムや浄水場がいくつかあり、水道管で結(むす)ばれている。

㋓（　　）浄水場は、すべて川から遠いところにつくられている。

㋔（　　）ダムの多くは、湖が川になって流れ出すところにつくられている。

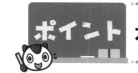

ポイント　水道の水は、水道管を通って運ばれてくる。

勉強した日　月　日

2　水はどこから②

きほんのワーク

もくひょう

浄水場のしくみと、水道管を守る取り組みについて理解しよう。

おわったらシールをはろう

教科書 56〜59ページ　答え 6ページ

1 浄水場を見学しよう

（　）にあてはまる言葉を□から書きましょう。

よみトク！資料

浄水場のしくみ

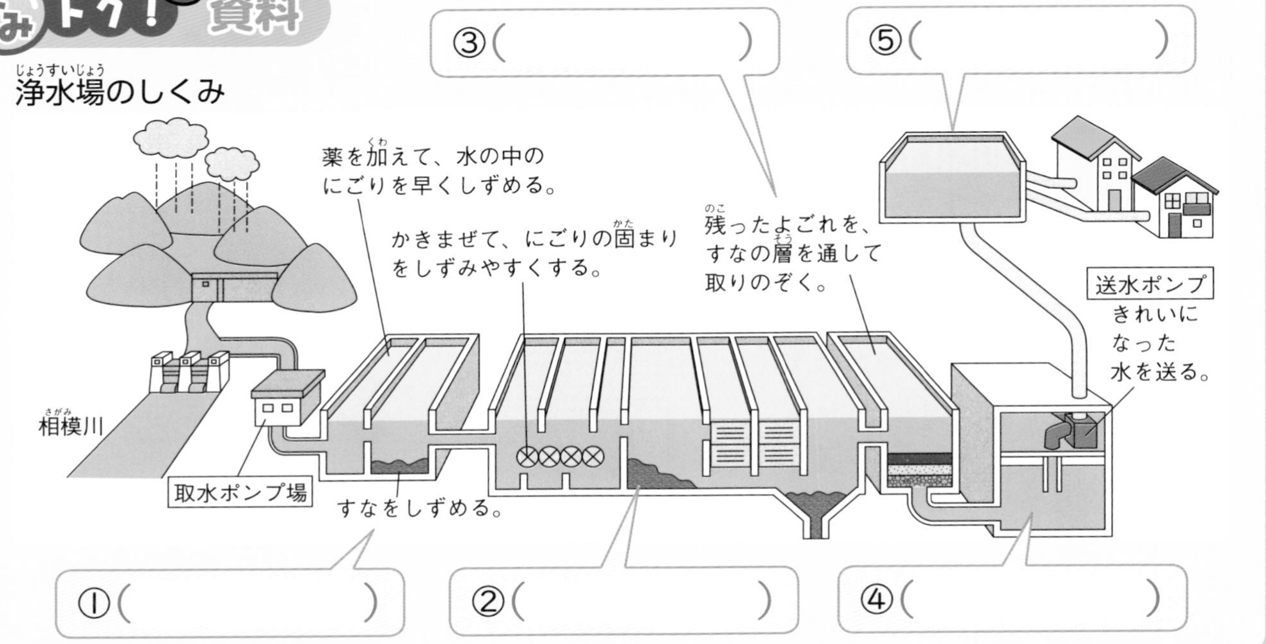

③（　　　　　）
⑤（　　　　　）
薬を加えて、水の中のにごりを早くしずめる。
かきまぜて、にごりの固まりをしずみやすくする。
残ったよごれを、すなの層を通して取りのぞく。
送水ポンプ
きれいになった水を送る。
相模川
取水ポンプ場
すなをしずめる。
①（　　　　　）
②（　　　　　）
④（　　　　　）

浄水池	配水池	ちんさ池	ろか池	ちんでん池

2 水道管を守る人々

（　）にあてはまる言葉を□から書きましょう。

- 水道管は、ほとんどが⑥（　　　　　）を通っている。
- [SDGs] 県は、古くなった⑦（　　　　　）を取りかえたり、水もれがないかを⑧（　　　　　）して、安全な水を送る。
- [SDGs] 地域の⑨（　　　　　）がふえるとともに水道管のきょりものびた。
- 水道管を検査したり、修理したりするには⑩（　　　　　）がかかる。

つながるSDGs

水道は、安心で安全な水を、学校や家庭などどこでも使えるようにしているんだね。

地下	費用	検査	水道管	人口

しゃかい工場　今はどこの家庭にも水道が引かれているけれど、昔は井戸で水をくんでいたよ。水せんトイレやシャワーを使う生活に変わり、使う水の量がふえてきたよ。

練習のワーク

教科書　56〜59ページ　答え　6ページ

できた数　／9問中

おわったらシールをはろう

1 次の問いに答えましょう。

(1) 川の水をきれいにして、飲むことのできる水にするしせつを何といいますか。

(　　　　　)

(2) 次の文の{　　}にあてはまる言葉や数字に○を書きましょう。

● 川から取り入れた水が飲み水になるのに、約①{ 1　6 }時間かかる。係の人は交代で②{ 12　24 }時間、水をつくり続けている。水がきれいになったかどうかは③{ 水質試験室　中央操作室 }で調べられる。

2 次の問いに答えましょう。

(1) 右のあ・いの**絵**は、何をしているところですか。あてはまるものをそれぞれ選びましょう。

あ(　　　)い(　　　)

㋐ 水質が安全かどうかの調査
㋑ 水もれの検査
㋒ 古い水道管を取りかえる作業
㋓ 水道管のそうじ

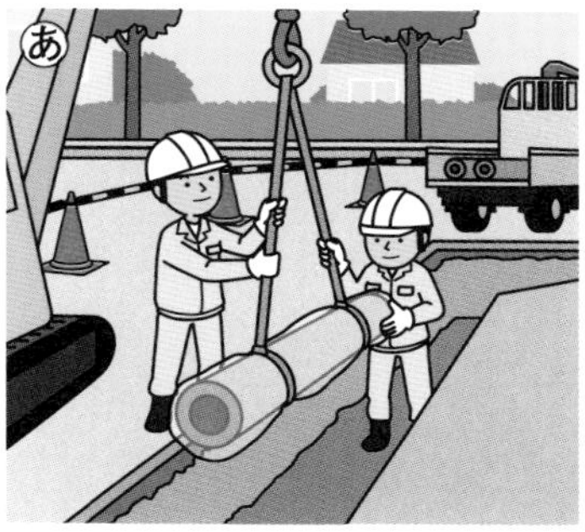

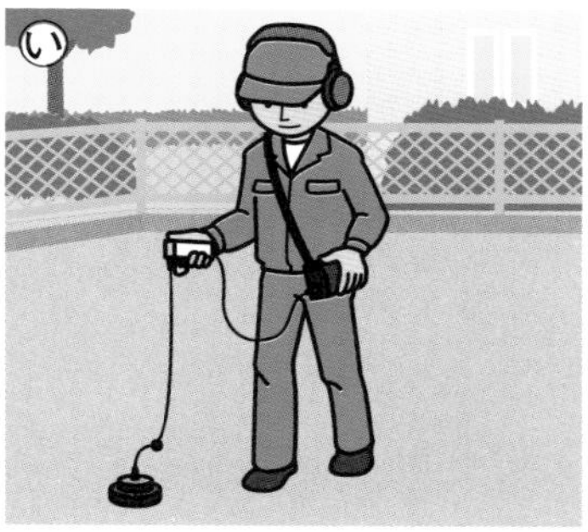

(2) 右の**グラフ**を見て、次の問いに答えましょう。

① 相模原市の人口は、2005年は約何万人ですか。

(約　　　万人)

② 次の文のうち、2つの**グラフ**について、正しいもの2つに○を書きましょう。

相模原市の人口の変化

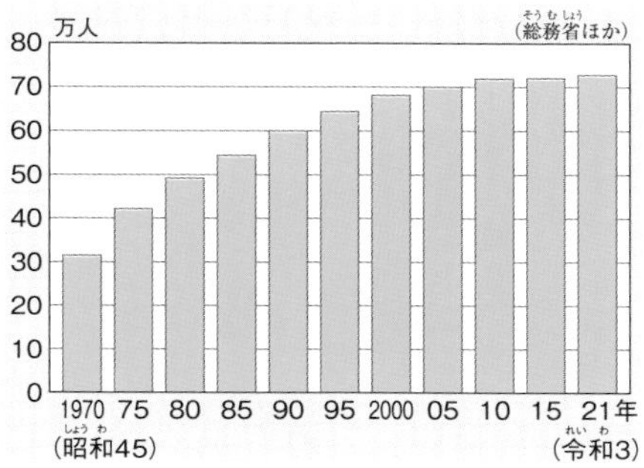

水道管ののびるきょりの変化

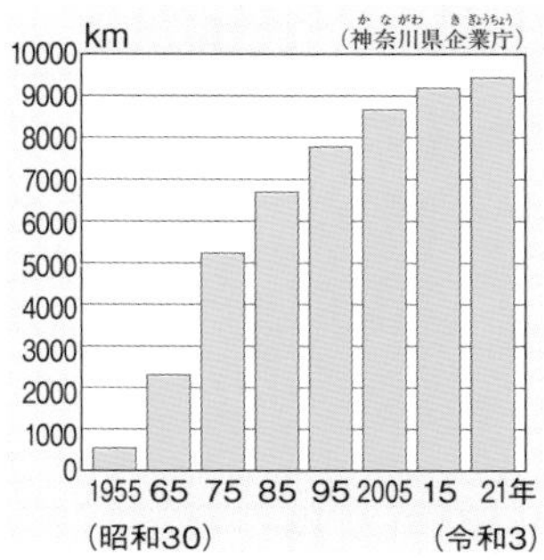

㋐(　　　)相模原市の人口は、2000年代からはへっている。
㋑(　　　)水道管が最ものびたのは、1965年から1975年の間である。
㋒(　　　)水道管のきょりは、2021年には10000kmになっている。
㋓(　　　)人口のふえ方が大きいときは、水道管ののびるきょりも大きい。
㋔(　　　)人口がふえると、水道の使用量もふえる。

ポイント 水道の水は浄水場できれいにされる。

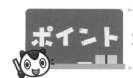

2 水はどこから③

きほんのワーク

もくひょう
水をたくわえるダムと森林のはたらきを理解しよう。

おわったらシールをはろう

教科書 60〜63ページ　答え 7ページ

1 水をたくわえる湖とダム

✎ （　　　）にあてはまる言葉を□□□から書きましょう。

よみトク！資料

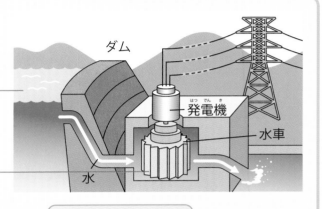

ダム　発電機　水車　水

- 相模湖（さがみ）は、①（　　　　　　）をせき止めてつくった貯水池（ちょすいち）である。
- ダムは、水道に使われる川の水の②（　　　　　　）を調節（ちょうせつ）している。ダムにためた水は、③（　　　　　　）にも使われる。
- ④（　　　　　　）でこまることのないよう、ダムをつくってきた。

森林にも、水をためて、ゆっくり流し出すはたらきがあるね。

水不足（みずぶそく）	川	水力発電	量（りょう）

2 水源を守る取り組み

✎ （　　　）にあてはまる言葉を□□□から書きましょう。

- 森林は、えだを切って⑤（　　　　　　）をよくするなどの⑥（　　　　　　）をしないとあれてしまう。
- 木が十分に⑦（　　　　　　）をはれなくなったり、⑧（　　　　　　）がかれてしまったりすると、⑨（　　　　　　）が流れ出し、⑩（　　　　　　）をたくわえられなくなる。
- 神奈川県（かながわ）では、「⑪（　　　　　　）の森林づくり」という、森林を守る取り組みを進めている。

つながるSDGs
森林を守る取り組みは、陸（りく）の豊（ゆた）かさを守ろうという取り組みにもつながるものがあるね。

水	土	日当たり	水源（すいげん）	根	手入れ	草木

  森に降（ふ）った雨が栄養（えいよう）をふくんで川に流れ、やがて海で魚のえさとなるプランクトンを育てることから、「森は海の恋人（こいびと）」ともいわれているよ。

勉強した日　　月　　日

練習のワーク

教科書　60～63ページ　答え　7ページ

できた数　／12問中

おわったら シールを はろう

1 次の問いに答えましょう。

(1)　次の文のうち、ダムのはたらきとして正しいもの２つに○を書きましょう。

㋐(　　　)ダムは、水道に使われる川の水の量（りょう）を調節（ちょうせつ）するしせつである。

㋑(　　　)川の水があふれたとき、ダムからためた水を流す。

㋒(　　　)ダムは川から浄水場（じょうすいじょう）に水を送るためのしせつである。

㋓(　　　)ダムは、水不足（みずぶそく）にならないように、水をためるしせつである。

(2)　ダムにためた水で行う、右の**図**のような発電方法を何といいますか。

(　　　　　　)

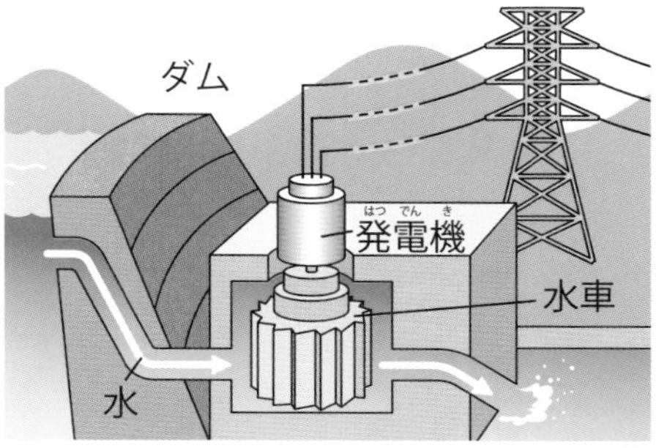

(3)　次の文の{　　}にあてはまる言葉に○を書きましょう。

水源（すいげん）の森林は、ダムより{ 上流　下流 }にある。

2 次の問いに答えましょう。

(1)　右の**図**を見て、次の問いに答えましょう。

①　**図**中の㋐～㋒から、「貯水池（ちょすいち）」「緑のダム」を、それぞれ選びましょう。

貯水池(　　　)　緑のダム(　　　)

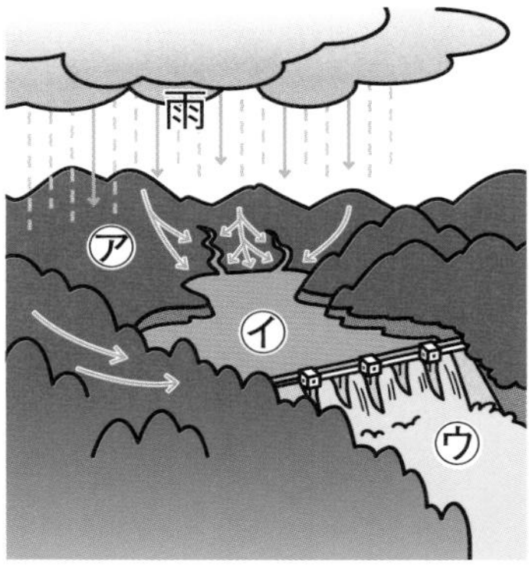

②　次の文のうち、森林のはたらきとしてあやまっているもの１つに×を書きましょう。

㋐(　　　)川の水をきれいにして飲めるようにする。

㋑(　　　)雨やわき水をたくわえ、ゆっくり流す。

㋒(　　　)木の根によって、土やすなが流れ出すのをふせぐ。

(2)　次の文のうち、水源の森林を守る活動について正しいものには○を、あやまっているものには×を書きましょう。

①(　　　)ボランティアとして活動をしている人はいない。

②(　　　)よぶんな木やえだを切り、日当たりをよくしている。

③(　　　)森林を切り開き、ダムをつくっている。

④(　　　)木の手入れをする仕事につく人の数は、多くなっている。

⑤(　　　)地域（ちいき）をこえた人々が清掃（せいそう）活動などを行っている。

ポイント　**森林はダムとおなじようなはたらきをする。**

勉強した日　月　日

2　水はどこから④

きほんのワーク

もくひょう
下水のゆくえと、水を大切に使うことについて考えよう。

おわったらシールをはろう

教科書 64〜71ページ　答え 7ページ

1 使ったあとの水のゆくえは／水の通り道をすごろくに表そう！

（　　）にあてはまる言葉を［　］から書きましょう。

よみトク！資料

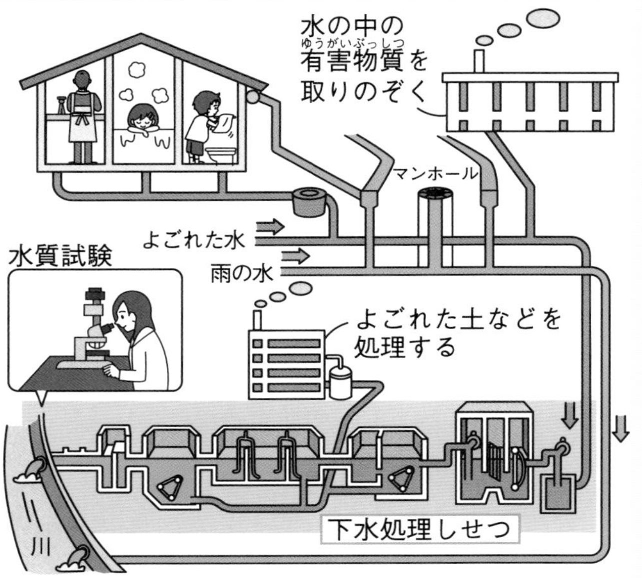

水の中の有害物質を取りのぞく
マンホール
よごれた水
雨の水
水質試験
よごれた土などを処理する
下水処理しせつ
川

●使った水は、①（　　　　　）を通って②（　　　　　）に集められ、きれいにされる。

➡③（　　　　　）を行ってから、川や海に流される。

●川や海の水が蒸発して、雲になったあとに雨になり、またわたしたちが使う水になることを、④（　　　　　）という。

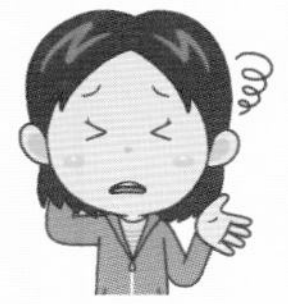

台所の流しに食べ残しや油を流すと、下水管がつまるおそれがあるよ。

下水管　水質試験　水のじゅんかん　下水処理しせつ

2 水を大切に使うということは…／ごみと水について学んだことを、くらしに役立てよう

（　　）にあてはまる言葉を［　］から書きましょう。

SDGs ●水を大切に使い、むだづかいしないようにすることを⑤（　　　　　）という。

SDGs ●おふろの残り湯などを⑥（　　　　　）に使うなど、水を⑦（　　　　　）することが大切。

●まだ食べられたにもかかわらず、すてられた食品のことを⑧（　　　　　）という。

SDGs ●生ごみを⑨（　　　　　）に変える処理機を貸し出している市町村もある。

つながるSDGs
プラスチックごみをへらすことは、海の環境を守ることにもつながる。

節水　たいひ　食品ロス　せんたく　再利用

しゃかいか工場
牛乳をコップ１ぱい（200mL）流すと、その水をきれいにするのにふろ11ぱい分(3300L)の水が必要になるよ。天ぷら油（20mL）だと20ぱい分（6000L）も必要になるんだ。

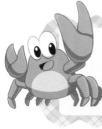

練習のワーク

教科書 64〜71ページ　答え 7ページ

できた数　／13問中

おわったら シールを はろう

1 次の問いに答えましょう。

(1) わたしたちが使った水が、きれいにされて川や海にもどり、そののちふたたびわたしたちが使う水となることを何といいますか。（　　　　）

(2) 次の文のうち、下水処理しせつについて正しいもの２つに○を書きましょう。

㋐（　　）台所の流しに残飯や油を流しても問題はない。

㋑（　　）下水処理しせつできれいにした水を再利用することはできない。

㋒（　　）人口がふえるのにあわせて、計画的につくられてきた。

㋓（　　）使ったあとのよごれた水をきれいにして、川や海にもどしている。

(3) 次の**図**の（　　）にあてはまるしせつを、あとからそれぞれ選びましょう。

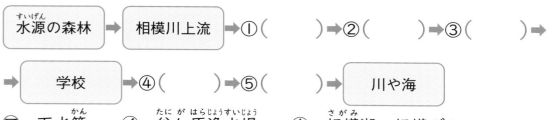

水源の森林 ➡ 相模川上流 ➡ ①（　　） ➡ ②（　　） ➡ ③（　　） ➡

➡ 学校 ➡ ④（　　） ➡ ⑤（　　） ➡ 川や海

㋐ 下水管　㋑ 谷ケ原浄水場　㋒ 相模湖・相模ダム

㋓ 水道管　㋔ 下水処理しせつ

2 次の問いに答えましょう。

(1) 右の**グラフ**のうち、工場で使われる水の量を表しているのはどちらですか。（　　）

(2) 工場でも家庭でも使用される水の量はへってきています。次の文のうち、工場での取り組みには○を、家庭での取り組みには△を書きましょう。

①（　　）一度使った水を、機械を冷やす水として再利用している。

②（　　）おふろの残り湯をせんたくに利用している。

③（　　）せんたくをまとめて行い、回数をへらしている。

④（　　）体を洗うときに、水を出しっぱなしにしない。

1家庭もしくは1工場当たりで、1日に使われる水の量

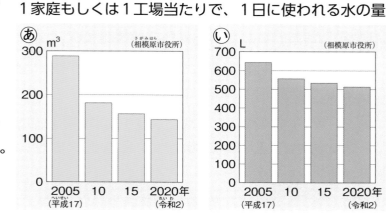

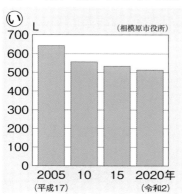

あ
m3
（相模原市役所）
300
200
100
0
2005
10
15
2020年
（平成17）
（令和2）
い
L
（相模原市役所）
700
600
500
400
300
200
100
0
2005
10
15
2020年
（平成17）
（令和2）

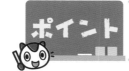

ポイント 使ったあとの水は下水処理しせつできれいになる。

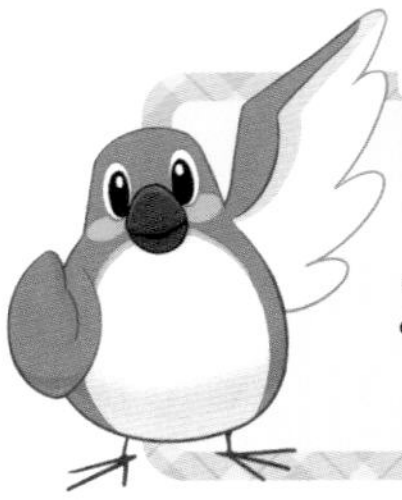

まとめのテスト

2　水はどこから

勉強した日　　月　　日

とく点　　/100点

おわったらシールをはろう

時間 20分

教科書 50〜71ページ　答え 8ページ

1 水をきれいにする浄水場　次の問いに答えましょう。　1つ5〔25点〕

思考

(1)　右の**地図**を見て、次の文の□にあてはまる言葉を書きましょう。　（　　　　）

> 浄水場(じょうすいじょう)は、水を取り入れやすいように、□につくられていることがわかります。

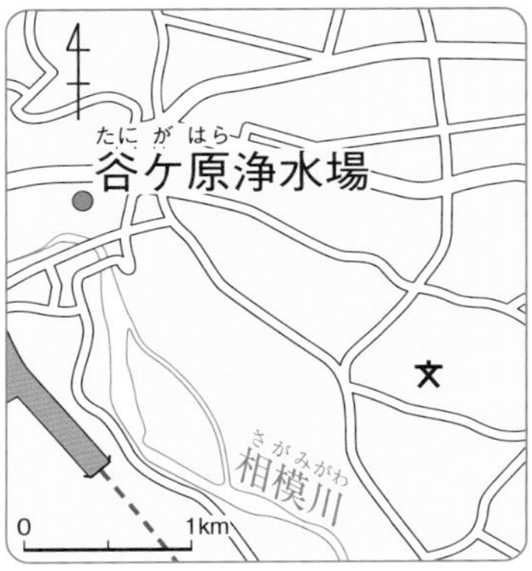

(2)　次のカードを、浄水場で行われる順(じゅん)にならべたとき、①〜③にあてはまるものをそれぞれ選(えら)びましょう。

㋒→①（　　　）→㋑→②（　　　）→③（　　　）

㋐　水が安全かどうかをたしかめて、送り出す。	㋑　しずんだよごれを取りのぞく。	㋒　にごりの固(かた)まりをつくるための薬を加(くわ)える。
㋓　水をかきまぜ、にごりの固まりをしずみやすくする。	㋔　取りのぞけなかったよごれを、すなの層(そう)を通して取りのぞく。	

(3)　浄水場で、水が安全か調べる場所を何といいますか。　（　　　　　）

2 水をたくわえるしくみ　右の図を見て、次の問いに答えましょう。　1つ5〔25点〕

(1)　**図**中の[あ]がしめす、水をためて川の水の量(りょう)を調節(ちょうせつ)するしせつを何といいますか。　（　　　　）

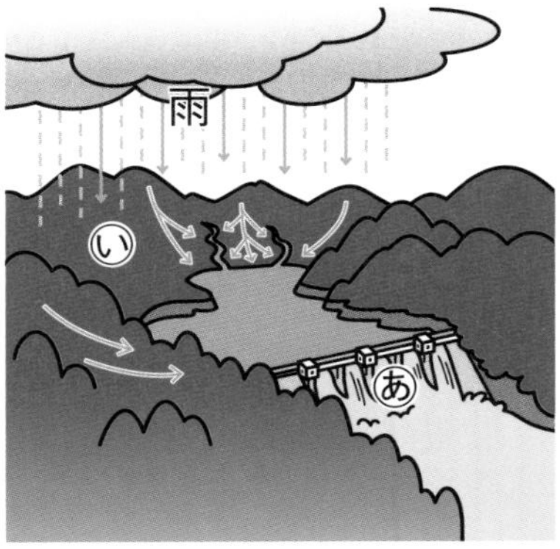

(2)　(1)のしせつでためられた水は、何に使われますか。次のうち、正しいもの2つに○を書きましょう。

㋐（　　）水道　　㋑（　　）防災(ぼうさい)

㋒（　　）環境(かんきょう)を守る　　㋓（　　）発電

(3)　右の**図**に「□の森林のはたらき」というタイトルをつけたいと思います。□にあてはまる言葉を書きましょう。

（　　　　）

記述

(4)　**図**中の[い]の森林が「緑のダム」ともいわれているのはなぜですか。簡単(かんたん)に書きましょう。

（　　　　　　　　　　　　　　　　）

3 安全な水を守る取り組み　次の問いに答えましょう。　1つ5〔30点〕

思考

(1) 次のことがわかる**資料**を、あとの[あ]～[う]からそれぞれ選びましょう。

① 1975年から2021年の間に、約4000kmの水道管がつくられた。（　　）

② 市の人口はここ数年あまりふえていない。（　　）

③ 昔よりも水道がたくさん使われるようになった。（　　）

[あ] 市の人口の変化

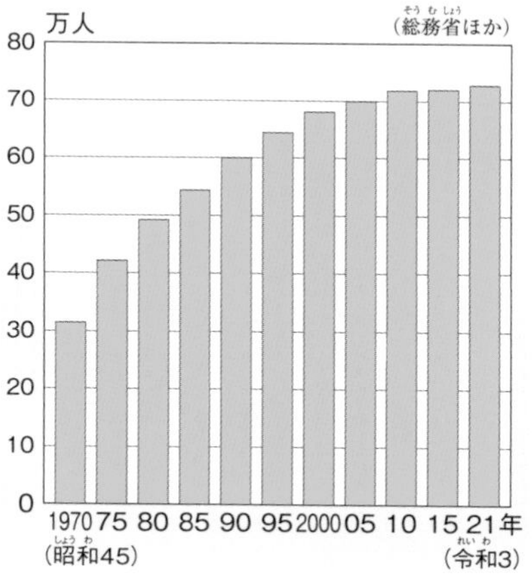

[い] 市の1日当たりの水道使用量の変化

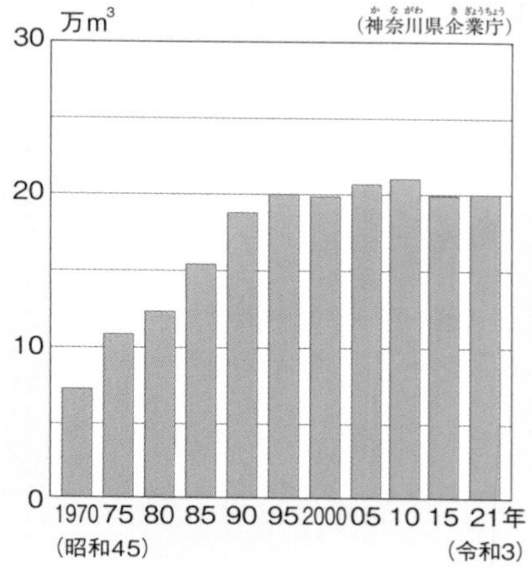

[う] 水道管ののびるきょりの変化

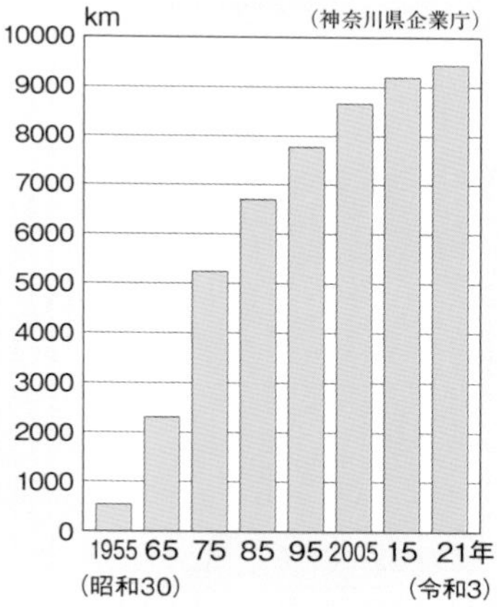

(2) 次の文の［　］にあてはまる言葉を、あとの［　］からそれぞれ選びましょう。

①（　　　）②（　　　）③（　　　）

● 水道管は、40年ほどで［①］する必要がある。水道管を［②］したり修理したりするには、［③］がかかる。人口がへっているところだと、［③］が足りず、修理ができなくなっているところもある。

費用　　交かん　　検査

4 使ったあとの水の処理　次の問いに答えましょう。　1つ5〔20点〕

(1) 右の**グラフ**を見て、次の問いに答えましょう。

作図

下水管ののびるきょりの変化

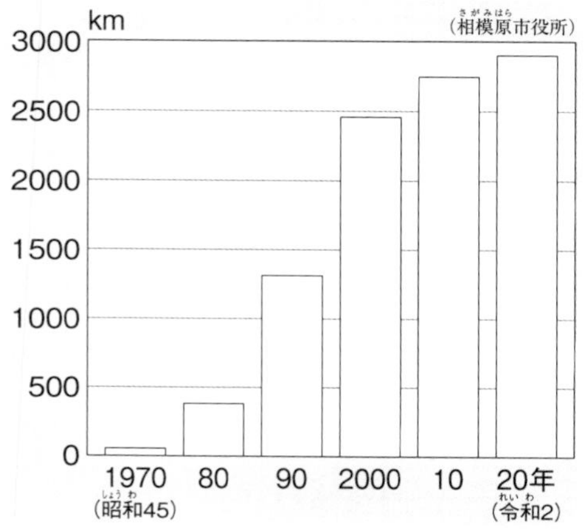

① 下水管ののびるきょりが、10年前とくらべて最ものびている年の**グラフ**に色をぬりましょう。

② ①の年の下水管のきょりは、約何kmですか。（約　　km）

③ 次の文のうち、下水管のきょりがのびた理由として、正しいもの1つに○を書きましょう。

㋐（　）人口がふえたから。　㋑（　）川や海がきれいになったから。

㋒（　）水の使用量がへったから。　㋓（　）井戸がかれてしまったから。

よく出る

(2) 水をむだにしないで使うことを、何といいますか。（　　　）

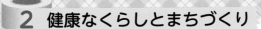

勉強した日 〉 月 日

もくひょう
電気がつくられ、家庭などに送られるしくみを知ろう。

おわったら
シールを
はろう

◆ 2 くらしと電気①

きほんのワーク

教科書 72〜75ページ | 答え 8ページ

---

1 電気はどこから

✎ ( )にあてはまる言葉を ▢ から書きましょう。

よみトク！資料

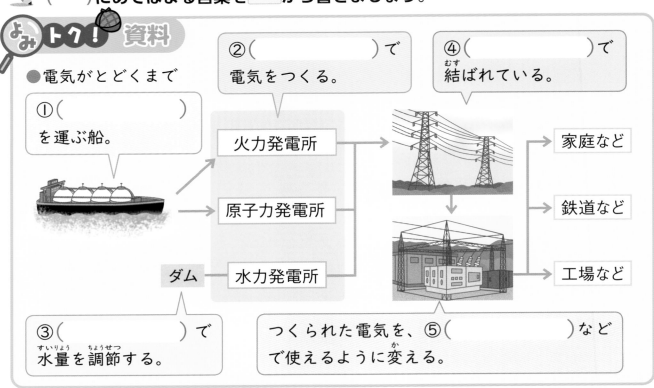

●電気がとどくまで

①(）
を運ぶ船。

②(）で
電気をつくる。

④(）で
結ばれている。

火力発電所

原子力発電所

ダム → 水力発電所

③(）で
水量（すいりょう）を調節（ちょうせつ）する。

家庭など

鉄道など

工場など

つくられた電気を、⑤(）など
で使（か）えるように変（か）える。

| ダム | 家庭 | 燃料（ねんりょう） | 発電所 | 送電線 |

---

2 どのようにして、電気をつくるの

✎ ( )にあてはまる言葉を ▢ から書きましょう。

●電気の不足（ふそく）による⑥(）が起きないように、計画的（てき）に発電している。

●⑦(）発電…天然（てんねん）ガスや⑧(）、石炭などを燃（も）やした熱（ねっ）で
発電する。**地球温暖化（おんだんか）**の原因（げんいん）となる⑨(）が出る。

●⑩(）発電…**ウラン燃料（りょう）**を利用（りよう）して発電する。燃料やはいき物のあつ
かいがむずかしく、安全のためのそなえが必要（ひつよう）である。

●⑪(）発電…水の流れる力で発電する。

| 水力 | 二酸化炭素（にさんかたんそ） | 石油 | 停電（ていでん） | 火力 | 原子力 |

しゃかいか工場 外国から運ばれる燃料を使う火力発電所と、水をたくさん使う原子力発電所は海ぞいに、
ダムを利用する水力発電所は川の上流につくられているよ。

練習のワーク

教科書 72～75ページ　答え 8ページ

できた数 ／10問中　おわったらシールをはろう

1 次の問いに答えましょう。

(1) 発電に使う燃料が外国から運ばれてくるときには、何が使われますか。次から選びましょう。（　　）

㋐ 船　㋑ 新幹線　㋒ 飛行機　㋓ トラック

(2) 電気が送られてこなくなってしまうことを何といいますか。（　　　　）

(3) 右の**地図**は、発電所の位置をしめしています。これを見て、次の文にあてはまる発電所を、あとからそれぞれ選びましょう。

①（　　）②（　　）

① この**地図**中には５か所あり、すべて海ぞいにつくられている。

② 大きな湖のそばにつくられている。

㋐ 火力発電所　㋑ 原子力発電所

㋒ 水力発電所

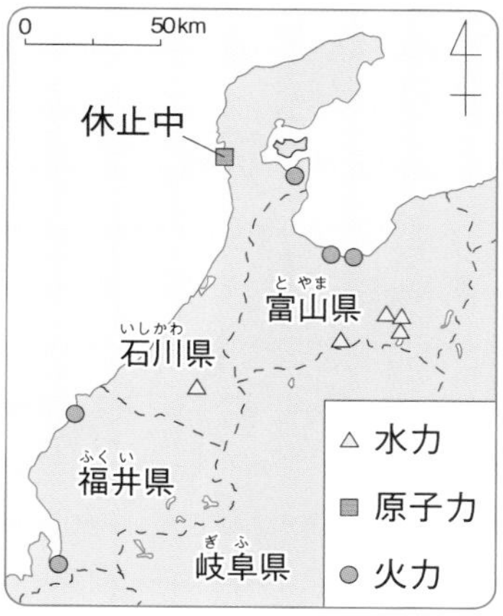

2 次の問いに答えましょう。

(1) 次の文の｛　｝にあてはまる言葉に○を書きましょう。

● 電気は水とちがい、たくわえておくことが①｛できる　できない｝。電力会社の人は、電気の不足による②｛停電　送電｝が起きないように、日や時間ごとに使用量を予想し、③｛いつも同じ量を　調節した量を｝発電している。

(2) 次の①～③の発電と㋐～㋒の特ちょうを、正しく線で結びましょう。

① 火力発電 ・	・㋐ ・水が不足すると発電ができない。 ・発電するときに、二酸化炭素を出さない。
② 原子力発電 ・	・㋑ ・燃料として、天然ガスや石油などが必要。 ・発電するときに二酸化炭素が出る。 ・発電量を調節しやすい。
③ 水力発電 ・	・㋒ ・ウランを燃料として発電する。 ・燃料やはいき物のあつかいがむずかしい。

ポイント 発電のしくみには、火力・水力・原子力がある。

勉強した日　月　日

2 くらしと電気②
ガスはどこから

きほんのワーク

もくひょう
これからの電気の使い方について考え、ガスが送られるしくみを知ろう。

おわったらシールをはろう

教科書 76～79ページ　答え 8ページ

1 くらしと電気のこれから

（　）にあてはまる言葉を□から書きましょう。

よみトク！ SDGs

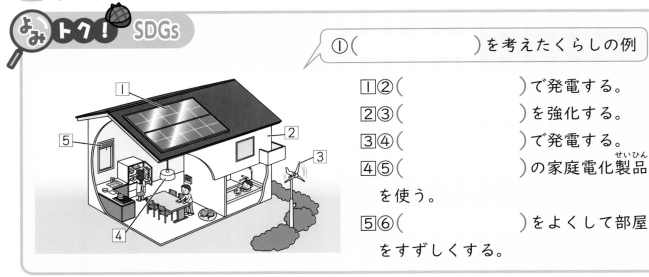

①（　　　　）を考えたくらしの例

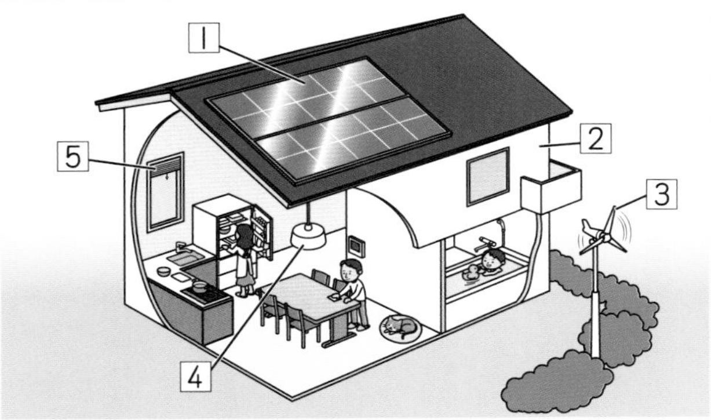

1
2
3
4
5

[1]②（　　　　）で発電する。
[2]③（　　　　）を強化する。
[3]④（　　　　）で発電する。
[4]⑤（　　　　）の家庭電化製品を使う。
[5]⑥（　　　　）をよくして部屋をすずしくする。

省エネルギー　節電　換気　風力　断熱　太陽光

2 ガスはどこから

（　）にあてはまる言葉を□から書きましょう。

●ガスのもととなる⑦（　　　　）は、外国から**タンカー船**で運ばれる。
➡つくられたガスは、⑧（　　　　）を通って学校や家庭に送られる。
●ガス会社の⑨（　　　　）**指令センター**では、ガスが正しく流れているかを⑩（　　　　）時間、交代で見守っている。

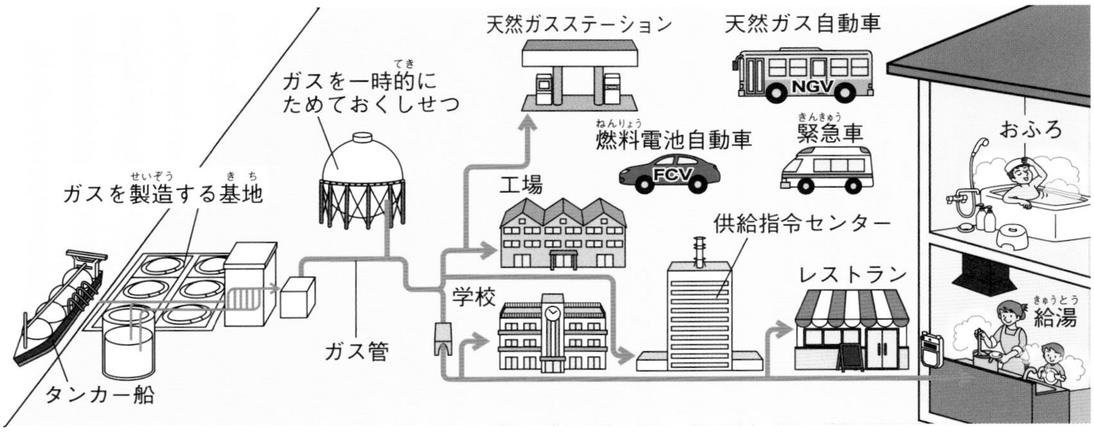

天然ガスステーション
天然ガス自動車
NGV
ガスを一時的にためておくしせつ
燃料電池自動車
FCV
緊急車
おふろ
ガスを製造する基地
工場
供給指令センター
学校
レストラン
給湯
ガス管
タンカー船

天然ガス　供給　24　ガス管

しゃかいか工場
風力・地熱・太陽光などの自然を使った発電が、地球温暖化をふせぐ取り組みとして進められているんだ。自然なので、電力をいつも不足なくつくれるかどうかが問題だよ。

勉強した日　月　日

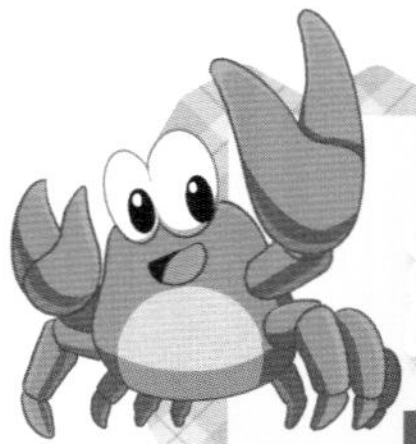

練習のワーク

教科書 76～79ページ　答え 8ページ

できた数　／10問中

おわったら シールを はろう

1 次の問いに答えましょう。

(1) 次の文のうち、自然の力で電気をつくる取り組みが進められている理由として、あやまっているもの１つに×を書きましょう。

㋐(　　)二酸化炭素やはいき物をほとんど出さないから。
㋑(　　)いつも同じ量の電気を不足なくつくることができるから。
㋒(　　)燃料をほとんど使わず、ずっと利用することができるから。

(2) 次の話にあてはまる節電のくふうを、あとからそれぞれ選びましょう。

①(　　)
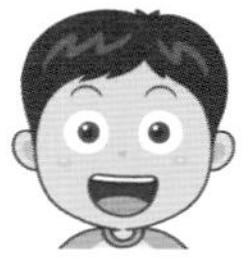
わたしの家の屋根には、太陽光パネルがついていて、晴れている日はそこで電気がつくられています。

②(　　)
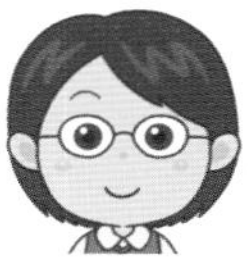
わたしの家では、この間、リビングの照明をLEDランプにかえました。

③(　　)
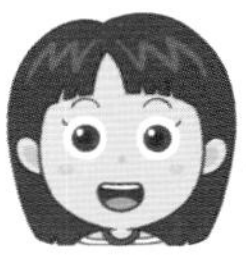
わたしの家では夏にこまめに窓をあけて、風通しがよくなるように気をつけています。

㋐ 太陽の光を利用して発電する。　㋑ 部屋をすずしくたもつ。
㋒ 省エネルギーの家庭電化製品を使う。　㋓ 風の力を利用して発電する。

2 次の問いに答えましょう。

(1) 天然ガスを世界各地から運んでくるものを、次から選びましょう。(　　)

㋐ トラック　㋑ 飛行機　㋒ 鉄道　㋓ タンカー船

(2) 次のうち、ガスを使うものには○を、電気を使うものには△を書きましょう。

①(　　)火を使って料理をする。
②(　　)ＬＥＤランプをつける。
③(　　)冷蔵庫でジュースを冷やす。

(3) 次の文の{　　}にあてはまる言葉に○を書きましょう。

● 家庭にガスを送るガス管は、①{ 台風　地震 }などで地面がゆがんでも切れることがないように、のびる素材でできている。ガスもれがあった場合は、②{ 保安指令センター　通信指令室 }に通報され、修理が行われる。

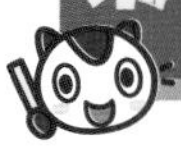

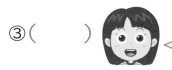

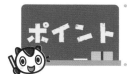

ポイント 自然の力を使って電気をつくる取り組みが進んでいる。

勉強した日　月　日

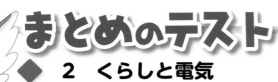

まとめのテスト

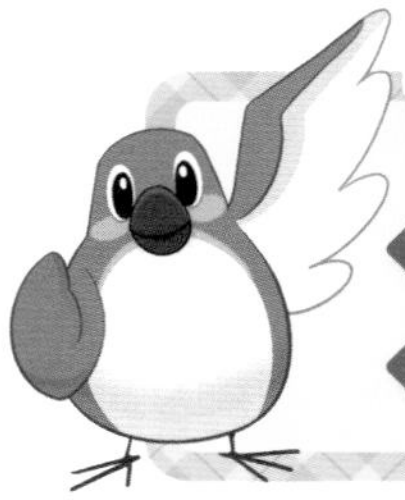

2　くらしと電気
ガスはどこから

とく点　/100点

おわったら シールを はろう

時間 20分

教科書　72〜79ページ　答え　9ページ

1 発電所の位置　次の問いに答えましょう。
1つ5〔15点〕

思考

(1) 右の**地図**を見て、次の文の□にあてはまる言葉を書きましょう。

①（　　　　　）②（　　　　　）

> 火力発電所、原子力発電所は[①]の近くに、水力発電所は[②]の近くにつくられています。

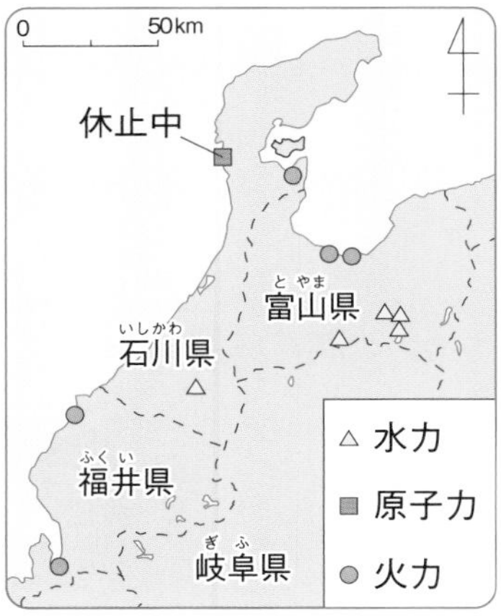

0
50km
休止中
富山県
石川県
福井県
岐阜県
△ 水力
■ 原子力
● 火力

(2) 発電所でつくられた電気を、家庭などで使えるように変えるしせつを何といいますか。（　　　　　）

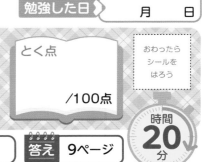

2 主な発電方法と電力　次の問いに答えましょう。
1つ5〔35点〕

よく出る

(1) 発電方法について説明した次の文について、□にあてはまる言葉をそれぞれ書きましょう。①（　　　　　）②（　　　　　）③（　　　　　）

- 火力発電…[①]や石炭、天然ガスなどを燃料として発電する。
- 原子力発電…[②]を燃料として発電する。事故が起こった場合などに、有害な物質が放出されることがある。
- 水力発電…水が流れる力で発電する。[③]の建設が必要である。

(2) 右の**グラフ**を読み取った文として、正しいもの2つに○を書きましょう。

㋐（　　）実際に使われた電力はいつも、つくり出すことのできる電力よりも少ない。

㋑（　　）実際に使われた電力は、へり続けている。

㋒（　　）2021年には、1970年の3倍以上の電力が使われた。

㋓（　　）つくり出すことのできる電力は、へった年はない。

国内でつくり出すことのできる電力と、実際に使われた電力

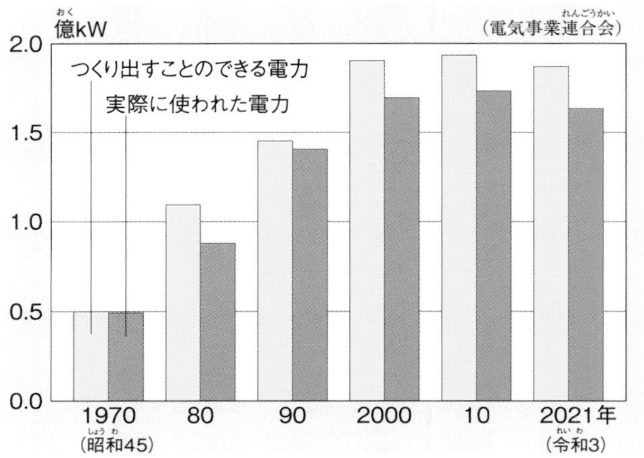

億kW
（電気事業連合会）
つくり出すことのできる電力
実際に使われた電力
2.0
1.5
1.0
0.5
0.0
1970
（昭和45）
80
90
2000
10
2021年
（令和3）

(3) 次のうち、停電をふせぐために行われていること2つに○を書きましょう。

㋐（　　）送電線を点検する。　㋑（　　）電気をたくわえておく。

㋒（　　）1つの発電方法を選ぶ。　㋓（　　）使用量を予想して発電する。

3 発電のこれから　右のグラフを見て、次の問いに答えましょう。　1つ5〔30点〕

(1)　グラフ中の㋐にあてはまる発電の種類を書きましょう。　（　　　　　　）発電

(2)　グラフ中の㋑は、2011年に起こったあるできごとののち、発電量が大きくへりました。このできごとを次から選びましょう。　（　　　）

㋐　阪神・淡路大震災　　㋑　東日本大震災

㋒　西日本豪雨

(3)　2021年の1年間の発電量は、すべて合わせると約何億kWhになりますか。

（　約　　　　　　億kWh ）

国内の1年間の総発電量

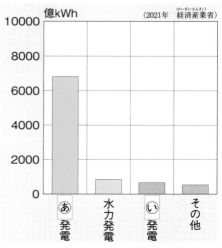

(4)　グラフ中の「その他」について、次の問いに答えましょう。

①　右の絵は、何を利用した発電ですか。次からそれぞれ選びましょう。

㋐（　　　）　㋑（　　　）

㋐　波の力

㋑　地中からの蒸気

㋒　太陽の光

㋓　風の力

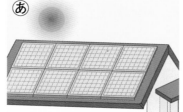

②　自然の力を利用した発電は、地球温暖化が進むことをふせぐと考えられています。その理由を「二酸化炭素」という言葉を使って書きましょう。

（　　　　　　　　　　　　　　　　　　　　　　　　　　　　　　　）

4 ガスはどこから　次の問いに答えましょう。　1つ5〔20点〕

(1)　タンカー船で運ばれる、家庭で使うガスのもとは何ですか。（　　　　　　　）

(2)　ガス会社が、ガスもれに気づくためにしているくふうを、1つ書きましょう。

（　　　　　　　　　　　　　　　　　　　　　　　　　　　　　　　）

(3)　右のグラフを読み取った文として、正しいもの2つに○を書きましょう。

㋐（　　　）ガスのはん売量が最も多いのは2010年である。

㋑（　　　）ガスのはん売量は1970年からずっとふえ続けている。

㋒（　　　）ガスのはん売量が200億m³をこえたのは1990年である。

㋓（　　　）1970年にくらべて、2019年のガスのはん売量は約8倍にふえた。

ガスのはん売量の変化

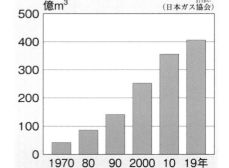

勉強した日　月　日

地震にそなえるまちづくり①

きほんのワーク

もくひょう
地震に対する家庭や学校でのそなえをおさえよう。

おわったらシールをはろう

教科書 80〜85ページ　答え 9ページ

1 地震防災センターで調べよう

（　）にあてはまる言葉を□から書きましょう。

●過去に起こった①（　　　　）や、津波について、②（　　　　）に行って調べる。
- 150年以上前に起こった③（　　　　）では、広いはんいに④（　　　　）が出た。
- 資料を見ると⑤（　　　　）がくずれて家が土にうもれている。

今の静岡県沼津市あたりのひがいの様子だよ。

地震　ひがい　安政東海地震
がけ　地震防災センター

2 家庭や学校でのそなえを調べよう

（　）にあてはまる言葉を□から書きましょう。

よみトク！資料

家族がわかる場所に⑥（　　　　）をじゅんびしている。

情報をえるための⑨（　　　　）をじゅんびしている。

非常持出袋
カンパン
カンパン

防災セット
非常食や薬などを入れてある。

防災セットにはほかにどのようなものが必要かを考えてみよう。

水道や⑦（　　　　）が止まったときのために、ペットボトルに入った⑧（　　　　）やかいちゅう電灯を用意する。

ラジオ　電気　防災セット　水

しゃかいか工場
災害にそなえて、家にも数日分の食料や水をたくわえておいたり、ひなん場所をたしかめておいたりすることが大切だよ。家族の集合場所や連らく方法も決めておこう。

練習のワーク

できた数　／10問中

おわったらシールをはろう

教科書　80〜85ページ　答え　9ページ

1 右の年表を見て、次の問いに答えましょう。

(1) 年表で最も古い地震は、千葉県から何県にかけて発生したか書きましょう。（　　　）

年代	静岡県で起こった主な地震
1498	[あ]明応地震（千葉県から三重県にかけて発生）
1707	[い]宝永地震（静岡県から大分県にかけて発生）
1854	[う]安政東海地震（千葉県から徳島県にかけて発生）
1944	[え]東南海地震（静岡県から三重県にかけて発生）

(2) 右の年表を見て、次の文のうち、わかること2つに○を書きましょう。

㋐（　　）広いはんいにかけて発生する地震がくり返し起こっている。
㋑（　　）宝永地震は、静岡県から千葉県にかけて発生した。
㋒（　　）年表の地震のうち、特にひがいが大きかったのは東南海地震である。
㋓（　　）年表で最も古い地震は今から約500年前に起こっている。

(3) 地震防災センターの役割について、正しいもの2つに○を書きましょう。

㋐（　　）地震がいつ起こるかをよそくする　㋑（　　）過去の地震を伝える
㋒（　　）地震へのそなえの大切さを伝える
㋓（　　）地震のときのひなん場所になる

2 次の問いに答えましょう。

(1) 次の会話の㋐〜㋓から、あやまっているもの2つに×を書きましょう。

㋐（　　）家や学校でも本だなの転とう防止をしているね。
㋑（　　）防災セットは家でだけ用意すればいいね。

㋒（　　）ひなん訓練は、学校や地域で行われているんだね。
㋓（　　）ひなん地は学校以外にはないんだね。

(2) 学校でのそなえについて、次の問いに答えましょう。

① 右の絵のような、地震が起こったと考えて行われる訓練を何といいますか。（　　　）

② ひなん地になる学校でほかんされているものとして、あてはまるもの2つに○を書きましょう。

㋐（　　）筆記用具　㋑（　　）毛布
㋒（　　）食料　㋓（　　）けいたいゲーム機

ポイント 過去の地震を伝えることで地震へのそなえができる。

勉強した日　月　日

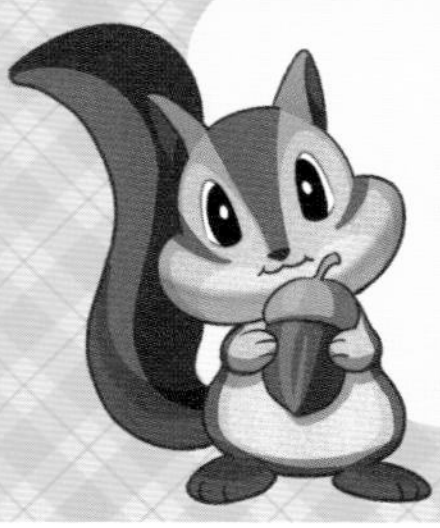

地震にそなえるまちづくり②

もくひょう
地震のときに住民を守る市役所の取り組みをおさえよう。

おわったらシールをはろう

きほんのワーク

教科書 86～91ページ　答え 9ページ

1 市役所へ行って調べよう

（　　）にあてはまる言葉を□から書きましょう。

よみトク！SDGs

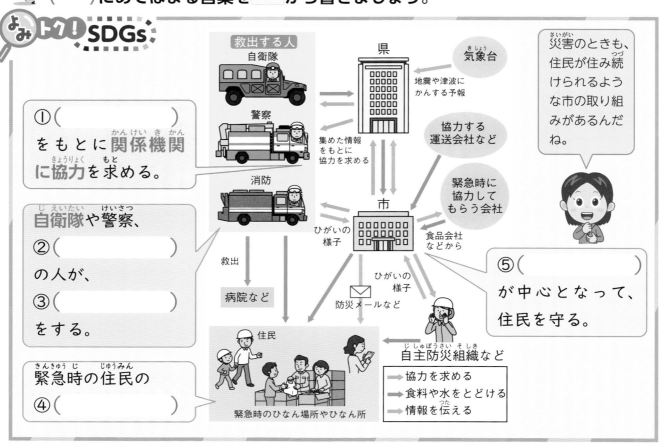

①（　　　　）をもとに関係機関に協力を求める。

自衛隊や警察、②（　　　　）の人が、③（　　　　）をする。

緊急時の住民の④（　　　　）

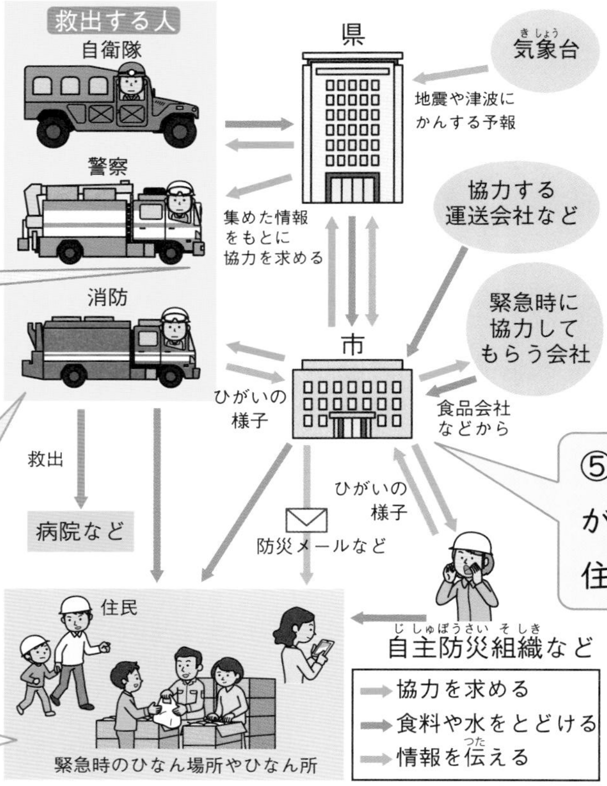

救出する人
自衛隊
警察
消防
県
気象台
地震や津波にかんする予報
集めた情報をもとに協力を求める
協力する運送会社など
緊急時に協力してもらう会社
市
ひがいの様子
食品会社などから
救出
病院など
ひがいの様子
防災メールなど
自主防災組織など
住民
緊急時のひなん場所やひなん所
協力を求める
食料や水をとどける
情報を伝える

災害のときも、住民が住み続けられるような市の取り組みがあるんだね。

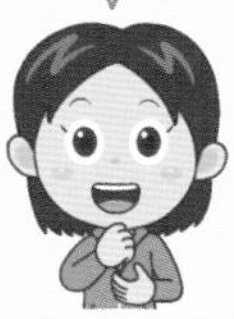

⑤（　　　　）が中心となって、住民を守る。

情報	ひなん所	市役所	消防	救出

2 大切な情報／住民の命やくらしを守るために

（　　）にあてはまる言葉を□から書きましょう。

- 市は、地震や津波にそなえて⑥（　　　　）を作成している。
- 市は、住民へ携帯電話への⑦（　　　　）やSNS、⑧（　　　　）などで情報を発信し、身の⑨（　　　　）を守るように伝える。
- 市内には、市役所が計画的に指定した⑩（　　　　）がいくつもある。

ハザードマップ	安全	ひなん地	ラジオ	防災メール

しゃかいか工場　地震や津波だけでなく、こう水や火山の噴火など、さまざまな自然災害のハザードマップがつくられているよ。住んでいる場所のハザードマップを確認しよう。

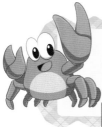

練習のワーク

教科書 86～91ページ　答え 9ページ

できた数 ／10問中

おわったらシールをはろう

1 次の問いに答えましょう。

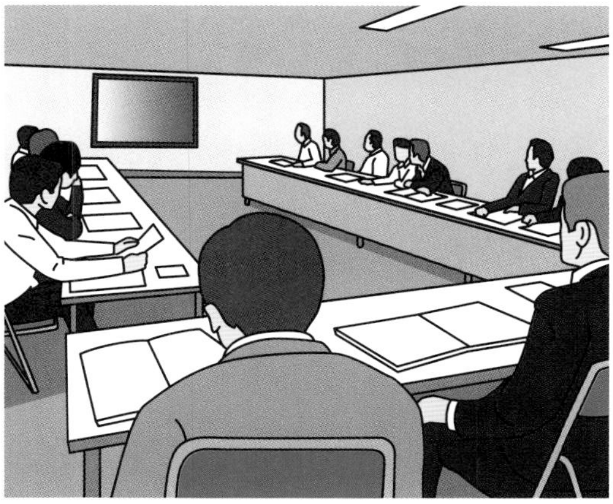

(1) 右の**絵**のような防災(ぼうさい)会議で、市や県は、国のきまりにもとづいて地震(じしん)や津波(つなみ)にそなえた計画をつくっています。この計画を何といいますか。（　　　　　）

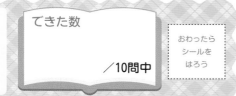

(2) 次のうち、災害(さいがい)時に人々の救出(きゅうしゅつ)活動を行う関係機関(かんけいきかん)として、あてはまるもの２つに○を書きましょう。

㋐（　　）水道局　㋑（　　）消防(しょうぼう)

㋒（　　）警察(けいさつ)　㋓（　　）ガス会社

(3) 次の文のうち、災害が起こったときの自衛隊(じえいたい)の役割(やくわり)として、正しいもの２つに○を書きましょう。

㋐（　　）食料(しょくりょう)や水をひさい地に運ぶ。

㋑（　　）ひがいが大きいとき、県の求(もと)めにより出動する。

㋒（　　）ひさい地の住民(じゅうみん)に防災メールを送る。

㋓（　　）災害対策(たいさく)本部の求めにより集まる。

2 次の問いに答えましょう。

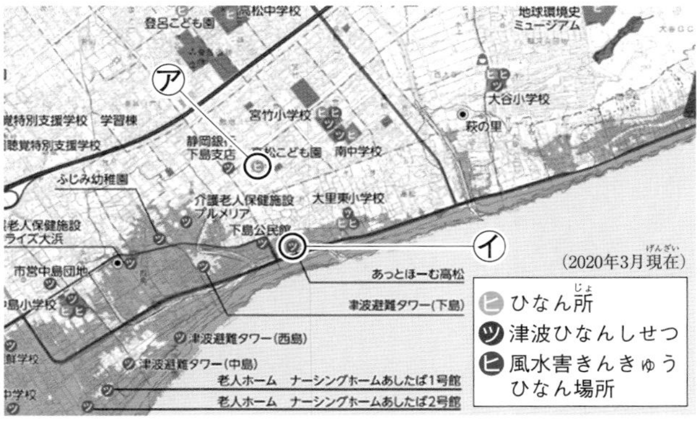

(1) 右のハザードマップを作成(さくせい)している機関１つに○を書きましょう。

㋐（　　）市役所　㋑（　　）警察

㋒（　　）地震防災センター

(2) ①・②のしせつは㋐・㋑のどちらにあてはまるか、書きましょう。

①（　　）災害時に人々が生活するせつびがある

②（　　）津波から一時的にひなんする

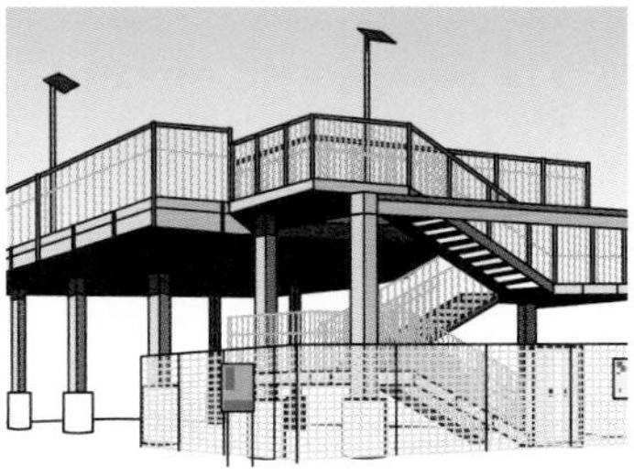

(3) 右の**絵**は、津波ひなんタワーとよばれるしせつです。次の文の｛　　｝にあてはまる言葉に○を書きましょう。

● このしせつは、海から①｛　近い　遠い　｝位置(いち)に、予想される津波の高さよりも②｛　高く　低(ひく)く　｝なるようにつくられている。

ポイント 市役所がハザードマップを作っている。

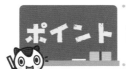

地震にそなえるまちづくり③

きほんのワーク

---

1 地域にくらす人々のそなえを調べよう

✐ （　　）にあてはまる言葉を◻から書きましょう。

よみトク！資料

● ひなん地となっている公園には

①（　　　　　）があり、

②（　　　　　）の人が管理している。

● 用意した③（　　　　　）は、いつでも使えるように、月に一度は点検（てんけん）する。

市の防災倉庫には、仮設（かせつ）トイレやテントが入っているよ。

救援物資（きゅうえんぶっし）がとどくまでに必要な④（　　　　　）と水

けがや病気をしたときなどのための⑤（　　　　　）

自主防災倉庫（ぼうさいそうこ）　救急箱（きゅうきゅう）　自治会（じち）　食料（しょくりょう）　防災用品

---

2 身の安全をたしかなものにしよう／地震や津波にそなえて

✐ （　　）にあてはまる言葉を◻から書きましょう。

● 自然災害（しぜんさいがい）に対して、絶対（ぜったい）に⑥（　　　　　　　）なそなえはない。

● ⑦（　　　　　　　）は、考えられる最大（さいだい）のひがいにそなえて作られている。

● 地震（じしん）や津波（つなみ）にそなえて、それぞれが取り組みを行っている。

⑧（　　　　　）…過去（かこ）に起こった地震や津波のひがいを伝（つた）える。

⑨（　　　　　）…家をじょうぶなつくりにする。

⑩（　　　　　）…**防災倉庫**に水や救急箱などをそなえる。

⑪（　　　　　）…防災会議（かいぎ）を開いて、地域防災計画（ちいき）を立てる。地震が起こったら、関係機関（かんけいきかん）に協力（きょうりょく）を求（もと）める。

自治会の人　ハザードマップ　地震防災センターの人　安全　市役所の人　地域の住民（じゅうみん）

しゃかいか工場　災害が起こったときのために、わたしたちも家族での集合場所などを前もって決めておいたり、身の安全を守るための行動を書いた防災手帳をつくっておくと安心だよ。

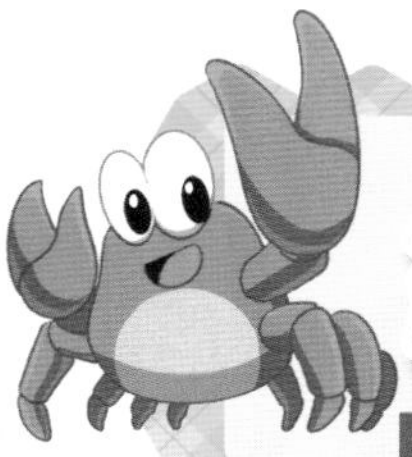

練習のワーク

教科書 92～97ページ　答え 10ページ

できた数　／10問中

おわったら シールを はろう

1 次の問いに答えましょう。

(1) 次のうち、防災倉庫にそなえられているもの３つに○を書きましょう。

㋐(　　)きがえのための服　㋑(　　)１日分の水と食料

㋒(　　)薬の入った救急箱　㋓(　　)こわれた家を直すための木材

㋔(　　)車いす　㋕(　　)災害対策用の車

(2) 右のグラフを見て、次の問いに答えましょう。

① 2021年に工事によって地震に強いつくりになった家の数は、約何戸ですか。　（約　　　戸）

② 次の文のうち、グラフから読み取れることとして、正しいもの２つに○を書きましょう。

㋐(　　)2004年には、約5000戸の家が、工事によって地震に強いつくりになっている。

㋑(　　)地震に強い家の数はふえ続けている。

㋒(　　)工事で地震に強くなった家の数は、2021年には2008年の２倍以上にふえている。

㋓(　　)家を地震に強くする工事は、県から補助金が出る。

工事によって、地震に強いつくりになった家の数

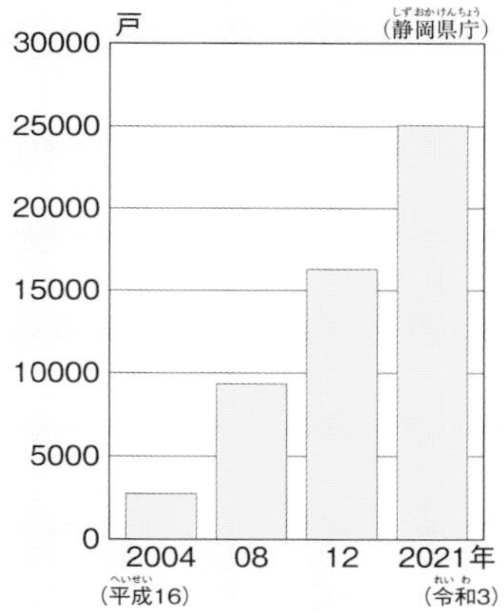
戸
（静岡県庁）
30000
25000
20000
15000
10000
5000
0
2004
（平成16）
08
12
2021年
（令和3）

2 次の問いに答えましょう。

(1) 右の地図を見て、次の文の｛　｝にあてはまる言葉に○を書きましょう。

●東日本大震災で津波のひがいがあったはんいは、予想より①｛　大き　小さ　｝かった。

●学校までは、津波が②｛　来る　来ない　｝と予想されていた。

●地域の人々は③｛　北　南　｝へにげた。

(2) 次の会話文にあてはまる言葉を書きましょう。

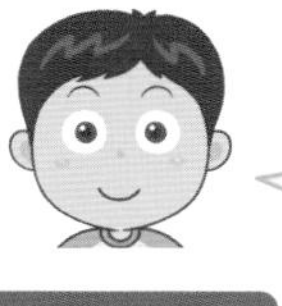

人々がひなん場所へにげたのは、日ごろから（　　　　　　）をしていたからだね。

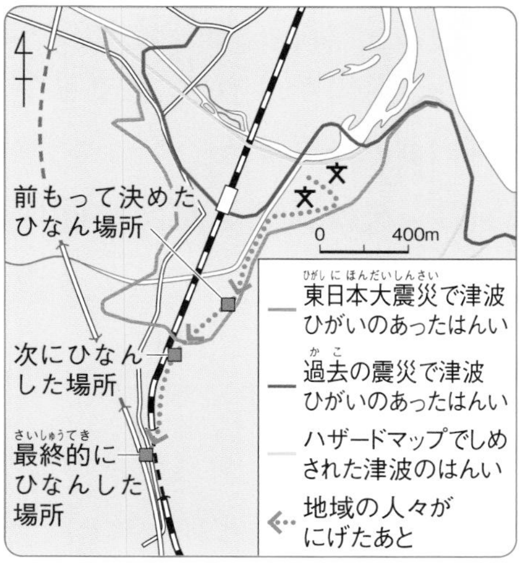
前もって決めたひなん場所
次にひなんした場所
最終的にひなんした場所
0
400m
東日本大震災で津波ひがいのあったはんい
過去の震災で津波ひがいのあったはんい
ハザードマップでしめされた津波のはんい
地域の人々がにげたあと

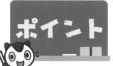

ポイント 多くの人々がそれぞれの立場で地震にそなえている。

勉強した日　月　日

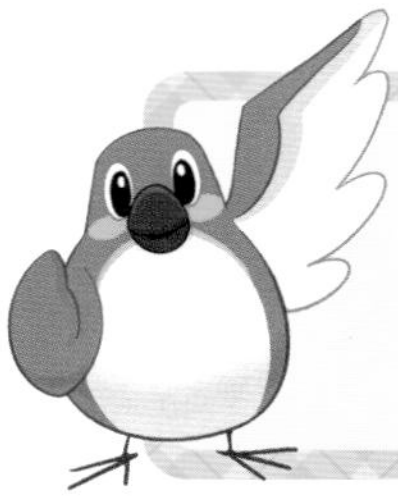

まとめのテスト

地震にそなえるまちづくり

とく点　/100点

おわったら シールを はろう

時間 20分

教科書 80〜97ページ　答え 10ページ

1 過去の地震に学ぶ　次の問いに答えましょう。　1つ5〔20点〕

年代	静岡県で起こった主な地震
1498	[あ]明応地震（千葉県から三重県にかけて発生）
1707	[い]宝永地震（静岡県から大分県にかけて発生）
1854	[う]安政東海地震（千葉県から徳島県にかけて発生）
1944	[え]東南海地震（静岡県から三重県にかけて発生）

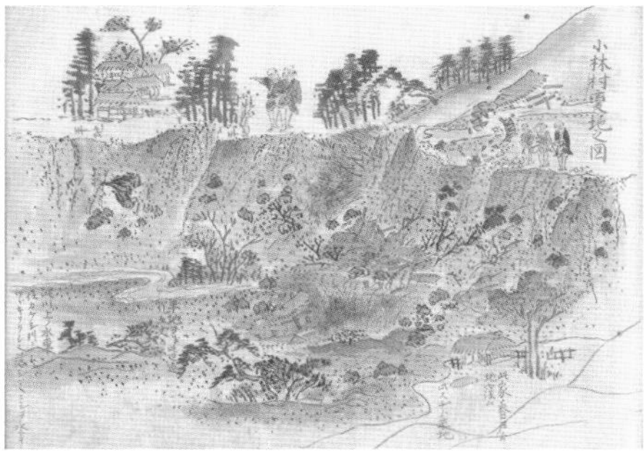

(1) 今から約150年前に起きた地震を、**年表**中の[あ]〜[え]から選びましょう。（　　）

(2) 九州地方にもおよんだ地震を、**年表**中の[あ]〜[え]から選びましょう。（　　）

(3) [あ]〜[え]は約何年に一度起こっていますか。正しいもの１つに◯を書きましょう。

㋐（　　）約400 〜 500年　㋑（　　）約250 〜 300年

㋒（　　）約100 〜 150年　㋓（　　）約10 〜 50年

[思考] (4) 右の**絵**からわかるひがいの様子として、正しいもの１つに◯を書きましょう。

㋐（　　）大雨によって、まちが水につかった。

㋑（　　）ガスもれによって、火災が発生した。

㋒（　　）がけがくずれ、家が土にうもれた。

2 地震から住民を守る　右の図を見て、次の問いに答えましょう。　1つ5〔20点〕

(1) 災害から住民を守る中心となる機関はどこですか。（　　）

(2) 次の**メモ**を見て、**図**中の①〜③がしめすものを、あとから選びましょう。

①（　　）　②（　　）　③（　　）

- 市と県は情報を伝えあう。
- ひさいした住民には、食料や水・情報がとどけられる。
- 市は、たくさんの関係機関に協力を求める。

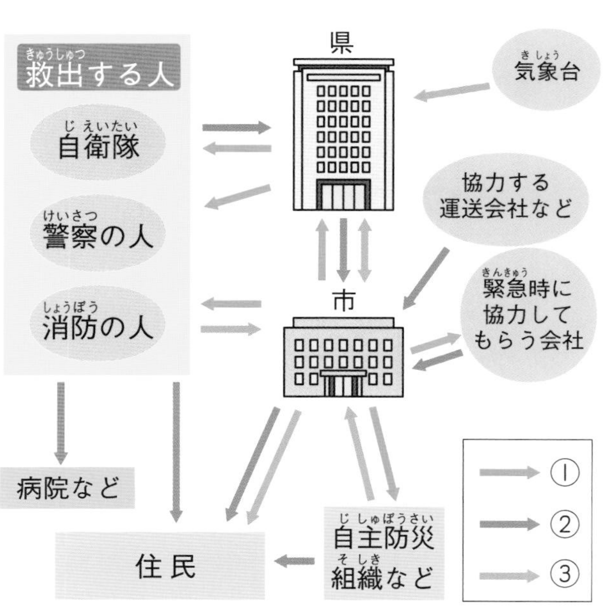

㋐　情報を伝える　㋑　協力を求める　㋒　食料や水をとどける

3 情報を住民に伝える　右の地図を見て、次の問いに答えましょう。　1つ6〔24点〕

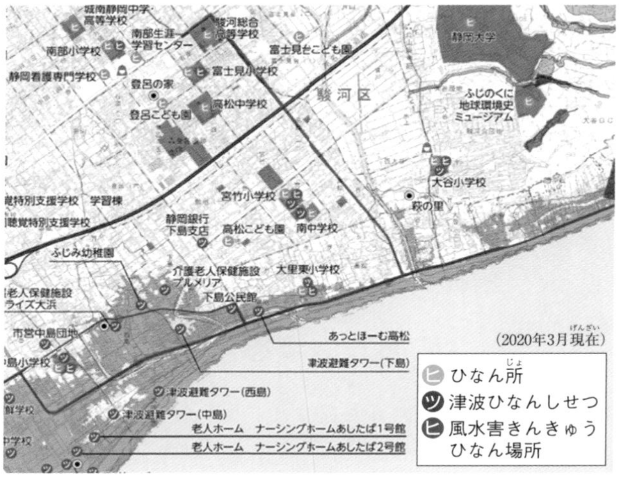

[よく出る]

(1)　右のような、ひなん所の位置などをしめした地図のことを何といいますか。

（　　　　　　）

(2)　この**地図**で予想されている自然災害として、あてはまるもの２つに○を書きましょう。

㋐（　　　）津波

㋑（　　　）こう水

㋒（　　　）土砂災害

[記述] (3)　**地図**からわかる津波のひなんしせつがある場所の特ちょうを書きましょう。

（　　　　　　　　　　　　　　　　　　　　　　　　　　　）

4 住民のくらしを守る　次の資料を見て、あとの問いに答えましょう。　1つ4〔36点〕

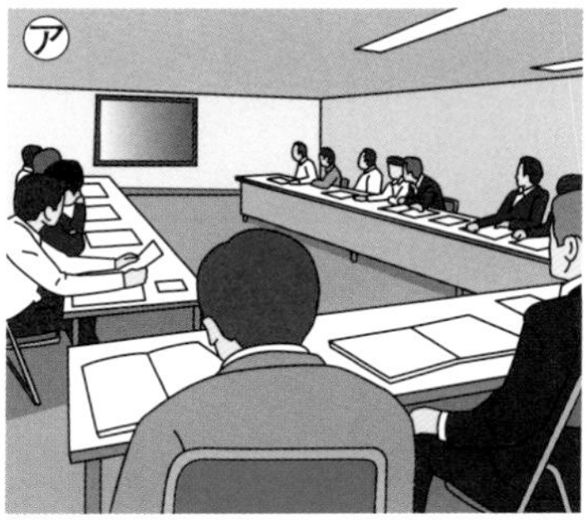

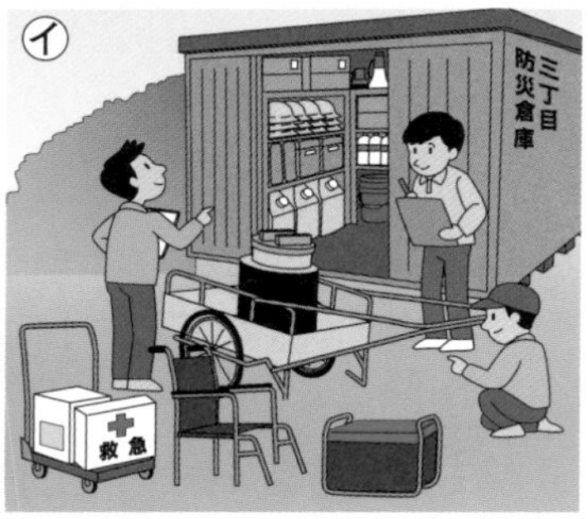

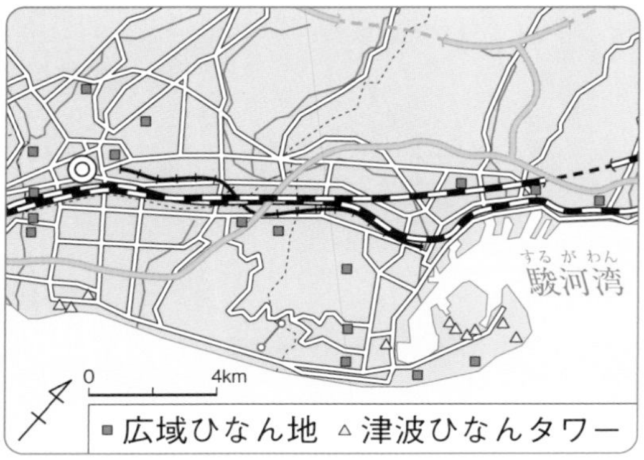

(1)　地震にそなえて、だれがどのような取り組みを行っているか、線で結びましょう。

①わたし・家族　・　　　・あ防災倉庫に食料や水をじゅんびする。

②地震防災センターの人　・　　　・い地震に強い家をつくる。

③市役所の人（市）　・　　　・う過去の地震や津波のひがいを伝える。

④地域や自治会の人　・　　　・え防災会議を開き、ひなん地を指定する。

(2)　㋐・㋑のイラストを見て、だれについてのものかを、(1)の①〜④から選びましょう。　㋐（　　　）　㋑（　　　）

(3)　広域ひなん地について、次の問いに答えましょう。

①　次の㋐・㋑にあてはまる言葉を書きましょう。

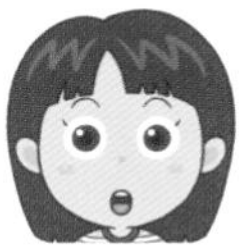

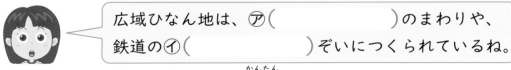

広域ひなん地は、㋐（　　　　　　　）のまわりや、鉄道の㋑（　　　　　　　）ぞいにつくられているね。

[思考] ②　①のような位置にある理由を、簡単に書きましょう。

（　　　　　　　　　　　　　　　　　　　　　　　　　　　）

勉強した日　月　日

◆ 水害にそなえるまちづくり①

きほんのワーク

もくひょう
地域の人々の水害に対するそなえを調べよう。

おわったらシールをはろう

教科書 98〜103ページ　答え 11ページ

1 水につかったまち／水防学習館で調べよう

（　）にあてはまる言葉を［　］から書きましょう。

よみトク！地図

水害が起こりやすい地域の地図

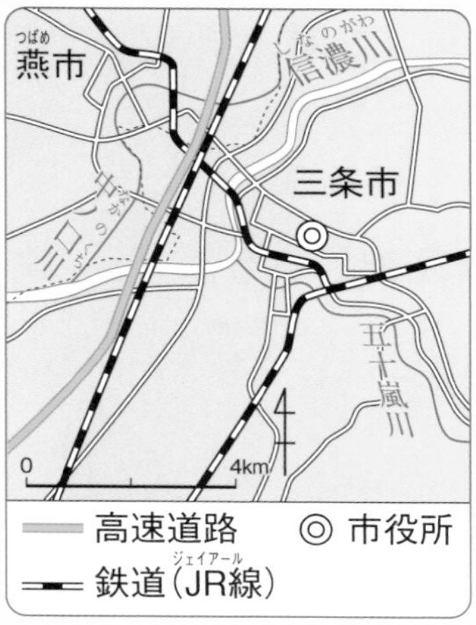
燕市
信濃川
三条市
中ノ口川
五十嵐川
0
4km
高速道路
◎ 市役所
鉄道（JR線）

- 2004年７月13日に新潟県三条市で起こった水害は、①（　　　）によって、五十嵐川の水量がふえ、②（　　　）から水があふれて起こった。
- 市内のあちこちが水につかり、③（　　　）の人や消防の人がボートで救助活動をした。
- 五十嵐川の上流で大雨がふると、雨で水量がふえた④（　　　）川に五十嵐川の水が流れこむことができず、⑤（　　　）が起こりやすい。

［ ていぼう　水害　大雨　信濃　自衛隊 ］

水害はくり返し何度も起こっているよ。

2 地域の住民の取り組み

（　）にあてはまる言葉を［　］から書きましょう。

SDGs

- 地域の消防団の活動…過去の水害のとき、川の⑥（　　　）に土のうを積み、⑦（　　　）の救助を行った。水害にそなえるため、⑧（　　　）にある道具の点検や、土のうを積む訓練を続けている。
- 住民の活動…水害にそなえて、⑨（　　　）を行っている。三条市のガイドブックには、五十嵐川が決壊したときのための「⑩（　　　）」がのっている。

三条市豪雨災害対応ガイドブック
逃げどきマップ
五十嵐川が決壊したら
嵐北・井栗・大崎・大島地区
注意：ご自身の判断で行動してください。
地図面の位置

［ にげどきマップ　ていぼう　ひなん訓練　住民　水防倉庫 ］

しゃかいか工場
都市では、地方のように水をためておく森林なども少なく、こう水が起こると大きなひがいが出るため、地下に放水路とよばれるしせつをつくっているところもあるよ。

練習のワーク

教科書　98〜103ページ　　答え　11ページ

1 **次の問いに答えましょう。**

(1)　右の**表**を見て、次の問いに答えましょう。

①　2004年と2011年では、どちらのほうが
ひがいが大きいですか。（　　　　年）

②　2度の水害で、ひがいにあった家の数
は合わせて何戸ですか。（　　　　戸）

過去に起こった水害によるひがい

	2004年	2011年
なくなった人の数	9	1
ひがいにあった家の数	10935	4228

（三条市役所）

(2)　**年表**を見て、次のうち、水害が起こる原因として
考えられるもの2つに○を書きましょう。

㋐（　　　）大雨　　　㋑（　　　）噴火
㋒（　　　）地震　　　㋓（　　　）台風

三条市で過去に起こった
主な水害

1949年	台風により五十嵐川の水が大きくふえる
1961年	8.5集中豪雨
2004年	7.13水害（ふった雨の量が491mm）
2011年	7.29水害（ふった雨の量が959mm）

(3)　次のうち、水害のときに住民がひなんする場所と
して、あてはまるものを2つに○を書きましょう。

㋐（　　　）川ぞいの公園　　㋑（　　　）学校の体育館
㋒（　　　）近所のスーパー　　　㋓（　　　）公民館

(4)　次の文の{　　　}にあてはまる言葉に○を書きましょう。

●五十嵐川はこれまで①{　　1度だけ　何度も　　}水害を引き起こしてきた。
五十嵐川の②{　　上流　下流　　}で大雨がふり、川の水量がふえると、雨で水
量がふえた信濃川に流れこむことができず、水害が起こってしまう。

2 **次の問いに答えましょう。**

(1)　地域の人たちの取り組みについて、次の文の□□□にあてはまる言葉を、あとの
□□□からそれぞれ選びましょう。　　①（　　　　　　）②（　　　　　　）

●地域の　①　は、水害にそなえて、　②　の点検や土のうを積む訓練をしている。

自衛隊　　　消防団　　　水防倉庫　　　水道管

(2)　次の文のうち、住民のひなん訓練の様子として、正しいもの2つに○を書きま
しょう。

㋐（　　　）救命ボートを使って、人を移動させる。
㋑（　　　）ひなんした住民の名前を読み上げて、確認する。
㋒（　　　）中学生がたき出しをしたり、過去の水害の話を聞いたりする。
㋓（　　　）みんなでプールに行き、泳ぐ練習をする。

ポイント　**地域の住民は水害にそなえた取り組みをしている。**

もくひょう・
水害にそなえる市や県、国の取り組みを調べよう。

おわったら
シールを
はろう

◆ **水害にそなえるまちづくり②**

きほんのワーク

教科書　104〜109ページ　　答え　11ページ

---

1 市役所へ行って調べよう

✎ （　　）にあてはまる言葉を　　から書きましょう。

●①（　　　　　　　　）の発生が予想されるとき、市は、
②（　　　　　　　　）やラジオを通して、住民(じゅうみん)にひなんを
よびかける。

●③（　　　　　　　　）本部を立ち上げ、市や県の担当(たんとう)者、
消防(しょうぼう)や④（　　　　　　　　）の人、国の⑤（　　　　　　　　）
省の人などが集まって、住民を守るために動く。

●災害(さいがい)が起こったときの役割(やくわり)や行動については、前もって
⑥（　　　　　　　　）計画で決められている。

警察(けいさつ)	国土交通	災害対策(たいさく)	地域防災(ちいきぼうさい)	水害(すいがい)	防災無線(むせん)

---

2 ひがいがくり返されないために／水害にそなえて

✎ （　　）にあてはまる言葉を　　から書きましょう。

よみトク！SDGs

●市と県の取り組み…水害が起こった五十嵐川(いからしがわ)
の⑦（　　　　　　　）を広げる工事をしたり、
ふえた川の水を一時的にためるしせつをつくっ
たりした。また、水害で予想される水の深さ
を⑧（　　　　　　　）に表す「まるごとまち
ごと⑨（　　　　　　　）」という取り組みを進
めている。

●国との協力(きょうりょく)…⑩（　　　　　　　）ステーション
をつくり、⑪（　　　　　　　）に必要(ひつよう)な資材(しざい)
などを置(お)いている。

ふだんは田として使わ
れているよ。長く住み
続(つづ)けられる町づくりの
くふうのひとつだね。

ハザードマップ	水防(すいぼう)	河川防災(かせん)	川はば	標識(ひょうしき)

しゃかいか工場 　国や県、市などさまざまな関係(かんけい)機関(きかん)が協力(きょうりょく)して、過去(かこ)に起こった自然(しぜん)災害にそなえている
よ。過去の災害などを調べることで、家でもそなえができるといいね。

練習のワーク

勉強した日 ▶ 月 日

できた数

／11問中

おわったら
シールを
はろう

教科書 104〜109ページ　答え 11ページ

1 右の図を見て、次の問いに答えましょう。

(1) 図中の あ にあてはまる関係機関を、次の ┄┄ から選びましょう。

（　　　　　　　）

┄┄┄┄┄┄┄┄┄┄┄┄┄┄┄┄┄┄┄┄┄┄
自衛隊（じ えいたい）　水道局　食品会社
┄┄┄┄┄┄┄┄┄┄┄┄┄┄┄┄┄┄┄┄┄┄

図：
救出する人

- あ
- 警察（けいさつ）の人
- ⑦ 消防（しょうぼう）や水防団の人

⑦ 県
運送会社など
川を管理（かんり）する県や ① 国土交通省
緊急（きんきゅう）時に協力してもらう会社

集めた情報をもとに協力を求める
川の水量（すいりょう）にかんする情報

⑦ 市
ひがいの様子
食品会社などからの提供（ていきょう）

救出
防災無線など

住民
ひなん所
ひがいの様子
住民の様子
自治会（じ ち かい）など

⇒ 協力を求める
⇒ 食料や水をとどける
⇒ 情報を伝える

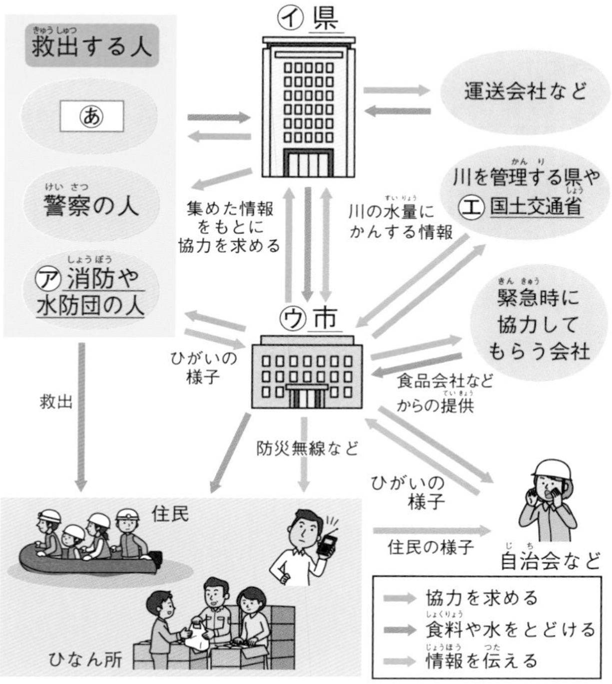

(2) 次のはたらきをする関係機関を、**図**中の⑦〜①からそれぞれ選びましょう。

① (　　　) 国やまわりの市や町に協力（きょうりょく）を求（もと）める。

② (　　　) 土のうを積（つ）んだり、排水（はいすい）したりする。

③ (　　　) 防災無線で住民（じゅうみん）にひなんをよびかけ、災害対策（さいがいたいさく）本部を立ち上げる。

④ (　　　) 国が管理（かんり）する河川（かせん）を見守り、水防（すいぼう）活動を行う。

2 次の問いに答えましょう。

(1) 次の文のうち、水害（すいがい）にそなえた取り組みとして正しいものには〇を、あやまっているものには×を書きましょう。

① (　　　) ふえた川の水を一時的にためるしせつをつくった。

② (　　　) 川からはなれた所に、河川防災ステーションをつくった。

③ (　　　) 水害が起こった川の川はばの一部をせまくする工事を行った。

④ (　　　) 雨の量（りょう）をはかるせつびをつくった。

(2) 右の**絵**は、「まるごとまちごとハザードマップ」の取り組みをしめしています。これを見て、次の文の{　　}にあてはまる言葉に〇を書きましょう。

● 五十嵐川（い からし がわ）がはんらんしたときに、つかると予想される水の深さを①{　標識（ひょうしき）　防災無線　}で表します。また、災害時の②{　資材置（し ざい お）き場　ひなん場所　}をしめしています。

災害時避難所
月岡小学校
1.6m
実績浸水深

ポイント 関係機関が協力し合って水害にそなえている。

51

勉強した日　月　日

◆火山の噴火にそなえて
◆雪の災害にそなえて

きほんのワーク

もくひょう
火山の噴火や雪の災害などの自然災害へのそなえを考えよう。

おわったらシールをはろう

教科書 110〜113ページ　答え 11ページ

1 火山の噴火にそなえて

（　　）にあてはまる言葉を［　　］から書きましょう。

よみトク！資料

●北海道伊達市にある有珠山では、2000年に大きな①（　　　　　　）が起こり、地域がけむりにおおわれた。住民はすばやく②（　　　　　　）し、全員助かった。

●この噴火では、③（　　　　　　）にもとづいて、救助活動が行われた。

●まわりの市や町は、共同で火山防災マップという④（　　　　　　）を作成し、⑤（　　　　　　）を行っている。

ハザードマップ	ひなん	ひなん訓練	噴火	火山防災計画

2 雪の災害にそなえて

（　　）にあてはまる言葉を［　　］から書きましょう。

●秋田県の「平成18年豪雪」では、道路に積もった⑥（　　　　　　）で自動車が通行できなくなったり、⑦（　　　　　　）をしていた人が、屋根から落ちてけがをしたりするなどのひがいが出た。

●そのあと、⑧（　　　　　　）が出動するときのきまりや、除雪する道路の順番を見直した。さらに除雪ボランティアが、お年よりの家などの雪かきを手伝う取り組みが行われた。

●地域の人々は、⑨（　　　　　　）を中心に、雪おろしや⑩（　　　　　　）を行っている。

雪	雪かき	自主防災会	雪おろし	除雪車

しゃかいか工場
現在でも、鹿児島県にある御岳（桜島）、長野県と岐阜県にある御嶽山、東京都の三宅島などでは活発な火山活動が続いていて、住民がひなんしている地域もあるよ。

練習のワーク

勉強した日 ▶ 月 日

できた数

／10問中

おわったら
シールを
はろう

教科書 110〜113ページ 　答え 11ページ

1 右の年表を見て、次の問いに答えましょう。

(1) 有珠山の噴火によるひがい者の数が、最も多かったのは何年ですか。

（　　　　　　年）

年代	有珠山の噴火
1822年	有珠山が噴火。82名がなくなる。
1853年	有珠山が噴火。
1910年	有珠山が噴火。1名がなくなる。
1943年	有珠山が噴火。1名がなくなる。
1977年	有珠山が噴火。2名がなくなる。
2000年	有珠山が噴火。ひがい者はいなかった。

(2) 有珠山は、約何年ごとに噴火をくり返していますか。最も近いものを、次から選びましょう。（　　　）

　㋐　約10年から20年ごと　　㋑　約30年から40年ごと

　㋒　約50年から60年ごと　　㋓　約70年から80年ごと

(3) 有珠山のまわりの市や町では、関係機関と合同でひなん訓練が行われました。訓練に参加した次の機関のうち、国の機関でないものを選びましょう。（　　　）

　㋐　警察署　　㋑　気象台　　㋒　国土交通省　　㋓　自衛隊

2 次の問いに答えましょう。

(1) 次の文のうち、雪の災害にあてはまるもの2つに○を書きましょう。

　㋐（　　　）家の屋根が雪の重さでしずんで、家がこわれる。

　㋑（　　　）大雪で津波が発生し、家が水につかってしまう。

　㋒（　　　）家がゆれて、水道やガス、電気などが止まってしまう。

　㋓（　　　）屋根の雪おろしをしていて、すべり落ちてけがをする。

(2) 右の図を見て、次の問いに答えましょう。

① 次の役割があてはまる場所を、図中の㋐〜㋓からそれぞれ選びましょう。

　㋐（　　　）雪による交通規制など

　㋑（　　　）雪のひがいにあった住民の救助など

　㋒（　　　）食料や水の輸送など

　㋓（　　　）大雪にかんする調査と情報の提供

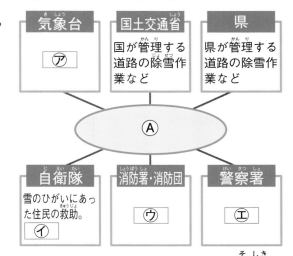

② 図中の㋐にあてはまる、市で災害が起こった時に市役所がもうける組織の名前を書きましょう。

（　　　　　　　　　　　）

ポイント 災害時は関係機関との協力が大切である。

53

勉強した日　月　日

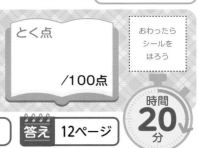

まとめのテスト
水害にそなえるまちづくり
火山の噴火にそなえて
雪の災害にそなえて

とく点　/100点

おわったらシールをはろう

時間20分

教科書　98～113ページ　答え　12ページ

1 水害が起こる原因　**次の問いに答えましょう。**　1つ5〔10点〕

(1)　次のできごとを、水害が起こるまでの順にならべましょう。

(　　→　　→　　→　　)

㋐　市内にある川の水量がふえる。　㋑　前の日の夜から大雨がふり続く。

㋒　市内のあちこちが水につかる。　㋓　川の水が、ていぼうからあふれる。

思考

(2)　次の文を読んで、水害が起こりやすいと考えられる場所を、右の**地図**中の[あ]～[え]から選びましょう。　(　　)

この地域では、大雨がふり、水量がふえた信濃川に五十嵐川の水が流れこむことができずにあふれてしまい、水害が起こることが多い。

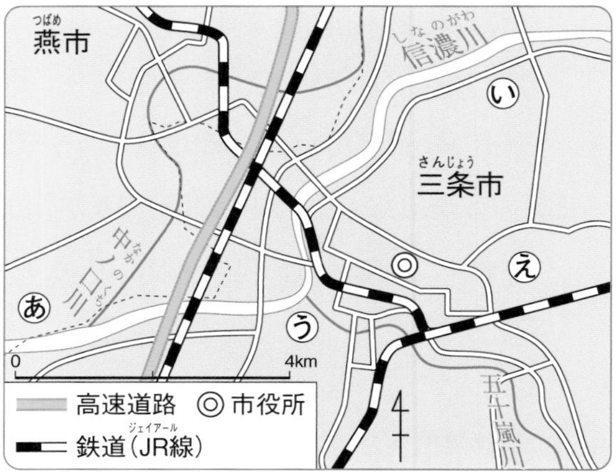

2 水害にそなえる　**右の地図を見て、次の問いに答えましょう。**　1つ5〔20点〕

(1)　五十嵐川は県が管理しています。国が管理する川を見守る機関を、次から選びましょう。　(　　)

㋐　消防　㋑　警察

㋒　国土交通省　㋓　自衛隊

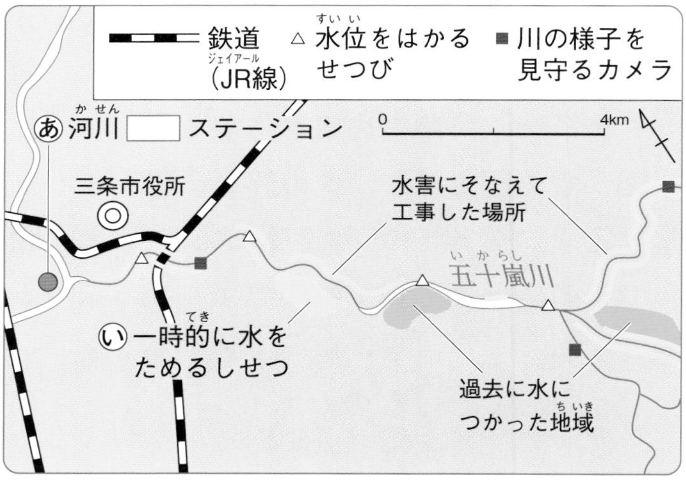

(2)　**地図**中の[あ]のしせつについて、次の問いに答えましょう。

①　□にあてはまる言葉を書きましょう。　(　　)

②　次の文のうち、正しいもの1つに○を書きましょう。

㋐(　　)水防に必要な資材や災害対策用の車両などが置かれている。

㋑(　　)過去の水害でつかった水の深さをしめした標識が置かれている。

㋒(　　)水害にそなえて、川から遠いところにうつす必要がある。

記述

(3)　**地図**中の[い]がつくられた目的を、「ていぼう」という言葉を使って書きましょう。

(　　)

3 火山のひがい　次の問いに答えましょう。

(1) 右の図中のあ〜えにあてはまる機関を、次
からそれぞれ選びましょう。

あ（　　　　）　い（　　　　）

う（　　　　）　え（　　　　）

㋐　自衛隊　　㋑　消防署・消防団

㋒　警察署　　㋓　気象台

あ	い	北海道胆振総合振興局
火山にかんする調査と情報の提供	ひなん者の輸送やたき出し、給水など	自衛隊への出動の要求など

伊達市・洞爺湖町
壮瞥町・豊浦町

火山専門家	う	え
火山にかんする防災の助言など	住民のひなんや救助など	緊急交通路の整理など

(2) 火山防災マップなど、予想される自然災害
のひがいをしめした地図を何といいますか。

（　　　　　　　　　　）

(3) 噴火時に市がひなんをよびかける方法と
して、正しいもの2つに〇を書きましょう。

㋐（　　　）火山のすぐ近くまで行って、よびかける。

㋑（　　　）噴火時には、サイレンを鳴らす。

㋒（　　　）緊急連らくもうにしたがって、住民に電話をかける。

㋓（　　　）住民の携帯電話に、緊急メールを配信する。

(4) 2000年に有珠山が噴火したとき、住民が全員助かった理由について、次の文の
□□□にあてはまる言葉を書きましょう。　　　　　　　（　　　　　　　　）

あらかじめ作成していた火山防災計画などにもとづいて、□□□や救助活動
を行うことができたから。

4 雪のひがい　次の問いに答えましょう。

(1) 雪の災害が起こったときに次のはたらきをする機
関を、あとからそれぞれ選びましょう。

①（　　　）国が管理する道路の除雪作業など

②（　　　）雪による交通規制など

③（　　　）住民の救助や食料・水の輸送など

④（　　　）雪にかんする調査と情報の提供

㋐　自衛隊　　㋑　国土交通省

㋒　警察署　　㋓　気象台

(2) 右の**地図**からわかる大雪に対するそなえを、1つ
考えて書きましょう。

（　　　　　　　　　　　　　　　　　　　　）

除雪のためのしせつや集めた
雪を置く場所の位置

■　国の除雪ステーション

▲　集めた雪を置く主な場所

他に市内の公園など650か所以上の場所に集めた雪を置くことができます。

勉強した日　月　日

地域で受けつがれてきたもの①

きほんのワーク

もくひょう
地域で昔から続いている行事について調べよう。

おわったらシールをはろう

教科書 114〜123ページ　答え 12ページ

1 阿波おどり会館で調べよう／おどりての人に話をきこう

（　）にあてはまる言葉を□から書きましょう。

よみトク！資料

●阿波おどりは、徳島県徳島市で毎年8月の①（　　　）の時期に行われる②（　　　）で、毎年、たくさんの人が見にやって来る。約③（　　　）年の間続いてきた**伝統行事**として、大切に受けつがれている。

阿波おどりはみんながいっしょになって楽しむ行事なんだね。

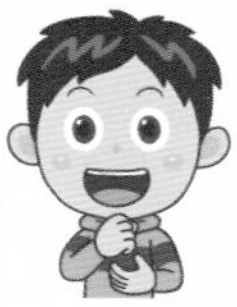

きまった④（　　　）にのり、左手と左足、右手と右足をそれぞれ同時に動かす。

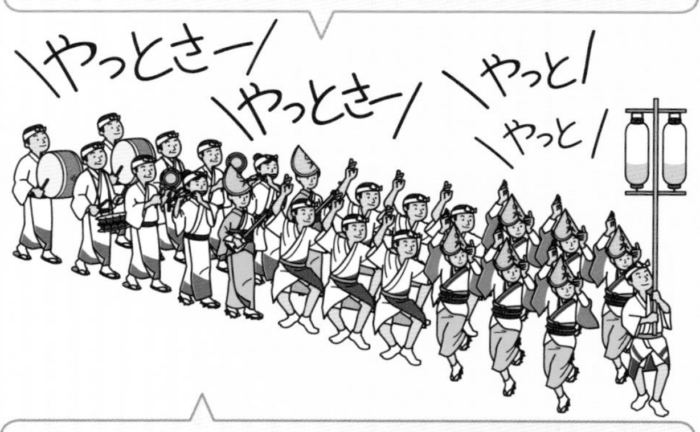
やっとさー
やっとさー
やっと
やっと

⑤（　　　）というまとまり

リズム　連　400　おぼん　年中行事

2 阿波おどりを受けつぐ、広げる／阿波おどりの発展を願って／県内の他の伝統文化も調べよう

（　）にあてはまる言葉を□から書きましょう。

●阿波おどりは、約⑥（　　　）年前から、多くの観光客が来るようになった。
●たくさんの人に楽しんでもらうため、⑦（　　　）の見せ方をくふうしたり、⑧（　　　）な会場づくりをしたりしている。
●阿波おどりは県外にも広まり、ほかの地域と⑨（　　　）を深めている。
●徳島県には、他に阿波人形浄瑠璃という⑩（　　　）文化があり、農村舞台という国の⑪（　　　）に指定されているものもある建物で行われる。

文化財
昔から伝わる文化のうち、特にねうちがある物やわざのこと。

文化財　50　交流　伝統　おどり　安全

しゃかいか工場
連は活動の目的やメンバーによっていくつかに分けられるよ。また、あみ笠、うちわ、いんろう、利休げた、弓はりちょうちんなどのおどりを引き立たせる小物があるよ。

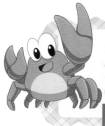

練習のワーク

教科書 114～123ページ　答え 12ページ

できた数　／11問中

おわったら シールを はろう

1 右の表を見て、次の問いに答えましょう。

(1) 表中の□にあてはまる年中行事を、次からそれぞれ選びましょう。　①（　　）②（　　）③（　　）

㋐ 節分　㋑ たんごの節句　㋒ 七五三

(2) 次の文のうち、８月の年中行事の一つである阿波おどりについて、正しいもの１つに○を書きましょう。

㋐（　　）秋の実りの豊かさをいのって、始められた。

㋑（　　）一人一人自由なリズムで、好きなようにおどることができる。

㋒（　　）約400年もの間、受けつがれてきた。

日本の年中行事

1月	どんど焼き
2月	①
3月	ひな祭り
4月	お花見
5月	②
6月	田植え
7月	七夕
8月	おぼん
9月	お月見
10月	秋祭り
11月	③
12月	すすはらい

(3) 年中行事のように、古くから伝わる行事のことを何といいますか。

（　　　　）

2 次の問いに答えましょう。

(1) 右の**地図**を見て、次の問いに答えましょう。

① 阿波おどりが行われる地域が最も多い都道府県はどこですか。

（　　　　）

② 関東地方に、阿波おどりが行われる地域は何か所ありますか。

（　　　か所）

阿波おどりが行われる地域

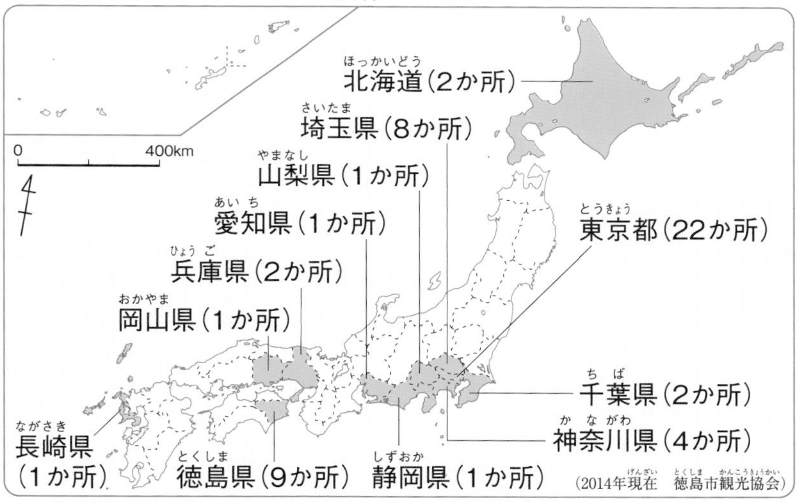
北海道（2か所）
埼玉県（8か所）
山梨県（1か所）
愛知県（1か所）
兵庫県（2か所）
岡山県（1か所）
東京都（22か所）
千葉県（2か所）
神奈川県（4か所）
長崎県（1か所）
徳島県（9か所）
静岡県（1か所）
0　400km

（2014年現在　徳島市観光協会）

(2) 次の文のうち、阿波おどりの発展について、正しいものには○を、あやまっているものには×を書きましょう。

㋐（　　）事故のない安全な会場づくりも大切にされた。

㋑（　　）伝統を守るため、外国では阿波おどりは行われていない。

㋒（　　）おどりは完成されているため、よりよくする努力は必要ない。

㋓（　　）阿波おどりを通して、他の地域との交流が深まった。

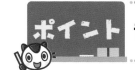

ポイント　昔から大切に受けつがれている年中行事がある。

地域で受けつがれてきたもの②

きほんのワーク

もくひょう
地域で受けつがれてきた伝統を守る取り組みをみてみよう。

おわったらシールをはろう

教科書 124〜129ページ 答え 12ページ

1 阿波人形浄瑠璃について調べよう

✎ ( )にあてはまる言葉を□から書きましょう。

●阿波人形浄瑠璃(あわにんぎょうじょうるり)は、国の重要(じゅうよう)な

①( )に指定されている。

◆約(やく)300年から400年前に始められ、

②( )という集団(しゅうだん)がえんじる。

◆③( )という建物(たてもの)でえんじられる。

◆阿波人形浄瑠璃は、地域(ちいき)で受けつがれてきた

④( )である。

◆人形つかい、三味線(しゃみせん)ひき、せりふを言う太夫(たゆう)で行う。

県や国と協力(きょうりょく)して、伝統文化は守り受けつがれているよ。

| 文化財(ぶんかざい) | 伝統芸能(でんとうげいのう) | 座(ざ) | 農村舞台(のうそんぶたい) |

2 阿波人形浄瑠璃と農村舞台を守るために／未来へ、受けついでいくために／わたしたちも伝えよう

✎ ( )にあてはまる言葉を□から書きましょう。

よみトク! 資料

●農村舞台は、約60年前にはほとんど使われなくなり、取りこわす話もでた。

➡地域の人のはたらきかけで、⑤( )の取り組みが進められた。

●阿波人形浄瑠璃が行われる農村舞台の数は、⑥( )てきている。

➡保存(ほぞん)には⑦( )がかかって、大変(たいへん)なこともある。

●⑧( )やバレエの発表会など、農村舞台の新しい使い方も考えられている。

●紙しばいにすると、阿波人形浄瑠璃のみりょくを友だちにも伝(つた)えられる。

| ふえ | 保存 | 演奏会(えんそうかい) | 費用(ひよう) |

しゃかいか工場 人形浄瑠璃の人形つかいは、ふつう、3人が1つの人形を動かすよ。伴奏(ばんそう)は三味線、その語りを太夫が行うのは、昔から行われている人形浄瑠璃と同じだね。

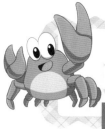

練習のワーク

教科書 124～129ページ　答え 12ページ

できた数　／10問中

おわったら シールを はろう

1 次の問いに答えましょう。

(1) 右の絵について、次の文の｛　　｝にあてはまる言葉に○を書きましょう。

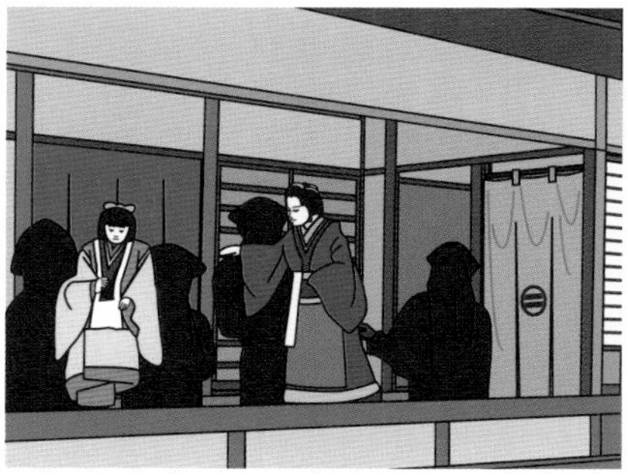

● 右の絵は、現在(げんざい)の①｛ 広島県(ひろしま)　徳島県(とくしま) ｝の伝統芸能(でんとうげいのう)で、②｛ 阿波(あわ)おどり　阿波人形浄瑠璃(にんぎょうじょうるり) ｝の様子です。

(2) 次の文のうち、右の伝統芸能について正しいもの2つに○を書きましょう。

㋐（　　）座(ざ)という集団が、主に農村舞台(のうそんぶたい)でえんじる。

㋑（　　）人形をあつかう人、楽器(がっき)を鳴らす三味線(しゃみせん)をひく人、せりふを言う人が心を１つにして行う。

㋒（　　）人々が生活の中で、映画(えいが)などを楽しむようになると、えんじられる回数もふえた。

㋓（　　）農作業ができない季節(きせつ)の農民の仕事として始められた。

2 次の問いに答えましょう。

(1) 次の文の｛　　｝にあてはまる言葉に○を書きましょう。

● 農村舞台の多くは、阿波人形浄瑠璃がさかんだった約(やく)①｛ 150　450 ｝年前に建(た)てられた。その後、農村舞台が使われる回数は一度②｛ ふえ　へり ｝、地域(ちいき)の人々が保存(ほぞん)に取り組むようになった。

(2) 農村舞台の新しい使われ方を、次から２つ選(えら)びましょう。（　　）（　　）

㋐ 演奏会(えんそう)　㋑ 運動会　㋒ バレエの発表会　㋓ フリーマーケット

(3) 右の表を見て、阿波人形浄瑠璃にあてはまるほうを、㋐・㋑から選びましょう。（　　）

(4) 表の㋒にあてはまる言葉を書きましょう。（　　）

㋐	くらべること	㋑
・禁止(きんし)されたことがあった。	これまでのできごと	・国の重要な[㋒]に指定された。
・みんながいっしょになっておどる特別(とくべつ)な行事だ。	人々の思い	・地域で受けつがれてきたすばらしい伝統芸能だ。
・外国にも広めている。	さらに広めるくふう	・小学校でしばいを行っている。

ポイント 地域の人々によって、伝統芸能が伝(つた)えられている。

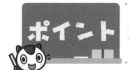

まとめのテスト

地域で受けつがれてきたもの

勉強した日 月 日

とく点 /100点

おわったら
シールを
はろう

教科書 114〜129ページ | 答え 13ページ

時間 20分

1 阿波おどりの歴史 右の年表を見て、次の問いに答えましょう。 1つ5〔20点〕

(1) 阿波(あわ)おどりのもととなるおどりが始まったのは、約何年前(やく)ですか。

(約 年前)

(2) 次の文のうち、阿波おどりの歴史(れきし)として正しいもの2つに〇を書きましょう。

⑦(）阿波おどりが、禁止(きんし)されたことがある。

⑦(）戦争(せんそう)が始まっても、阿波おどりは行われていた。

⑦(）阿波おどりは、県外よりも先に外国で発表された。

⑦(）阿波おどりは、伝統(でんとう)行事として徳島県(とくしま)で長く行われてきた。

(3) 阿波おどりが最初(さいしょ)に発表された外国はどこですか。 ( )

年代	阿波おどりにかかわるできごと
約400年前	徳島県で、阿波おどりのもととなるおどりが始まる
約400年~100年前	さわぎにならないように、たびたびおどりが禁止される
1937年	戦争が始まり、阿波おどりができなくなる
1946年	阿波おどりがふたたび始まる
1957年	阿波おどりが県外にも広まる
1968年	阿波おどりがアメリカで発表される
1999年	阿波おどり会館が完成(かんせい)する

2 阿波おどりのよさと発展 次の問いに答えましょう。 1つ5〔35点〕

(1) 阿波おどりで使う楽器(がっき)として、正しいもの2つに〇を書きましょう。

⑦(）タンバリン ⑦(）ふえ ⑦(）ピアノ ⑦(）三味線(しゃみせん)

(2) 次の文の{ }にあてはまる言葉に〇を書きましょう。

● 阿波おどりは、年に一度の①{ 年中行事 記念(きねん)行事 }で、②{ 行 連(れん) }というまとまりになって、気持ちを一つにしておどる。

(3) 右の地図を見て、答えましょう。

① 九州(きゅうしゅう)地方では何か所で阿波おどりが行われますか。(か所)

② 阿波おどりが行われる地域(ちいき)がふくまれていない地方は、どこですか。

( )

③ 阿波おどりが行われる地域についてわかることを、「全国」という言葉を使って書きましょう。

( )

阿波おどりが行われる地域

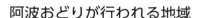
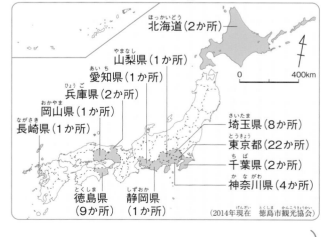

北海道(ほっかいどう)(2か所)
山梨県(やまなし)(1か所)
愛知県(あいち)(1か所)
兵庫県(ひょうご)(2か所)
岡山県(おかやま)(1か所)
長崎県(ながさき)(1か所)
埼玉県(さいたま)(8か所)
東京都(とうきょう)(22か所)
千葉県(ちば)(2か所)
神奈川県(かながわ)(4か所)
徳島県(とくしま)(9か所)
静岡県(しずおか)(1か所)

(2014年(げんざい)現在 徳島市観光協会(かんこうきょうかい))

3 昔から受けつがれてきたもの　次の問いに答えましょう。

1つ5〔25点〕

(1)　次の①～③は、阿波人形浄瑠璃のしばいを行う人です。それぞれにあてはまるものを、右の絵の㋐～㋒から選びましょう。

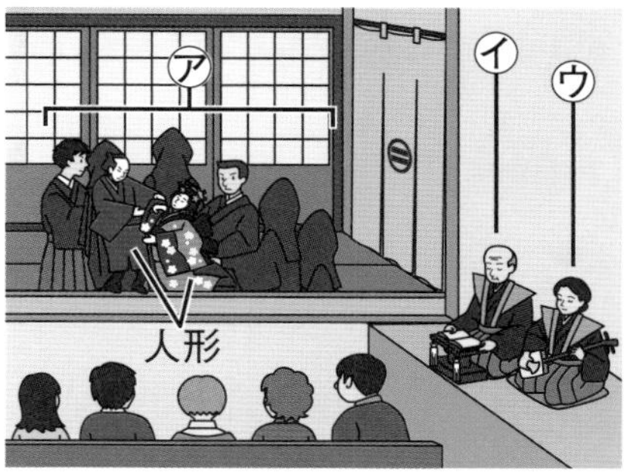

①三味線ひき　（　　）

②せりふを言う太夫　（　　）

③人形つかい　（　　）

(2)　次の文のうち、阿波人形浄瑠璃を残すために行われたこととして、正しいもの2つに○を書きましょう。

㋐（　　）みんなが人形つかいになれるように、しばいをかんたんにしている。

㋑（　　）県とも協力して、阿波人形浄瑠璃の資料館をつくった。

㋒（　　）現代でもお客さんに人気が出るように、ダンスなどを取り入れた。

㋓（　　）子どもたちに伝えるため、小学校にいってしばいを行っている。

4 農村舞台の保存　次の問いに答えましょう。

1つ5〔20点〕

(1)　右のグラフを見て、次の問いに答えましょう。

作図

①　2010年には、阿波人形浄瑠璃がふたたび行われるようになった農村舞台は10か所でした。2010年のところにグラフをかきましょう。

②　次の文の（　　）にあてはまる言葉を書きましょう。

● 阿波人形浄瑠璃がふたたび行われるようになった農村舞台の数は、2000年から2015年にかけて（　　　　　）続けている。

阿波人形浄瑠璃を行う農村舞台

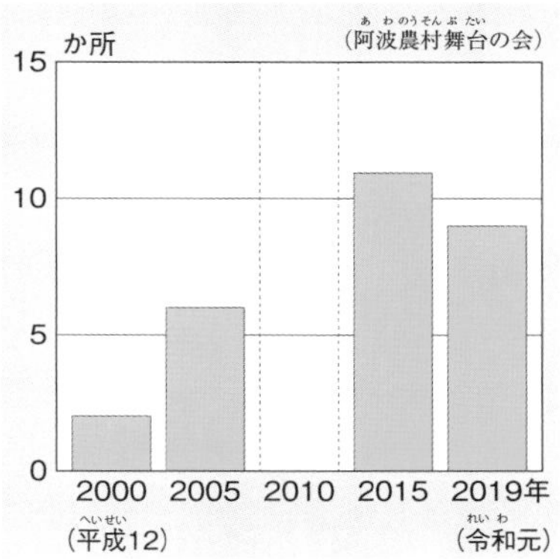

思考

(2)　次の資料を見て、あとの文のうち、正しいもの2つに○を書きましょう。

資料1

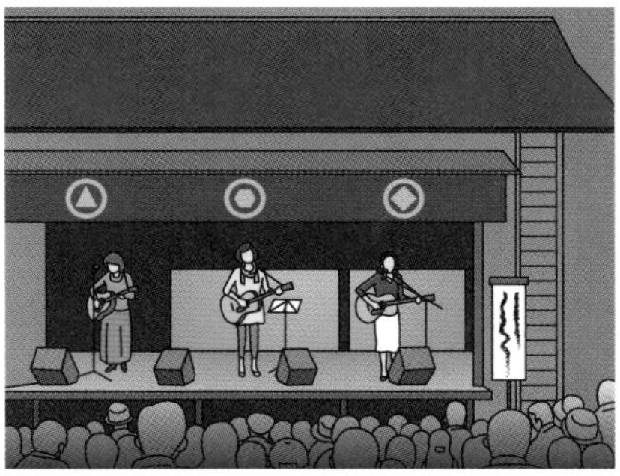

資料2　地域の人の話

> 農村舞台は、長く使わないでいると建物があれてしまいます。

> 演奏会と阿波人形浄瑠璃を、同じもよおしの中で行うなどの取り組みをしています。

㋐（　　）農村舞台の新しい使い方をする取り組みが進められている。

㋑（　　）農村舞台がこわれないように、なるべく使わずに保存している。

㋒（　　）より多くの人に阿波人形浄瑠璃を見てもらうくふうをしている。

㋓（　　）演奏会は、阿波人形浄瑠璃を行わない日にしかもよおされない。

勉強した日　月　日

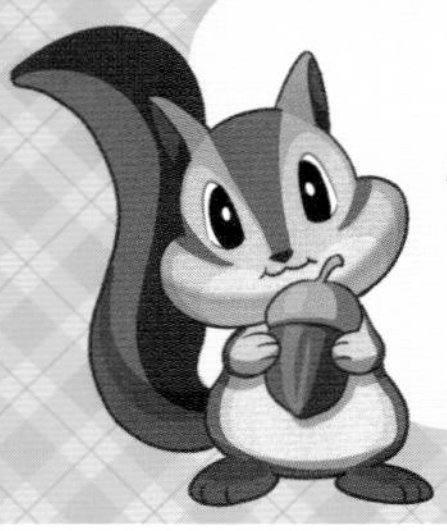

昔から今へと続くまちづくり①

きほんのワーク

もくひょう
どうして新田開発が行われたのか、考えてみよう。

おわったらシールをはろう

教科書 130〜135ページ　答え 14ページ

1 米がほしいけれど

（　）にあてはまる言葉を□から書きましょう。

●約300年前、人々はつくった①（　　　　　）の中から決まった量を江戸の役所にとどけ、残りを自分たちが食べていた。➡より多くの米がほしかった。

●地域には大きな②（　　　　　）があった。

◆新しく田を開ける③（　　　　　）がなかった。

◆ぬまの水を米づくりに使っていたが、こう水や④（　　　　　）がよく起こることが問題だった。➡ぬまの水をぬいて⑤（　　　　　）を開いた。

新田開発
新たな土地を開いて、田にすること。

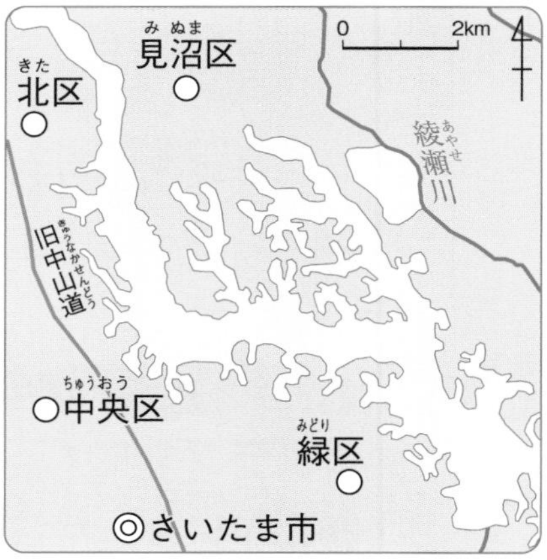

見沼新田　米　土地　水不足　ぬま

2 見沼代用水と井沢弥惣兵衛－図書館で調べよう

（　）にあてはまる言葉を□から書きましょう。

よみトク！資料

●見沼新田で米をつくるための水は、⑥（　　　　　）を中心につくられた⑦（　　　　　）から引いた。

●井沢弥惣兵衛は、⑧（　　　　　）のあたりで生まれた。

●見沼代用水は、工事を始めてから⑨（　　　　　）もたたずに完成している。

年代	井沢弥惣兵衛にかかわるできごと
1663年	紀伊国（今の和歌山県あたり）で生まれる
1710年	和歌山県海南市にある亀池をつくる
1722年	紀伊国から江戸に来る
1727年	下総国の飯沼（今の茨城県）に田を開く
	秋ごろ、見沼代用水の工事を始める
1728年	春ごろ、見沼代用水が完成する
	見沼新田を開く
1729年	江戸の中川や多摩川を直す
1731年	見沼通船堀が完成する
	新潟県で干拓、静岡県で大井川を直す
1738年	弥惣兵衛がなくなる

1年　見沼代用水　井沢弥惣兵衛　和歌山県

しゃかいか工場
江戸時代（約300年前）には、江戸の役所に年貢として米をおさめなければならなかったんだ。米のできが悪い場合、農民の取り分がへってしまうので生活が苦しくなったよ。

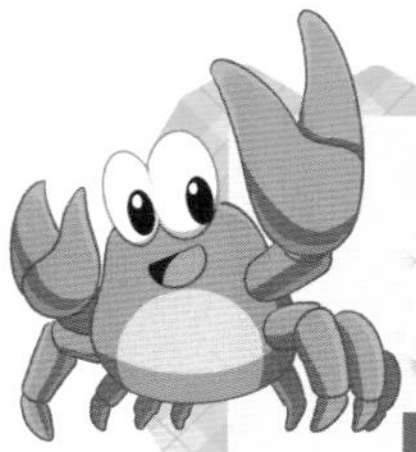

練習のワーク

教科書　130〜135ページ　答え　14ページ

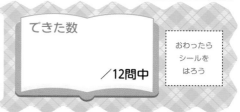

できた数　／12問中

おわったら シールを はろう

1 右の地図を見て、次の問いに答えましょう。

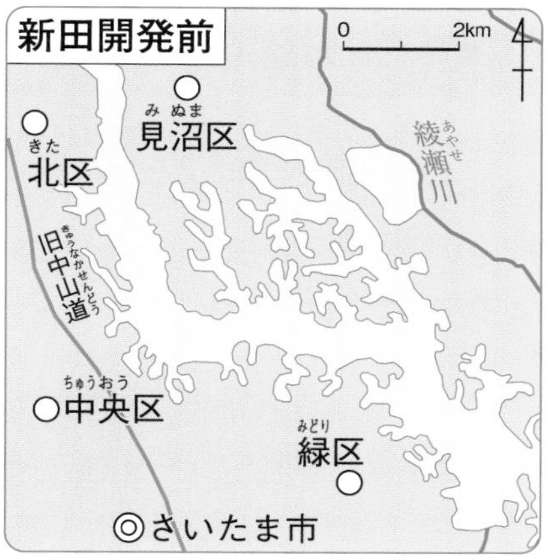

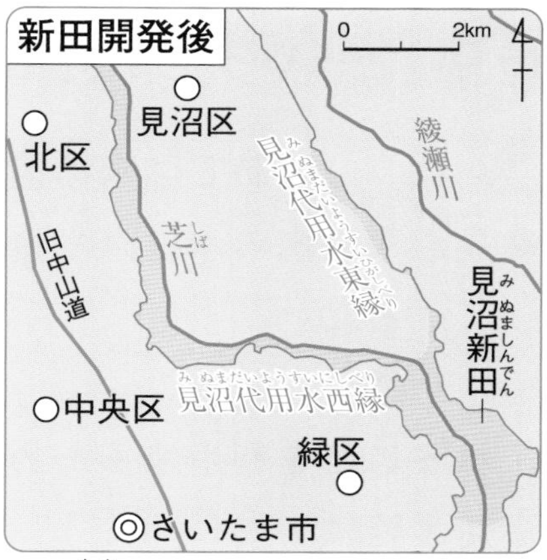

⑴　新田が開発された後に、この地域に新しくできたものは何ですか。

（　　　　　）

⑵　次の文の｛　　｝にあてはまる言葉に○を書きましょう。

● 新田開発前に広がっていたぬまには、底が①｛ 深く　浅く ｝、雨がふらないと②｛ こう水　水不足 ｝が起き、雨が続くと水が③｛ あふれる　ひ上がる ｝という問題があった。

⑶　次の文のうち、新田開発を行った理由として正しいもの２つに○を書きましょう。

㋐（　　　）米を多くつくって、たくさん売りたかったから。

㋑（　　　）田が開けるような土地が残っていなかったから。

㋒（　　　）多くの米を江戸の役所にとどければ、ほうびがもらえたから。

㋓（　　　）自分たちの食べる米の量をふやしたかったから。

2 右の地図を見て、次の問いに答えましょう。

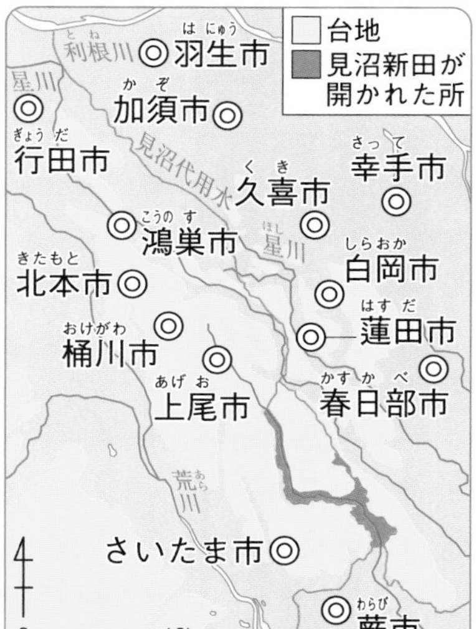

⑴　**地図**中の□でぬられた場所について、次の文の｛　　｝にあてはまる言葉に○を書きましょう。

● □はまわりより土地の①｛ 高い　低い ｝所で、川や用水は②｛ 高い　低い ｝所を流れている。

⑵　次の文のうち、右の**地図**からわかることには○を、わからないことには×を書きましょう。

㋐（　　　）見沼代用水のきょりは長い。

㋑（　　　）見沼代用水は井沢弥惣兵衛がつくった。

㋒（　　　）用水路はとちゅうでふたてに分かれる。

⑶　次の文の（　　　）にあてはまる言葉を書きましょう。

● 見沼代用水は、見沼新田に（　　　　　　　）を引くためにつくられた。

ポイント　人々の願いで新田がつくられた。

もくひょう

見沼代用水がどのように流れていたのかをたしかめよう。

おわったらシールをはろう

昔から今へと続くまちづくり②

きほんのワーク

教科書 136〜139ページ　　答え 14ページ

---

1 どうやって水を引いた？ー博物館で調べよう①

✎ （　　）にあてはまる言葉を◻︎から書きましょう。

● 見沼代用水の水は、水量がゆたかで①（　　　　　　）している②（　　　　　　）から取り入れられた。

● 水が③（　　　　　　）所から④（　　　　　　）所に流れることを利用するため、土地の高さが調べられた。

● 用水路は、⑤（　　　　　　）をまたいだり、くぐったりする必要があった。➡ またぐときは「かけとい」、くぐるときは「⑥（　　　　　　）」という方法で通した。

● もとからある川を用水路の一部に利用しているのは、工事にかかる時間を⑦（　　　　　　）ためのくふうである。

新しく水の道をつくるより、川を利用したほうが早いんだ。

へらす　　高い　　低い　　川　　ふせこし　　安定　　利根川

---

2 ふたてに分かれた用水路ー博物館で調べよう②

✎ （　　）にあてはまる言葉を◻︎から書きましょう。

よみトク！資料

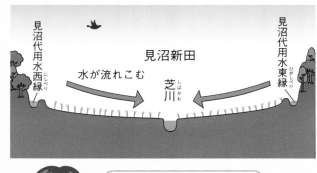

見沼代用水西縁　見沼新田　水が流れこむ　芝川　見沼代用水東縁

水が流れる性質と、土地の高さを利用したんだね。

● 二つの用水路にはさまれた土地にあるのが⑧（　　　　　　）で、もともと、ぬまだった場所である。

● ぬまの⑨（　　　　　　）にそってつくられたため、用水路がふたてに分かれている。

● 水を田に引きこみやすくするため、用水路が田よりも⑩（　　　　）所を流れている。

● 使ったあとの水は、中央を通っている⑪（　　　　　　）に流す。

芝川　　へり　　高い　　見沼新田

しゃかいか工場　二つの用水路にはさまれた土地がまわりより低いのは、そこは、もともと底の浅いぬまだったから。土地の高さを利用して弥惣兵衛は見沼代用水を計画し、つくったよ。

練習のワーク

勉強した日 ▶ 　月　　日

できた数

／11問中

おわったら
シールを
はろう

教科書 136～139ページ　答え 14ページ

1 次の問いに答えましょう。

(1) 次の文のうち、井沢弥惣兵衛（いざわやそべえ）が見沼（みぬま）代用水の水を利根（とね）川から取り入れた理由として、正しいものには○を、あやまっているものには×を書きましょう。

① (　　　) 新田から遠くはなれているから。

② (　　　) 水がきれいだから。

③ (　　　) 水量（すいりょう）がゆたかで安定しているから。

(2) 見沼代用水について、次の①～③とその理由を、正しく線で結（むす）びましょう。

① 「ふせこし」や「かけとい」というしくみがつくられた。　・

② 用水路をつくる土地の高さが調べられた。　・

③ 用水路の一部に、もともと流れていた川を利用した。　・

・⑦ 水が高い所から低（ひく）い所へ流れる性質（せいしつ）を利（り）用（よう）するため。

・⑦ 用水路をつくる工事にかかる時間を短くするため。

・⑨ 川と用水路を交差（こうさ）させるため。

2 右の地図を見て、次の問いに答えましょう。

(1) 次の文にしたがって、**地図**をぬりましょう。

① 15m以上（いじょう）の土地は茶色。

② 10～15mの土地は黄色。

③ 5～10mの土地は緑色。

(2) 次の文のうち、**地図**からわかること 2つに○を書きましょう。

⑦ (　　　) 用水路はふたてに分かれている。

⑦ (　　　) 土地の高さに変化（へんか）はない。

⑨ (　　　) 用水路にはさまれた土地は低い。

⑦ (　　　) 川は土地の高いところを通っている。

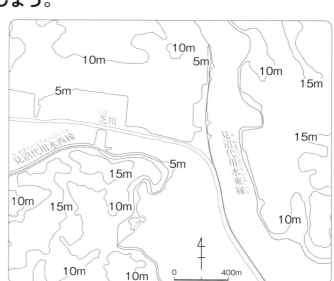

見沼代用水は土地の高さを考えてつくられている。

勉強した日 ▶ 月 日

もくひょう
昔の工事のようすやくふうについて調べてみよう。

おわったらシールをはろう

昔から今へと続くまちづくり③

きほんのワーク

教科書 140〜145ページ 答え 15ページ

1 どのようにして工事は行われた？

✎ （ ）にあてはまる言葉を □ から書きましょう。

● 井沢弥惣兵衛（いざわやそべえ）は、わずかな①（　　　　　）で、きょりの②（　　　　　）用水路の工事を完成（かんせい）させた。

● 用水路は地域（ちいき）の③（　　　　　）たちが、「ふせこし」や「かけとい」は江戸（えど）からきた④（　　　　　）たちがつくった。

● 短い時間で工事が終えられるように、⑤（　　　　　）や雨が少ない秋から冬に工事を行った。

● 参加（さんか）する⑥（　　　　　）ごとに、担当（たんとう）するはんいを決めて、各地（かく）で同時に工事を進めた。

工事の道具には、土をほり出す「くわ」や、物を運ぶ「もっこ」などがあったよ。

| 長い | 大工 | 農民（のうみん） | 村 | 農作業 | 時間 |

2 調べてきたことを整理しよう／もっと知りたいな、井沢弥惣兵衛

✎ （ ）にあてはまる言葉を □ から書きましょう。

よみトク！地図

● 井沢弥惣兵衛のくふうや努力（どりょく）

星川（ほし）と合流させることで工事の⑧（　　　　　）をへらし、星川と分かれる場所には⑨（　　　　　）をつくり、水量（すいりょう）や流れを調節した。

水量が安定した利根川（とね）から水を引いた

村ごとに同時に工事を進めた

川から取り入れる水の量（りょう）を調節（ちょうせつ）できるしせつをつくって、利根川（とね）の⑦（　　　　　）の中にうめこんだ。

元荒川（もとあら）の下をくぐらせた

もとからある川を利用した

綾瀬川（あやせ）の上をまたがせた

ふたてに分かれた用水路の間の土地に田を開いた

工事の無事（ぶじ）などを願って、星川弁財天（ほしかわべんざいてん）や⑩（　　　　　）に灯ろうなどを建（た）てた。

利根川（とね）
星川（ほし）
星川と合流
忍川（おし）
見沼代用水（みぬまだいようすい）
星川弁財天（もとあら）
星川と分かれる
川をくぐる
綾瀬川（あやせ）
星川
元荒川（もとあら）
川をまたぐ
見沼代用水西縁（みぬまだいようすいにしべり）
芝川（しば）
見沼代用水東縁（みぬまだいようすいひがしべり）
萬年寺（ばんねんじ）
見沼新田（みぬま）

| ていぼう | 萬年寺（ばんねんじ） |
| せき | 時間 |

しゃかいか工場　見沼代用水は、賃金（ちんぎん）15000両、構造物（こうぞうぶつ）5000両という費用（ひよう）がかかっているよ。ふせこしは53か所、かけといは4か所、つくられたよ。

勉強した日　　月　　日

できた数

／10問中

おわったら
シールを
はろう

練習のワーク

教科書 140〜145ページ　答え 15ページ

1 次の問いに答えましょう。

(1) 次の道具は、昔の工事で使われたものです。それぞれにあてはまる役割を、あとから選びましょう。

①(　　　)　　②(　　　)　　③(　　　)　　④(　　　)

㋐　あなをほる　　㋑　土をほり出す　　㋒　土などを運ぶ　　㋓　石などを運ぶ

(2) 次の文のうち、井沢弥惣兵衛が、わずかな時間で長いきょりの用水路を完成させるために行ったくふうとして、正しいもの2つに○を書きましょう。

㋐(　　　)「くわ」や「もっこ」などの道具を、たくさん集めた。

㋑(　　　)工事の担当を決め、各村が同時に作業を進められるようにした。

㋒(　　　)農作業がへる、秋から冬にかけて工事を行った。

㋓(　　　)すべての工事を、江戸からまねいた大工だけで行った。

2 次の①〜④のくふうが見られる場所を、右の地図中からそれぞれ選びましょう。

①(　　　)　　　　　　　　②(　　　)

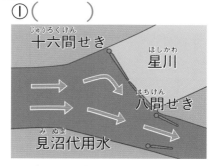

①の図：
十六間せき　星川
八間せき
見沼代用水

②の図：
取り入れる水量を調整
利根川の水を取り入れるしせつ
川のほとりなどにそなえたじょうぶなつくり

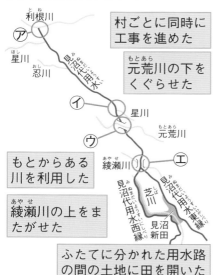

水量が安定した利根川から水を引いた

村ごとに同時に工事を進めた

元荒川の下をくぐらせた

もとからある川を利用した

綾瀬川の上をまたがせた

ふたてに分かれた用水路の間の土地に田を開いた

地図：利根川　㋐　星川　忍川　見沼代用水　㋑　㋒　星川　元荒川　㋓　綾瀬川　見沼代用水西縁　見沼代用水東縁　芝川　見沼新田

③(　　　)　　　　　　　　④(　　　)

③の図：
川の上に用水を通した。
見沼代用水

④の図：
川の底より下に用水を通した。
見沼代用水

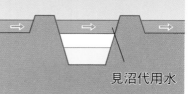

ポイント　見沼代用水は多くのくふうによってつくられた。

勉強した日　　月　　日

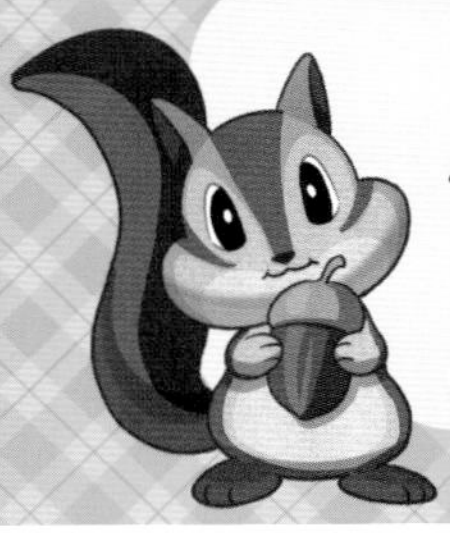

昔から今へと続くまちづくり④

きほんのワーク

もくひょう
新田開発による地域の変化と、今のすがたをたしかめよう。

おわったらシールをはろう

教科書 146～151ページ　答え 15ページ

1 そして、ゆたかな土地に

（　　）にあてはまる言葉を□から書きましょう。

- 見沼代用水が完成したあと、①（　　　　　　）だった所に見沼新田ができた。
- 新田が開かれたところでは、②（　　　　　　）のとれる量がふえ、人々の生活はゆたかになった。
- 見沼代用水が流れる地域の③（　　　　　　）の面積は、約5000haから約14000haにふえた。
- 弥惣兵衛は、ふたてに分かれた用水路と、新田の真ん中を流れる芝川をつなぐ、見沼通船堀という④（　　　　　　）をつくり、米はそれを使って⑤（　　　　　　）に運ばれた。

江戸との行き来もさかんになり、地域はさらにさかえたよ。

米　　水路　　江戸　　ぬま　　田

2 未来に残そう、みんなの見沼／昔と今を年表や地図でつなげよう

（　　）にあてはまる言葉を□から書きましょう。

よみトク！地図

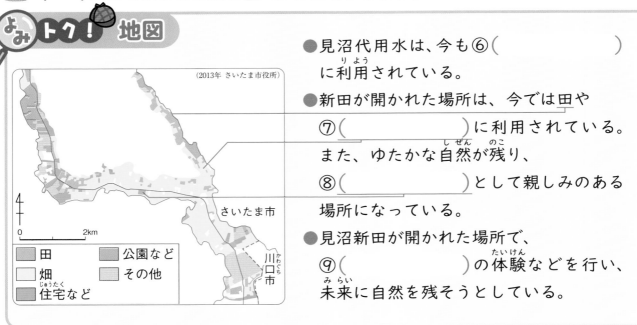

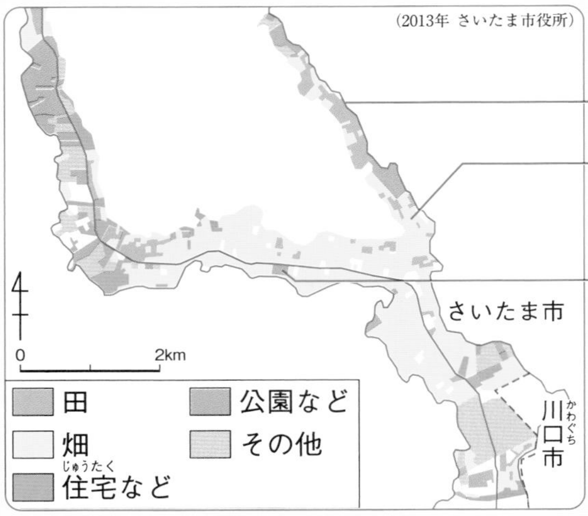
(2013年 さいたま市役所)
さいたま市
川口市
0
2km
田
畑
住宅など
公園など
その他

- 見沼代用水は、今も⑥（　　　　　　）に利用されている。
- 新田が開かれた場所は、今では田や⑦（　　　　　　）に利用されている。また、ゆたかな自然が残り、⑧（　　　　　　）として親しみのある場所になっている。
- 見沼新田が開かれた場所で、⑨（　　　　　　）の体験などを行い、未来に自然を残そうとしている。

農業　　田植え　　公園　　畑

しゃかいか工場　近年、見沼新田のあと地では、南部のほうに、果物がりができる農園ができていて、いちごやぶどう、ブルーベリーなどがつくられているよ。

練習のワーク

できた数

／9問中

教科書 146〜151ページ　答え 15ページ

1 次の問いに答えましょう。

(1) 見沼代用水が完成したあとの変化として、正しい話2つに○を書きましょう。

㋐（　　） 安定して米づくりができるようになったよ。

㋑（　　） とれる米の量がふえて、ゆたかになったよ。

㋒（　　） 用水路にそった地域で、住宅がふえたよ。

㋓（　　） 見沼代用水は、主に人々の移動に使われたよ。

(2) 次の文の{　　}にあてはまる言葉に○を書きましょう。

● 見沼新田ができ、毎年約5000①{ ha　石 }の米を江戸の役所におさめることができるようになった。

● 見沼通船堀がつくられたことで、②{ ふね　馬 }で江戸と行き来がしやすくなり、地域はさらにさかえた。

2 右の年表を見て、次の問いに答えましょう。

(1) 右の**年表**の①〜③にあてはまる文を、次から選びましょう。

①（　　）②（　　）③（　　）

㋐ 新田開発をはじめた

㋑ 見沼代用水がつくられた

㋒ 見沼ため井をつくった

(2) 次の文のうち、見沼新田が開かれた地域の今の様子として、正しいもの2つに○を書きましょう。

㋐（　　）工場がつくられ、見沼代用水は工業用水として利用されている。

㋑（　　）ほぼすべてが住宅地に変わり、生活用水として利用されている。

㋒（　　）見沼代用水は、田や畑などに使う農業用水として利用されている。

㋓（　　）見沼にある公園は、自然に親しむ場所として大切にされている。

年代	おもなできごと
1600年より前	この地域にはたくさんのぬまがあった。
1629年	（　①　）。
1663年	井沢弥惣兵衛が生まれた。
1727年	ぬまから水をぬいて（　②　）。
1728年	見沼ため井のかわりになる用水として（　③　）。
1731年	見沼通船堀が完成した。

ポイント

見沼は今も田畑や自然がゆたかに残る地域である。

まとめのテスト

昔から今へと続くまちづくり

とく点

/100点

教科書 130〜151ページ 答え 16ページ

時間 **20**分

1 見沼新田ができるまで **次の問いに答えましょう。** 1つ6〔30点〕

(1) 次の文のうち、右の**地図**のころに人々がこまっていたこと2つに○を書きましょう。

⑦(）雨が続くと、ぬまの水があふれる。

⑦(）ぬまの水がきたなく、米がつくれない。

⑦(）生き物が多く、ぬまの水が使えない。

⑦(）ぬまがひ上がり、水不足になる。

◎さいたま市

(2) 人々が新しい田をつくろうと考えた理由について、次の文の{ }にあてはまる言葉に○を書きましょう。

● 約300年前、人々はつくった米から①{ 決められた すべての }量を江戸の役所にとどけ、残りを自分たちが②{ 食べていた 売っていた }。そのため、より多くの米がほしいというのが人々の願いだった。そこで、③{ 川 ぬま }の水をぬいた土地を、田に変えた。

2 井沢弥惣兵衛について **右の年表を見て、次の問いに答えましょう。** 1つ5〔20点〕

(1) あ にあてはまる、今の都道府県名を書きましょう。 （ ）

(2) い にあてはまる年を、次の話を参考にして、書きましょう。

（ 年 ）

見沼代用水の工事は、1年もかけずに行われたよ。

年代	井沢弥惣兵衛にかかわるできごと
1663年	紀伊国(今の あ あたり)で生まれる。
1710年	あ 海南市にある亀池をつくる。
1722年	紀伊国から江戸に来る。
1727年	下総国の飯沼(今の茨城県)に田を開く。
	秋ごろ、⑦見沼代用水の工事を始める。
い 年	春ごろ、見沼代用水が完成する。
	見沼新田を開く。
1731年	⑦見沼通船堀が完成する。
1738年	弥惣兵衛がなくなる。

(3) 下線部⑦と下線部⑦は、それぞれどのような目的でつくられましたか。次から選びましょう。 ⑦(） ⑦(）

⑦ 田でとれた米を芝川まで運び出し、江戸にとどけるため。

⑦ 人々が田と田の間を行き来できる水路をつくるため。

⑦ 新しい田で米づくりをするのに水を引くため。

⑦ 近くの川が雨ではんらんするのをふせぐため。

3 見沼代用水の工事　**次の問いに答えましょう。**

1つ6〔30点〕

(1) 見沼代用水を利根川から引いた理由を、「水量」という言葉を使って書きましょう。

（　　　　　　　　　　　　　　　　　　　）

(2) 用水路をつくるために欠かせないことを、次から選びましょう。　（　　　）

　㋐　土地の高さを調べる。　　㋑　銅像を建てる。

　㋒　川の生物を調べる。　　　㋓　史跡を調べる。

(3) 次の文を読んで、見沼新田が開かれた場所を、**地図中の㋐～㋓から選びましょう。**　（　　　）

> 2つの用水路にはさまれ、まわりの土地より低い所に見沼新田が開かれたよ。

(4) 工事の時間を短くするくふうとして、正しいもの2つに〇を書きましょう。

　㋐（　　　）萬年寺の灯ろうや星川弁財天などのしせつを建てた。

　㋑（　　　）江戸からまねかれた大工だけで工事を行った。

　㋒（　　　）農作業がへり、雨が少ない秋から冬に工事を行った。

　㋓（　　　）すでに流れていた星川を、用水路の一部として利用した。

4 用水路ができてから　**右の資料を見て、次の問いに答えましょう。**

1つ5〔20点〕

(1) 次の文のうち、**資料**からわかることとして正しいもの2つに〇を書きましょう。

　㋐（　　　）川だった所に田ができた。

　㋑（　　　）見沼代用水の工事には、約90万人が参加した。

　㋒（　　　）見沼代用水の工事には、約2万両のお金がかかった。

　㋓（　　　）見沼新田は約14000haである。

(2) 見沼代用水が流れる地域の田の面積は、開発前と開発後をくらべると、約何haふえましたか。

（　約　　　　　　　ha　）

> **見沼代用水の工事の大きさ**
> ◆ 工事したきょり…約60km
> ◆ 参加した人の数…約90万人
> ◆ かかった費用…約2万両
> ◆ ほった土地の面積…約79万2000㎡
>
> **見沼代用水の完成による田の変化**
> ◆ ぬまだった所に約1200haの見沼新田ができた。
> ◆ 見沼代用水が流れる地域の田の面積は、開発前は約5000haだったが、約14000haにふえた。
> ◆ 見沼通船堀がつくられたことで、ふねで江戸と行き来がしやすくなった。

(3) 見沼代用水ができてから、見沼新田が開かれ、人々の生活はどのように変わったと考えられますか。「米」「ゆたか」という言葉を使って書きましょう。

（　　　　　　　　　　　　　　　　　　　　　　　　　　　　）

勉強した日　月　日

◆ 地域に学校をひらく
◆ 地域の人々を病気から救う

きほんのワーク

もくひょう
さまざまなかたちで地域の発展につくした人について調べよう。

おわったらシールをはろう

教科書 152～155ページ　答え 16ページ

1 地域に学校をひらく

(　　)にあてはまる言葉を［　　］から書きましょう。

●今から約150年前、①(　　　　　)は、地域（現在の神奈川県藤沢市の一部）の人々の求めで東京から先生としてまねかれ、②(　　　　　)という学校をひらいた。

●国の指示で、全国に③(　　　　　)がつくられることになり、読書院は④(　　　　　)となった。羽鳥学校とは別に、自由な教育を行うという目的で読書院も残され、その学校は後に⑤(　　　　　)となった。

●後に総理大臣となった吉田茂も、耕余塾で学び、羽鳥村は県の⑥(　　　　　)の中心地となっていった。

読書院 → 羽鳥学校 → 尋常高等明治小学校 → （現在）明治小学校
読書院 → 読書院 → 耕余塾 → 尋常高等明治小学校

小笠原東陽	教育	小学校
耕余塾	羽鳥学校	読書院

小笠原東陽は、教育の大切さを知り、多くの人に広めようとしたんだね。

2 地域の人々を病気から救う

(　　)にあてはまる言葉を［　　］から書きましょう。

●山梨県昭和町に、⑦(　　　　　)と三郎という親子の病院があった。➡病院のあとが文化財として保存されている。

●今から100年以上前、この地域では原因不明の病気になる人がたくさんいた。➡研究により、病気の原因は⑧(　　　　　)に住みつく⑨(　　　　　)という虫であることがわかった。

ミヤイリガイの駆除の様子

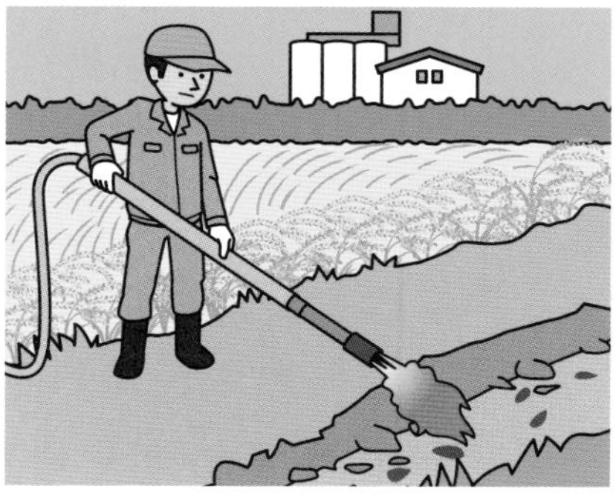

●杉浦親子は、病気をなくすため、ミヤイリガイをへらす取り組みを始めた。➡地域の⑩(　　　　　)の間に広がり、県や国も協力する大きな運動になった。➡長い時間をかけて、病気はなくなった。

ミヤイリガイ	住民	日本住血吸虫	杉浦健造

しゃかいか工場

小笠原東陽や、杉浦健造と三郎親子の死後も、地域の人々の努力によって、それぞれ教育や医りょうの発展が続いたんだね。

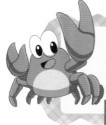

練習のワーク

教科書　152〜155ページ　答え　16ページ

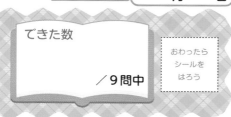

できた数　／9問中

おわったら シールを はろう

1 小笠原東陽について、右の年表を見て、次の問いに答えましょう。

年代	小笠原東陽にかかわるできごと
1872年	東京からまねかれて、羽鳥村(今の神奈川県藤沢市の一部)に読書院をひらく。
1873年	読書院をもとに羽鳥学校がつくられる。
1878年	読書院として残した学校が、耕余塾となる－読書、算術、習字、修身などを学ぶ。
1887年	小笠原東陽がなくなる。

(1) 小笠原東陽が読書院という学校をひらいたのは、今の何県ですか。

(　　　　　)

(2) 次のうち、耕余塾で教えられていたこととして、正しいもの2つに○を書きましょう。

㋐(　　　)理科　㋑(　　　)音楽

㋒(　　　)算術　㋓(　　　)習字

(3) 次の文のうち、小笠原東陽が行ったこととして、正しいもの1つに○を書きましょう。

㋐(　　　)地域の工業の発展につくした。

㋑(　　　)地域の医りょうの発展につくした。

㋒(　　　)地域の教育の発展につくした。

㋓(　　　)地域の農業の発展につくした。

2 山梨県昭和町ではやった病気について、次の問いに答えましょう。

(1) 次の文のうち、病気をなくすために行われたこととして、正しいものには○を、あやまっているものには×を書きましょう。

㋐(　　　)地域に、自由な教育を行う学校がつくられた。

㋑(　　　)病気の原因となる虫の駆除が行われた。

㋒(　　　)病院の建物が、文化財として保存された。

(2) 右の**グラフ**を見て、次の文の□にあてはまる言葉や数字を、あとの□からそれぞれ選びましょう。

①(　　　　　)　②(　　　　　)

● この病気でなくなった人は、1955年には357人もいたが、だんだんと ① いき、 ② 年には完全にいなくなった。

ふえて　　へって　　1985　　1975

病気でなくなった県民の数

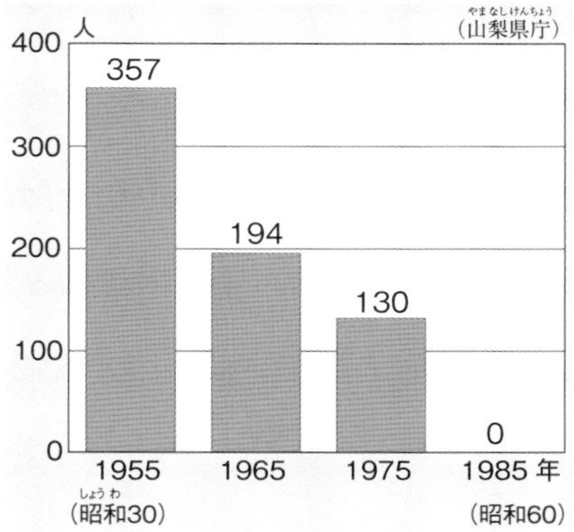

ポイント **地域の教育や医りょうの発展につくした人がいる。**

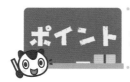

勉強した日　月　日

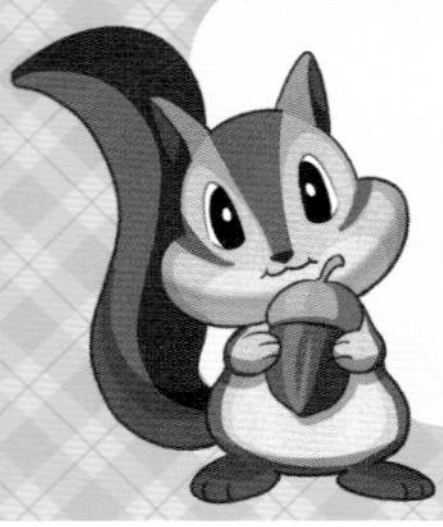

- 沖縄の文化のよさを伝える
- 北海道で、いねを実らせる

きほんのワーク

もくひょう
さまざまなかたちで地域の発展につくした人について調べよう。

おわったらシールをはろう

教科書 156～159ページ　答え 17ページ

1 沖縄の文化のよさを伝える

（　）にあてはまる言葉を［　］から書きましょう。

- 「沖縄学の父」とよばれた①（　　　　）は、沖縄の②（　　　　）のよさを伝えようと、努力をした人である。
- 沖縄の植物園では、「いね」を③（　　　　）で「いな」と書く。➡「おもろ」とは、約500年前に沖縄でよまれていた④（　　　　）のことである。
- 1910年にできた沖縄県立の⑤（　　　　）の館長になった普猷は、研究をさらにすすめ、沖縄の伝統芸能である⑥（　　　　）のせりふを本にまとめるなどの取り組みをした。

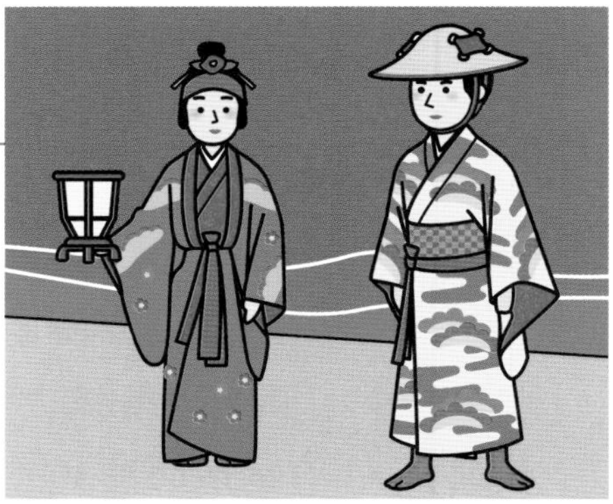

伊波普猷　組踊　歌
図書館　文化　おもろ名

2 北海道で、いねを実らせる

（　）にあてはまる言葉を［　］から書きましょう。

- 北海道産のお米は、きびしい寒さの中でも育つように⑦（　　　　）されたいねからとれる。
- ⑧（　　　　）が北海道にうつり住んだころ、南部以外の地域では、寒さのせいでいねが育たなかった。➡いねを育てるために、昼間は田までの⑨（　　　　）のきょりを長くして、⑩（　　　　）で温めた水、夜はふろでわかした湯を田に入れた。
- 約２年後、久蔵は、「⑪（　　　　）」という寒さに強いいねの発芽に成功し、北海道の農民に種もみを無償で配った。➡北海道は日本で有数の米の産地となった。

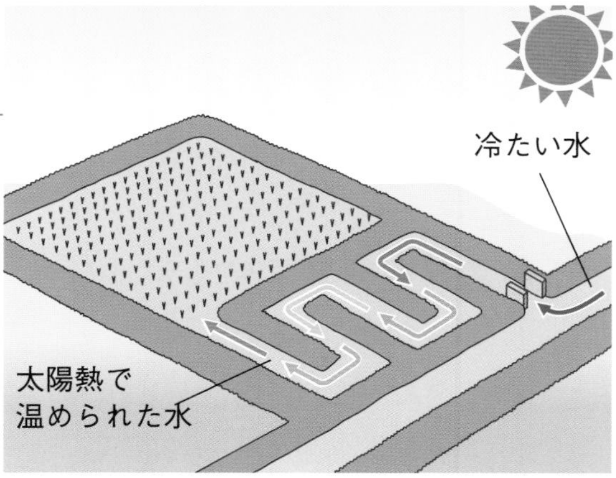

太陽熱　水路　赤毛種　改良　中山久蔵

しゃかいか工場
沖縄には昔、琉球とよばれる王国があり、今もそのときのさまざまな文化が残っているよ。世界遺産の首里城あとは、琉球王国の城あとだよ。

練習のワーク

教科書 156〜159ページ　答え 17ページ

1 伊波普猷について、右の年表を見て、次の問いに答えましょう。

(1) 次の文のうち、伊波普猷について、正しいものには○を、あやまっているものには×を書きましょう。

① (　　　) 研究したことを本にした。

② (　　　) 東京都に生まれ、沖縄県で育った。

③ (　　　) 東京で図書館長をつとめた。

④ (　　　) 大学を卒業後、1910年まで沖縄には帰らなかった。

年代	伊波普猷にかかわるできごと
1876年	沖縄県那覇市に生まれる。
1903年	東京の大学で「おもろ」の研究をする。
1906年	大学卒業後、沖縄で昔についての資料を集める。
1910年	沖縄県立図書館長になる。
1911年	『古琉球』を出版する。
1924年	図書館長をやめて、再び東京へ行く。
1935年	東京の大学で「おもろ」について教える。

(2) 次のうち、伊波普猷が伝えようとしたものを選びましょう。(　　　)

㋐ 文化のすばらしさ　　㋑ 教育の大切さ　　㋒ 農業のぎじゅつ

2 次の問いに答えましょう。

(1) 北海道の米は、どのように改良されましたか。次から選びましょう。(　　　)

㋐ 水がなくても育つ　　㋑ 夏の暑さにもたえられる

㋒ 季節に関係なく育つ　　㋓ きびしい寒さの中でも育つ

(2) 中山久蔵が考えた、寒い土地でいねを育てるくふうについて、次の文の{　　}にあてはまる言葉に○を書きましょう。

● ①{ 海　川 }から引いた水を、太陽熱で②{ 温める　冷ます }時間が必要なので、田までの水路のきょりを③{ 長く　短く }した。

(3) 次の文のうち、右のグラフから読み取れることとして正しいもの2つに○を書きましょう。

㋐ (　　　) 最も米の生産量が多いのは新潟県である。

㋑ (　　　) グラフ中の6つの都道府県のうち、東北地方の県は4つある。

㋒ (　　　) グラフ中の6つの都道府県のうち、北海道は最も北にある。

㋓ (　　　) 北海道の2022年の米の生産量は、宮城県の約2倍である。

都道府県別の米の生産量

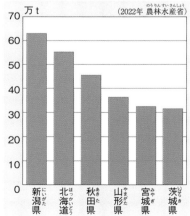

ポイント　**地域の文化や農業の発展につくした人がいる。**

75

勉強した日　月　日

1　焼き物を生かしたまちづくり①

もくひょう
焼き物づくりを特色としたまちづくりについて学ぼう。

おわったらシールをはろう

きほんのワーク

教科書 160〜167ページ　答え 17ページ

1 焼き物づくりがさかんな東峰村／小石原焼が広まったわけは

（　　）にあてはまる言葉を［　］から書きましょう。

- 東峰村には、①（　　　　　）の小石原焼がある。
- 約350年前に、明（今の②（　　　　　））の焼き物の作り方と、③（　　　　　）から伝えられた高取焼をもとにして作られた。
- 本などでしょうかいされ、外国の④（　　　　　）で評価された。➡民陶祭（今の⑤（　　　　　））が始まり、さらに広まった。➡焼き物で初めて**国の伝統的工芸品**に指定された。

伝統的工芸品
昔から伝わるぎじゅつや材料を使って作られる物。

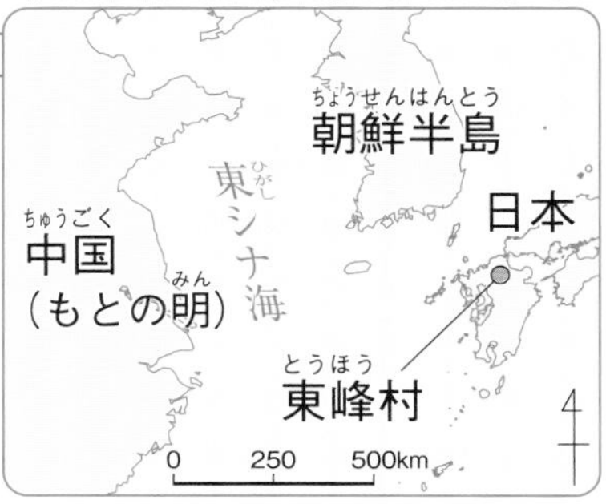
朝鮮半島
日本
中国
（もとの明）
東シナ海
東峰村
0
250
500km

中国　朝鮮半島　民陶むら祭　展示会　伝統的工芸品

2 小石原焼ができるまで

（　　）にあてはまる言葉を［　］から書きましょう。

よみトク！資料

- 形づくりから焼き上げまで
  - とう土を⑥（　　　　　）。
  - 形を作り、ぬのなどで整える。
  - けしょう土を⑦（　　　　　）。
  - ⑧（　　　　　）を入れる。
  - 天日でかわかし、ゆう薬をかける。
  - ⑨（　　　　　）で焼く。

1 とう土をこねる
2 形を作る
3 形を整える
4 けしょう土をぬる
5 もようを入れる
6 天日でかわかす
7 ゆう薬をかける
8 かまで焼く

ぬる　かま
もよう
こねる

色や形を、今の生活に合わせたものも作られているよ。

しゃかいか工場　土をこねてつくる焼き物をとう器、こまかくくだいた石のこなをこねてつくる焼き物をじ器というよ。

勉強した日　月　日

練習のワーク

教科書 160〜167ページ　答え 17ページ

できた数　／10問中

おわったら シールを はろう

1 次の問いに答えましょう。

(1)　次の文のうち、東峰村で民陶むら祭というもよおしが行われている理由として正しいもの１つに○を書きましょう。

㋐（　　　）東峰村の田で、いねがよく実るようにいのるため。

㋑（　　　）東峰村と外国との交流を、さかんにするため。

㋒（　　　）東峰村の商店街の人たちが、自分の店の宣伝をするため。

㋓（　　　）東峰村でつくられている小石原焼を、多くの人に知ってもらうため。

(2)　小石原焼の歩みについて、右の**年表**中の□にあてはまる言葉を、次からそれぞれ選びましょう。

①（　　　）　②（　　　）

③（　　　）　④（　　　）

年代	できごと
約350年前	[①]が生まれたとされる。
約70年前	[②]などでしょうかいされる。
約60年前	外国の展示会で高い評価をうける。
	[③]が始まる。
約40年前	国の[④]に指定される。

㋐　本　　㋑　民陶祭　　㋒　伝統的工芸品　　㋓　小石原焼

2 次の問いに答えましょう。

(1)　次の文のうち、小石原焼について、正しいもの２つに○を書きましょう。

㋐（　　　）焼き物に使う材料は、中国や朝鮮半島から持ってきている。

㋑（　　　）ろくろという道具を使って、形を作る。

㋒（　　　）今の生活に合わせて、コーヒーカップなども作られている。

㋓（　　　）伝統を守るため、小石原焼の色や形は変えないことになっている。

(2)　次の**絵**は、小石原焼を作るときのどの作業ですか。あとからそれぞれ選びましょう。

①（　　　）

②（　　　）

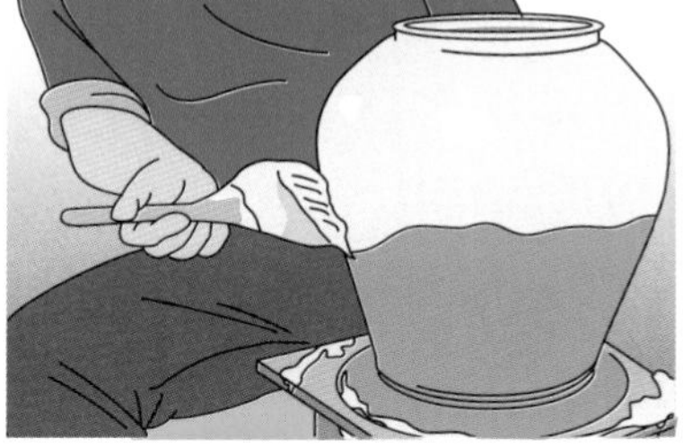

③（　　　）

㋐　もようを入れる。　　㋑　ゆう薬をかける。　　㋒　けしょう土をぬる。

ポイント　**東峰村の小石原焼は伝統的工芸品である。**

1　焼き物を生かしたまちづくり②

もくひょう
伝統的な産業を守る取り組みについて調べよう。

おわったらシールをはろう

きほんのワーク

教科書　168〜175ページ　答え　17ページ

1　小石原焼のよさを広めるために

✎（　　）にあてはまる言葉を　　から書きましょう。

よみトク！　資料

●東峰村の人口は、60年の間で約4500人へっている。➡わかい人がへり、①（　　　　　　　）化が進んでいる。

●②（　　　　　　　）の数も2000年ごろをさかいにへってきている。➡村は、全国によびかけて小石原焼を受けつぐ人をつのり、小石原焼を学ぶ人の村での生活をえんじょしている。

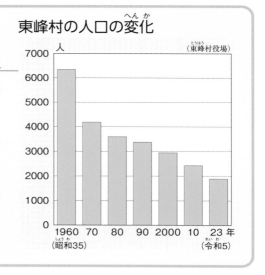

東峰村の人口の変化
（東峰村役場）

7000人
6000
5000
4000
3000
2000
1000
0
1960　70　80　90　2000　10　23年
（昭和35）　　　　　　　　　　（令和5）

●小石原焼のよさを広める取り組み
 ◆東峰村の料理店では、③（　　　　　　　　）のうつわに料理をもりつけている。
 ◆④（　　　　　　　）を守るだけでなく、お客さんの好みや⑤（　　　　　　　）に合わせた物を作っている。
 ◆より多くの人に焼き物を買ってもらえるよう、民陶むら祭を行っている。
 ◆他の県や⑥（　　　　　　　）へ行き、小石原焼をしょうかいしている。

高れい　　小石原焼　　外国　　かま元　　伝統　　必要

2　東峰村の発展を願って

✎（　　）にあてはまる言葉を　　から書きましょう。

●東峰村で焼き物づくりがさかんなわけをまとめる。
 ◆焼き物づくりにてきした⑦（　　　　　　　）のよさ。
 ◆⑧（　　　　　　　）そのもののよさ。
 ◆⑨（　　　　　　　）の取り組みのよさ。

人々　　　場所　　　焼き物

東峰村のいろいろなよさが、焼き物づくりにつながっているね。

  しゃかいか工場 東峰村では現在は約50軒のかま元があって、それぞれがくふうをこらしてとう器をつくっているそうだよ。ふだん使いできるとう器は、わかい人たちにも人気があるんだよ。

勉強した日　　月　　日

練習のワーク

教科書　168〜175ページ　　答え　17ページ

できた数　　／10問中

おわったらシールをはろう

1 次の問いに答えましょう。

(1) 次の絵を見て、それぞれの取り組みにあてはまる説明を、あとからそれぞれ選びましょう。

①（　　）　②（　　）　③（　　）

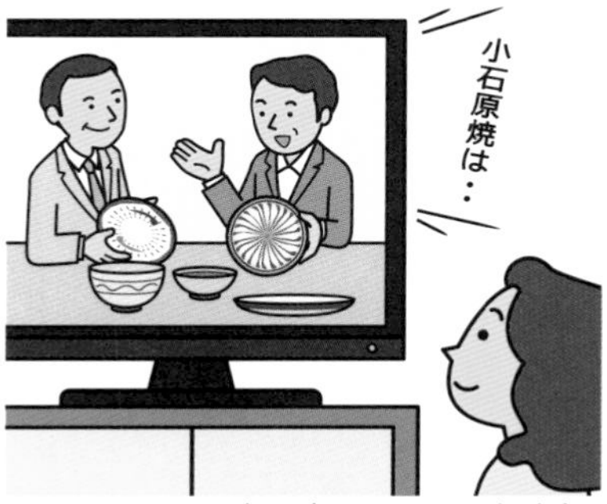

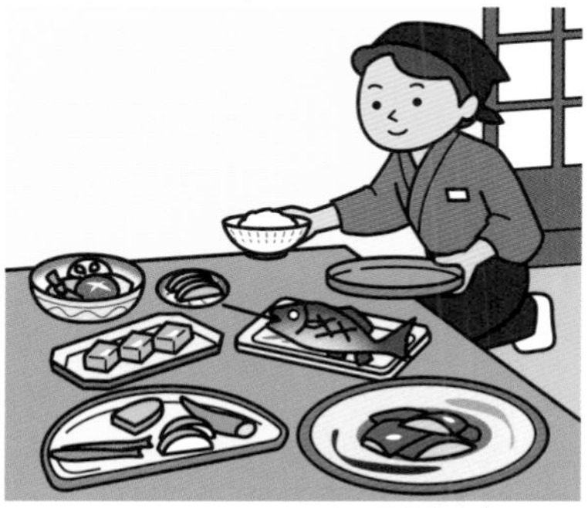

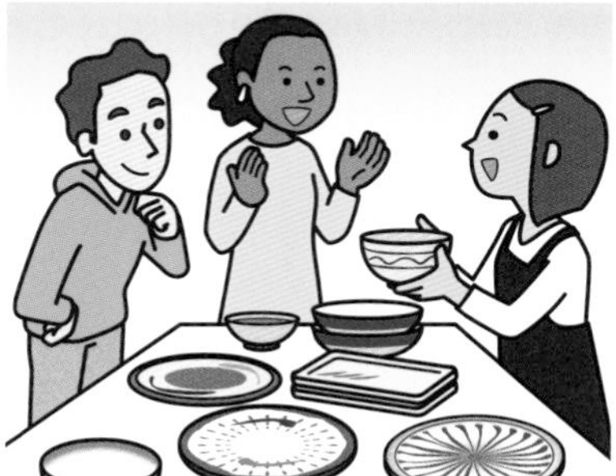

㋐ 他の地域など、直接会えない人にも小石原焼のよさを伝えることができる。

㋑ より多くの外国の人に、小石原焼について知ってもらうことができる。

㋒ 料理をおいしく見せるなどの、小石原焼のよさを伝えることができる。

(2) 次の文の｛　　｝にあてはまる言葉に○を書きましょう。

● 東峰村では、わかい人がへり、かま元の数もへっていて、小石原焼を受けつぐ人の数が｛ へって　ふえて ｝きている。

(3) 次の文のうち、小石原焼のよさを広める取り組みとして、正しいものには○を、あやまっているものには×を書きましょう。

①（　　）昔から伝わる形や色を守り、新しいものは作らない。

②（　　）焼き物づくりを勉強する人の生活をえんじょする。

③（　　）わかい人には、ぎじゅつを教えないようにする。

2 次の東峰村がもっているよさと、東峰村で小石原焼という焼き物づくりがさかんな理由を、正しく線で結びましょう。

① 場所のよさ　・　　・㋐ 昔からのぎじゅつが評価された。

② 焼き物そのもののよさ　・　　・㋑ 新しい色や形の焼き物も作った。

③ 人々の取り組みのよさ　・　　・㋒ 焼き物を作る材料が地域にあった。

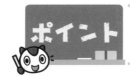

ポイント 東峰村では小石原焼を生かしたまちづくりをしている。

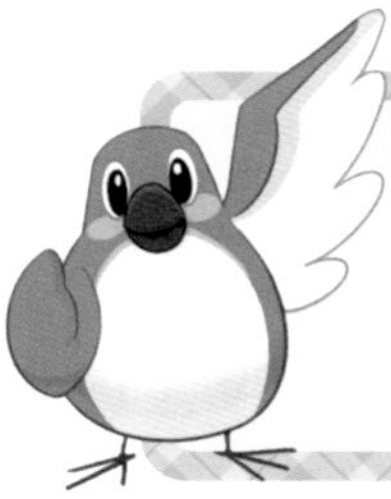

勉強した日　月　日

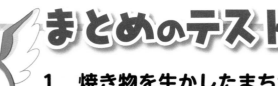

まとめのテスト

1　焼き物を生かしたまちづくり

とく点　/100点

おわったら シールを はろう

時間 20分

教科書 160〜175ページ　答え 18ページ

1 小石原焼の歴史　**次の問いに答えましょう。**　1つ5〔30点〕

記述

(1) 右の**地図**と次の**メモ**を見て、東峰村で焼き物づくりがさかんになった理由として考えられることを、「きょり」という言葉を使って簡単に書きましょう。

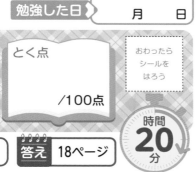

> 小石原焼は、明(今の中国)の焼き物の作り方と、朝鮮半島から伝わった高取焼がもとになっています。

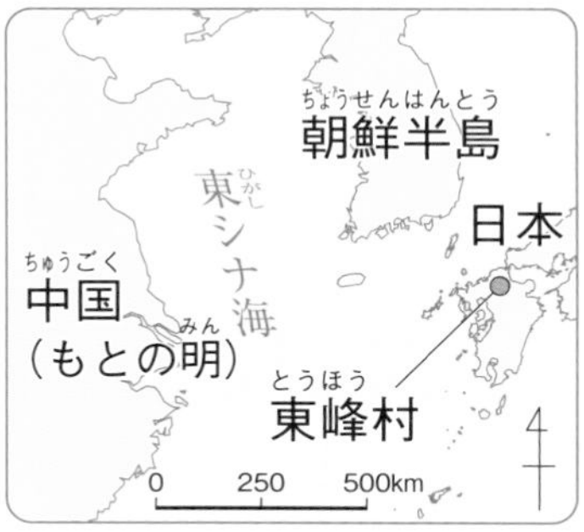

朝鮮半島
日本
東シナ海
中国
(もとの明)
東峰村
0　250　500km

(　　　　　　　　　　　　　　　　　　　)

(2) 右の**グラフ**を見て、次の文中の{　　}にあてはまる言葉に○を書きましょう。

● 1960年ごろの東峰村のかま元の数は、およそ①{ 10　20 }軒だった。約②{ 60　350 }年前に民陶祭が始まると、その後の15年間で、かま元の数は③{ 2倍　5倍 }以上にふえた。2000年には、かま元の数はさらにふえて50軒をこえたが、その後は④{ ふえて　へって }いる。

東峰村のかま元の数の変化

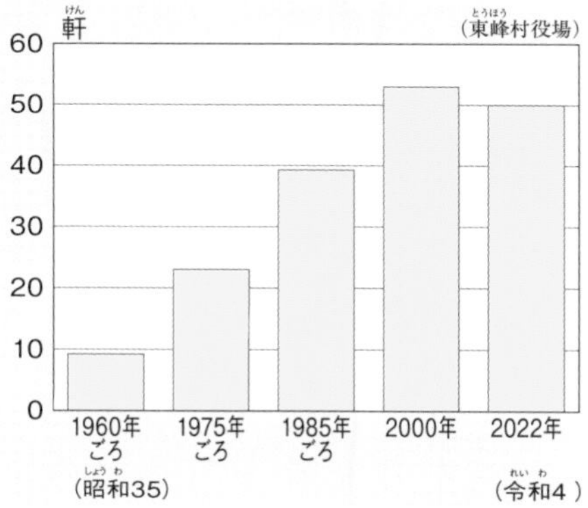

軒
(東峰村役場)
60
50
40
30
20
10
0
1960年ごろ (昭和35)
1975年ごろ
1985年ごろ
2000年
2022年 (令和4)

よく出る

(3) 昔からのぎじゅつで作られる工芸品を何といいますか。　(　　　　　)

2 小石原焼ができるまで　**次のカードは、小石原焼ができるまでをしめしています。①〜④にあてはまる作業を、あとからそれぞれ選びましょう。**　1つ5〔20点〕

①(　　)　②(　　)　③(　　)　④(　　)

① → ろくろに練りつけ、形を作っていく。 → ぬのやかわ、へらで形を整える。 → ② → もようを入れる。 → ③ → ④ → かまで焼く。

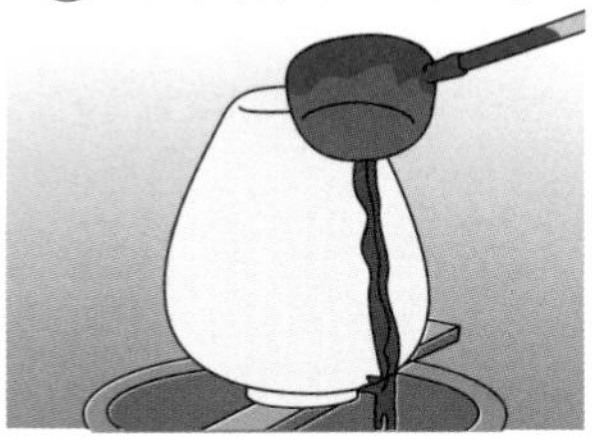
㋐ ゆう薬をかける。

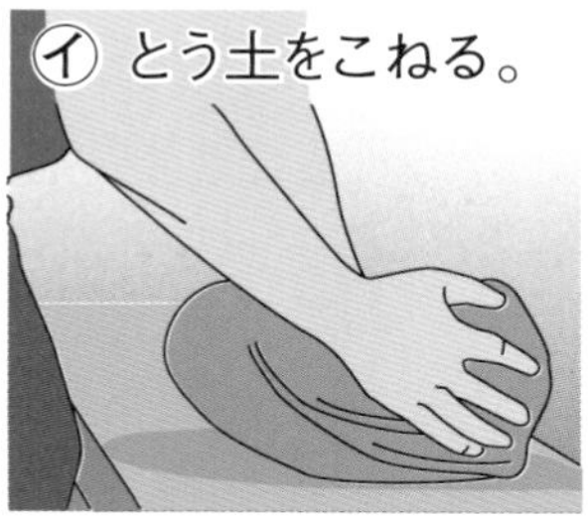
㋑ とう土をこねる。

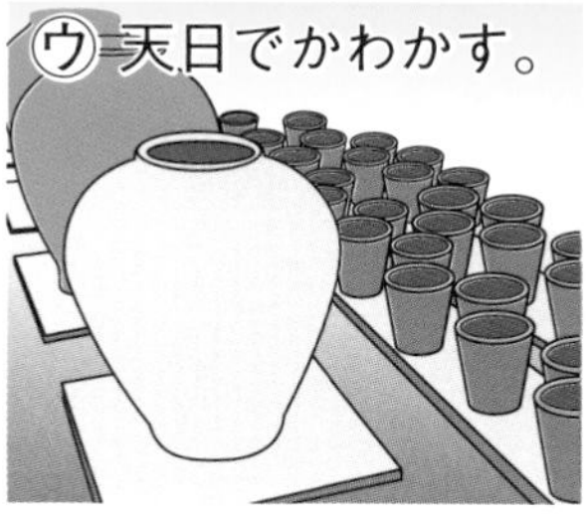
㋒ 天日でかわかす。

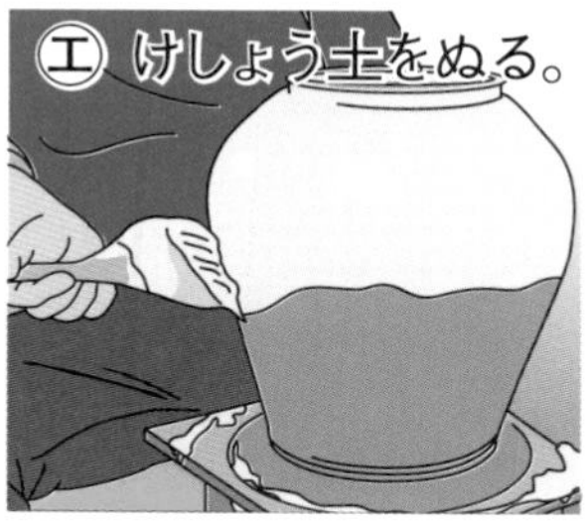
㋓ けしょう土をぬる。

3 小石原焼を広める　次の問いに答えましょう。

1つ5〔30点〕

(1)　次の文のうち、東峰村の人口について、右の**グラフ**からわかること２つに○を書きましょう。

㋐（　　　）男性よりも女性のほうが多い。

㋑（　　　）2000年には3000人以下になった。

㋒（　　　）1970年から1980年よりも、1980年から1990年のほうが大きくへっている。

㋓（　　　）1960年から2023年までの間に、半分以下にへった。

東峰村の人口の変化

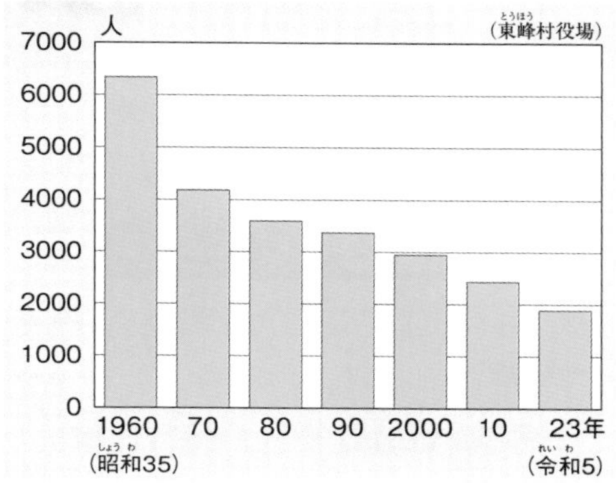

人
（東峰村役場）
7000
6000
5000
4000
3000
2000
1000
0
1960
（昭和35）
70
80
90
2000
10
23年
（令和5）

(2)　次の文の□にあてはまる言葉を、あとの□からそれぞれ選びましょう。

①（　　　　　　　）　②（　　　　　　　）

● わかい人の数がへって[①]が進み、[②]のいないかま元がふえた。

高れい化　　あとつぎ　　外国人　　展示会

[思考] (3)　右の[あ]・[い]の製品のうち、新しく作られるようになったものはどちらですか。また、その製品を選んだ理由を、「好み」「必要」という言葉を使って書きましょう。

[あ]

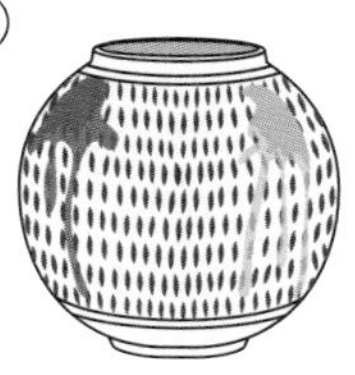

[い]

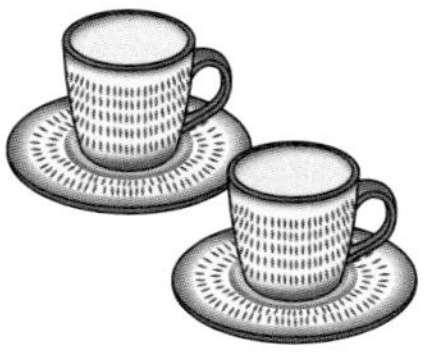

記号（　　　）

理由（　　　　　　　　　　　　　　　　　　　　　　　　　　　　）

4 東峰村と焼き物づくり　次の問いに答えましょう。

1つ5〔20点〕

(1)　東峰村で焼き物づくりがさかんなわけについて、次の文のうち、焼き物そのもののよさには○を、焼き物づくりにてきした場所のよさには△を書きましょう。

①（　　　）昔からのぎじゅつが高く評価されている。

②（　　　）焼き物を作るのに必要な材料が地域で手に入る。

③（　　　）本や外国の展示会で評価されている。

[よく出る] (2)　次のうち、焼き物づくりをさらにさかんにするために大切なこととして、あやまっているもの１つに×を書きましょう。

㋐（　　　）
わかい人に、焼き物づくりのよさを知ってもらうこと。

㋑（　　　）
さまざまな立場の人が、協力し合っていくこと。

㋒（　　　）
よりたくさんの焼き物が作れる機械を発明すること。

勉強した日　　月　　日

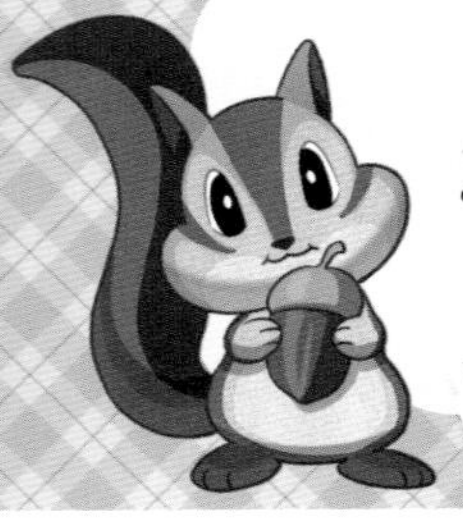

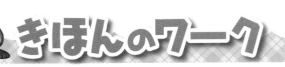

2　昔のよさを未来に伝えるまちづくり①

もくひょう
太宰府に多くの人がおとずれるわけについて考えてみよう。

おわったらシールをはろう

きほんのワーク

教科書 176～179ページ　答え 18ページ

1 昔のものが多く残る太宰府市

（　　）にあてはまる言葉を［　　］から書きましょう。

よみトク！ 地図

①（　　　　　　）がいくつもある。

②（　　　　　　）では、昔から続く祭りが行われる。

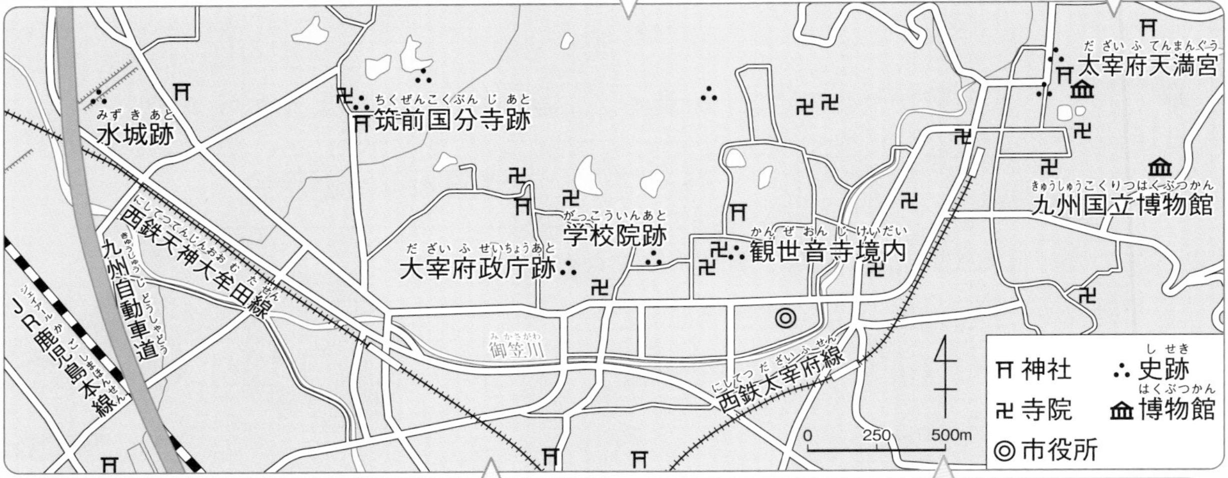

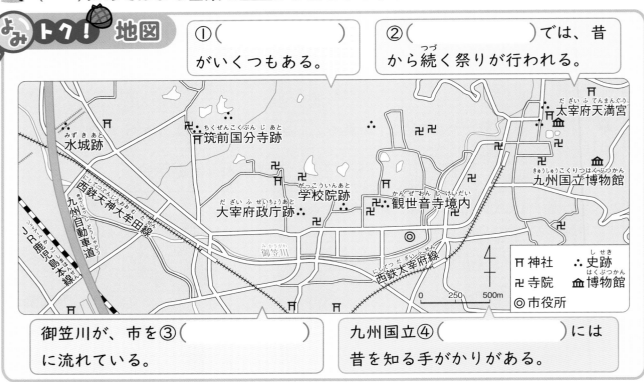

御笠川が、市を③（　　　　　　）に流れている。

九州国立④（　　　　　　）には昔を知る手がかりがある。

［博物館　　東西　　太宰府天満宮　　史跡］

2 昔からひらかれていた太宰府市

（　　）にあてはまる言葉を［　　］から書きましょう。

●太宰府政庁は、約1300年前におかれた⑤（　　　　　　）の役所で、今の中国や⑥（　　　　　　）の人々と交流する仕事を行っていた。

●太宰府天満宮は、「学問の神様」である⑦（　　　　　　）をまつる神社である。毎年３月に⑧（　　　　　　）を行うなど、太宰府に昔から伝わる⑨（　　　　　　）や行事を守っている。

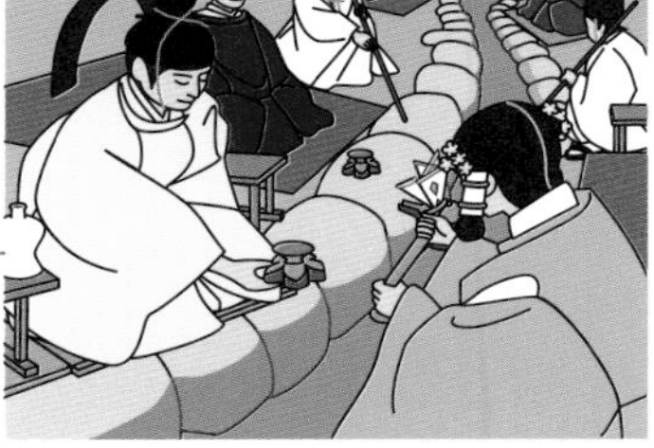

［文化財　　朝鮮半島　　曲水の宴　　菅原道真　　国］

しゃかいか工場
菅原道真は、都（今の京都府）の朝廷で政治を行っていたが、太宰府に追いやられたよ。「東風吹かば　匂ひおこせよ　梅の花　主なしとて　春を忘るな」という歌をよんだんだ。

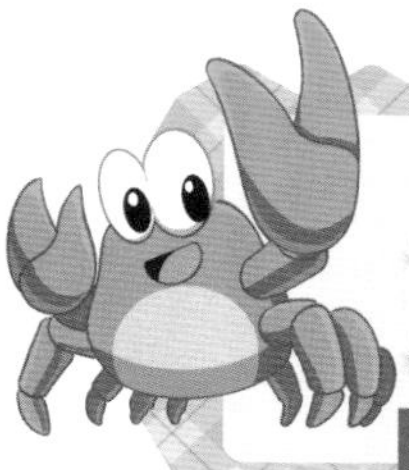

練習のワーク

できた数　／9問中　おわったらシールをはろう

教科書 176〜179ページ　答え 18ページ

1 次の問いに答えましょう。

(1) 太宰府市にある文化財を、次からすべて選んで○を書きましょう。

㋐(　　　)北九州空港　㋑(　　　)太宰府天満宮
㋒(　　　)大宰府政庁跡　㋓(　　　)九州国立博物館

(2) 次の文のうち、右の**グラフ**について、正しいもの２つに○を書きましょう。

㋐(　　　)７年間で最も太宰府市をおとずれる人が少ないのは2014年である。
㋑(　　　)７年間で最も太宰府市をおとずれる人が多いのは2017年である。
㋒(　　　)2019年に太宰府市をおとずれる人は800万人をこえている。
㋓(　　　)2013年より2019年のほうが、太宰府市をおとずれる人はへっている。

太宰府市をおとずれる人の数の変化

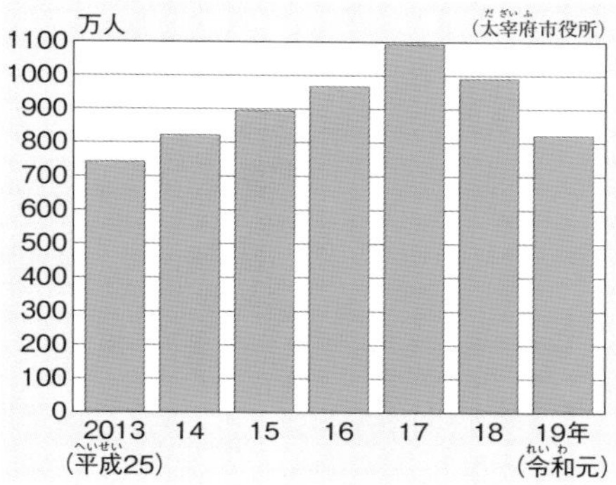

2 次の問いに答えましょう。

(1) 右の**写真**を見て、次の文の□にあてはまる言葉を、あとの□からそれぞれ選びましょう。

①(　　　　)　②(　　　　)　③(　　　　)

● 写真は、大宰府政庁跡に建つ[①]で、昔、この場所に[②]との交流を行う[③]の役所があったことをしめしている。

国　外国　城　石碑

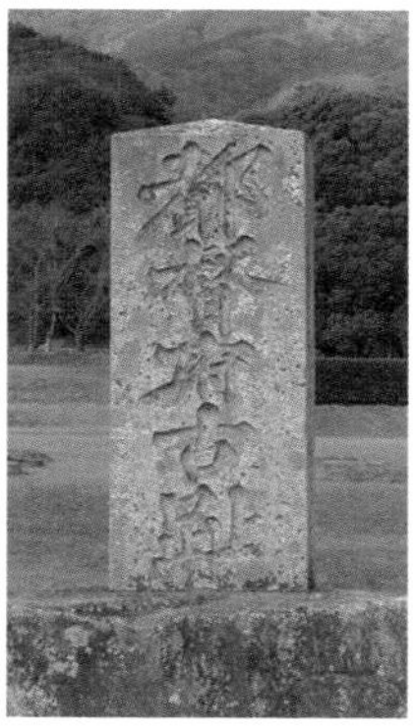

(2) 太宰府天満宮にまつられている菅原道真は何の神様とされていますか。次から選びましょう。(　　　)

㋐ 芸能の神様　㋑ 戦いの神様　㋒ 海の神様　㋓ 学問の神様

(3) 次の文のうち、太宰府市について正しいもの１つに○を書きましょう。

㋐(　　　)昔の太宰府の様子を、今に伝える文化財や行事を守っている。
㋑(　　　)今の太宰府の自然を守るために、土地の開発に力を入れている。
㋒(　　　)今の太宰府の産業を発展させるために、大きな祭りを行っている。
㋓(　　　)昔の太宰府を現代的な都市に変えるための努力をしている。

ポイント 太宰府には多くの史跡や文化財がある。

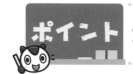

2 昔のよさを未来に伝えるまちづくり②

もくひょう
地域に昔からあるものを守る取り組みについて見てみよう。

おわったらシールをはろう

きほんのワーク

教科書 180〜187ページ 答え 18ページ

1 昔のものが守られるまでには／太宰府のよさを守るために

✏ （　　）にあてはまる言葉を　　から書きましょう。

よみトク！地図

史跡の指定地域
∴ 史跡
0　　1km
大宰府政庁跡
太宰府天満宮
太宰府市役所◎

●大宰府政庁跡のまわりの地域では、広いはんいが
①（　　　　　　　　　）に指定されている。

◆この地域を開発して住宅地にする計画が立てられたときに、②（　　　　　　　　　）が調査をした。

調査で史跡に指定されると、土地が自由に使えなくなるから、調査に反対する住民もいたんだって。

◆調査の結果、昔のかわらや道具がたくさん発見された。➡住民が、土地を③（　　　　　　　　　）から守り、保存することの大切さに気づいた。

●天満宮の参道の④（　　　　　　　　　）を守る取り組み…参道を通る電線を地下にうめたり、建物の⑤（　　　　　　　　　）をおさえ、落ちついた色にしたりした。
●地域が守り伝えてきた文化を市民遺産に認定して、地域で協力して守っている。
●太宰府は国の文化庁から、⑥（　　　　　　　　　）に認定された。

| 景観 | 日本遺産 | 高さ | 史跡 | 開発 | 国 |

2 未来に伝えたい太宰府のよさ／太宰府市の発展を願って

✏ （　　）にあてはまる言葉を　　から書きましょう。

●外国の人に太宰府のよさを伝える取り組み
　◆中国から来た観光客に、中国語でガイドをする⑦（　　　　　　　　　）活動を行う。
　　➡おたがいの文化のよさを理解し合う機会にもなっている。
●太宰府の新たなみりょくをしょうかいする取り組み
　◆多くの⑧（　　　　　　　　　）がおとずれる太宰府天満宮などから少しはなれた場所にあるお寺で、食事や⑨（　　　　　　　　　）を楽しむイベントを開く。

観光客
音楽
ボランティア

しゃかいか工場 大宰府につとめていた役人が、うめの花についてよんだ歌が「万葉集」という歌集におさめられたんだ。その歌について書かれた文をもとに「令和」という元号がつけられたよ。

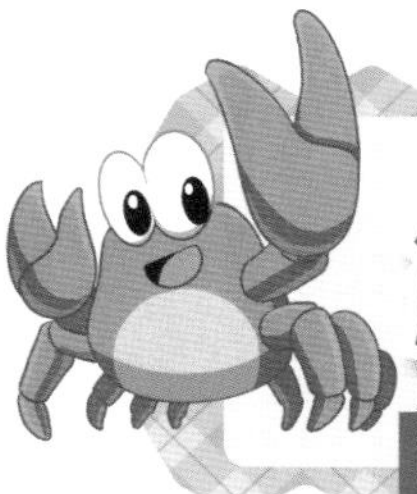

練習のワーク

教科書 180〜187ページ　答え 18ページ

できた数　／11問中　　おわったらシールをはろう

1 次の問いに答えましょう。

(1) 次の文のうち、大宰府政庁跡の近くの土地を開発するときに、国が調査を行った理由として正しいもの１つに○を書きましょう。

㋐(　　　)住宅地にするときに、土地がよごれていたらいけないから。

㋑(　　　)重要な史跡や文化財が、多くふくまれているかもしれないから。

㋒(　　　)開発を進めて、そのまわりの自然がはかいされたらいけないから。

(2) 右の絵を見て、次のうち、太宰府市周辺の史跡から出土したものには○を、太宰府市の市民遺産にあてはまるものには△を、どちらにもあてはまらないものには×を書きましょう。

①(　　　)おにがわら

②(　　　)梅ヶ枝もち

③(　　　)木簡

④(　　　)八朔の千灯明

⑤(　　　)昔の中国でつくられたとされる筒

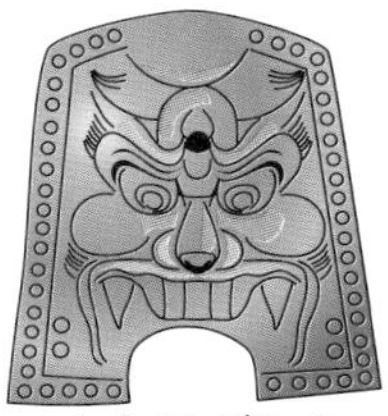

▲おにがわら
史跡から出土

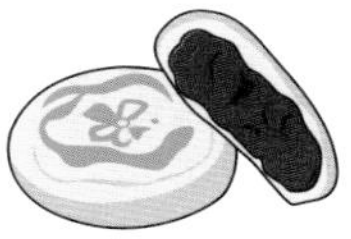

▲梅ヶ枝もち
太宰府の名物

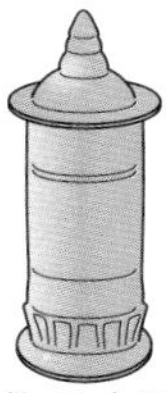

▲昔の中国でつくられたとされる筒
史跡から出土

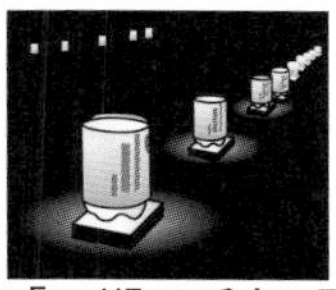

▲「八朔の千灯明」
市民遺産の１つ

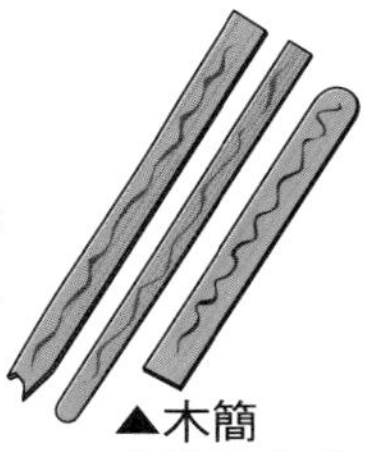

▲木簡
史跡から出土

2 次の問いに答えましょう。

(1) **資料２**を見て、この案内に書かれているもよおしが開かれた場所を、**資料１**中の㋐〜㋒から選びましょう。

(　　　)

資料１

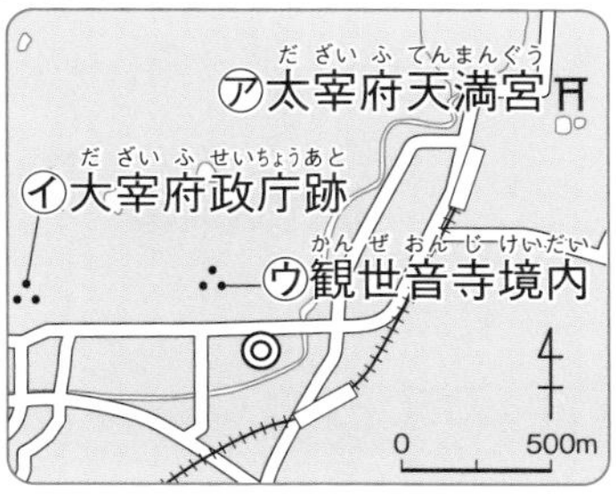

資料２

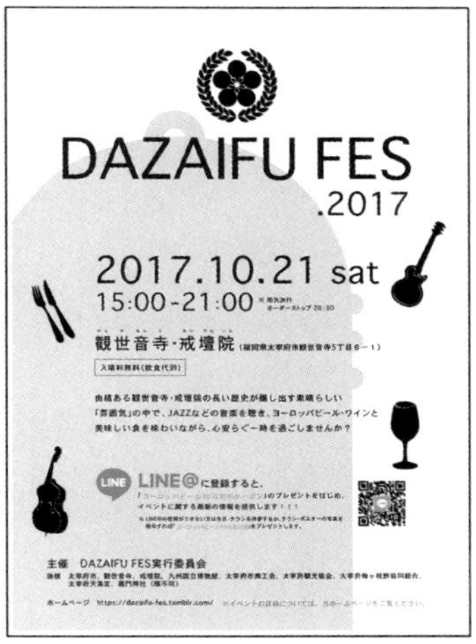

(2) 次の文のうち、太宰府のよさを外国の人に伝える取り組みには○を、太宰府市の中心となる観光地以外のよさを伝える取り組みには△を書きましょう。

①(　　　)中国からの観光客に文化や歴史を伝える。

②(　　　)寺の中で音楽会をひらく。

③(　　　)寺のしき地内で食事を楽しむもよおしを行う。

④(　　　)外国からの観光客に外国語でガイドをするボランティア活動を行う。

ポイント 多くの人の協力で太宰府のよさが守られている。

勉強した日　　月　　日

2　自然を生かしたまちづくり

もくひょう
地域の自然を守り生かす取り組みについて考えてみよう。

おわったら シールを はろう

きほんのワーク

教科書 188〜199ページ　答え 19ページ

1 海と山にかこまれた岡垣町／アカウミガメを守る地域の人々／自然のよさを生かしたびわづくり

（　　）にあてはまる言葉を □ から書きましょう。

よみトク！ 地図

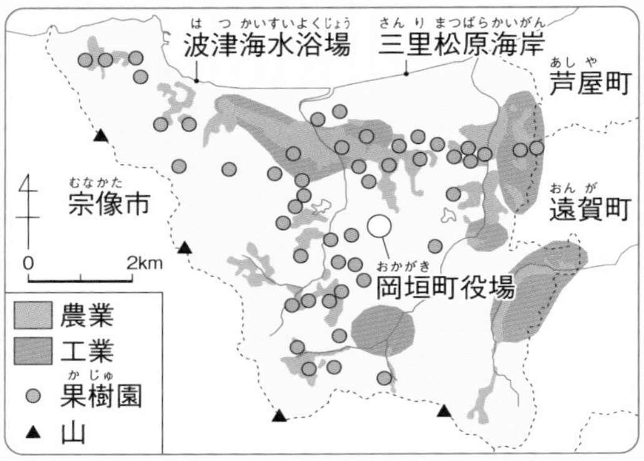

波津海水浴場
三里松原海岸
芦屋町
宗像市
遠賀町
0
2km
岡垣町役場
農業
工業
果樹園
山

●岡垣町は、町の①（　　　　　）側に海、西側と南側に山があり、南北に川が流れている。

◆海がきれいで、②（　　　　　）が産卵にやってくる。

●岡垣町全体に、③（　　　　　）が広がっている。

◆果物の④（　　　　　）が、岡垣町の特産物になっている。

●アカウミガメのたまごを守る取り組み…アカウミガメの産卵場所に⑤（　　　　　）を立てたり、地域の人が集まって、海岸の清掃活動を行ったりしている。

●びわ農家は、⑥（　　　　　）が多くなり、びわの生産量がへっている。➡びわ農家を育てる取り組みを行う。

アカウミガメは、絶滅してしまうかもしれない動物なんだ。

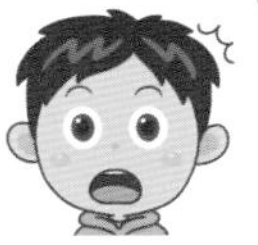

果樹園	防護さく	高れい者	びわ	アカウミガメ	北

2 「海がめもかえる町」のまちづくり／岡垣町の発展を願って

（　　）にあてはまる言葉を □ から書きましょう。

●給食の調理に使ったあとの⑦（　　　　　）を回収して、⑧（　　　　　）をつくる。➡油を川や海に流さないようにして、アカウミガメが来るきれいな海を守る。

●「かめさんクッキー」や、町の⑨（　　　　　）であるびわの葉から作ったお茶やジャムなどを売っている。

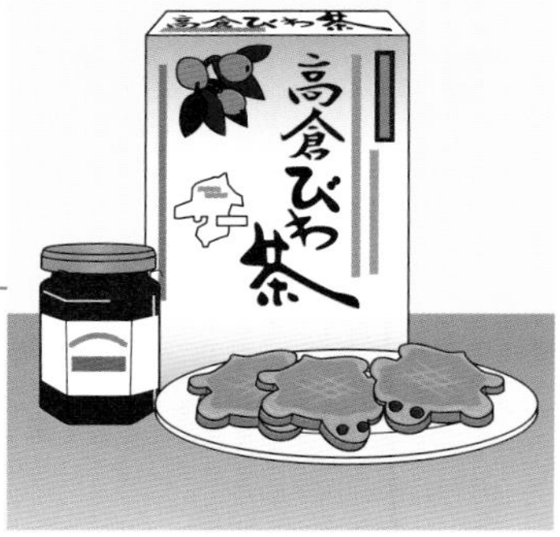

高倉びわ茶

石けん	食用油	特産物

しゃかいか工場　岡垣町のイメージキャラクターは、「びわりん&びわすけ」というよ。いろいろなデザインがあって、町の特産物であるびわを広く伝えるのに使われているんだね。

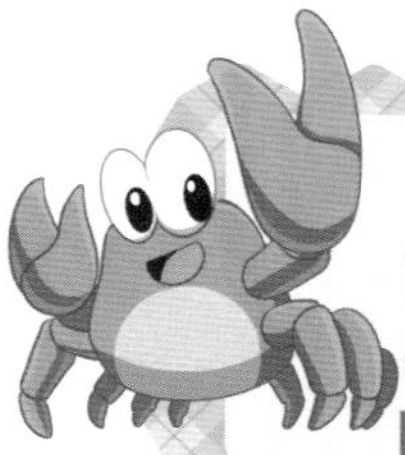

練習のワーク

教科書 188〜199ページ　答え 19ページ

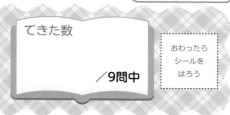

できた数　／9問中　おわったらシールをはろう

1 次の問いに答えましょう。

(1) 次の文のうち、岡垣町にアカウミガメが産卵しに来る理由として、正しいもの２つに○を書きましょう。

㋐(　　　)地域の人々がアカウミガメのことを気にしていないから。

㋑(　　　)産卵しやすいはばの広いすなはまがあるから。

㋒(　　　)産卵にてきしたあたたかい海があるから。

㋓(　　　)海岸がたくさんの人でにぎわっているから。

(2) 岡垣町のびわづくりについて、次の問いに答えましょう。

① 次の文の□にあてはまる言葉を、それぞれ漢字２字で書きましょう。

> きれいな海やびわづくりにてきした岡垣町の[あ]環境は、地域の人が[い]し合って守っている。

[あ](　　　　　　)
[い](　　　　　　)

② 次の文のうち、右のグラフのように、岡垣町でのびわの生産量がへっている理由として、正しいもの２つに○を書きましょう。

㋐(　　　)びわづくりの作業は大変だから。

㋑(　　　)新しい農産物の畑に変えたから。

㋒(　　　)びわを食べる人がふえたから。

㋓(　　　)びわ農家の多くが高れい者だから。

高倉びわの生産量

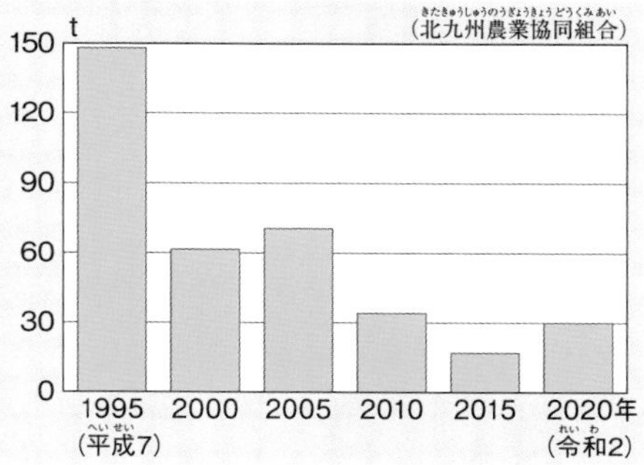

2 岡垣町について、次の問いに答えましょう。

(1) 次の文の□にあてはまる言葉を書きましょう。

①(　　　　　　)　②(　　　　　　)

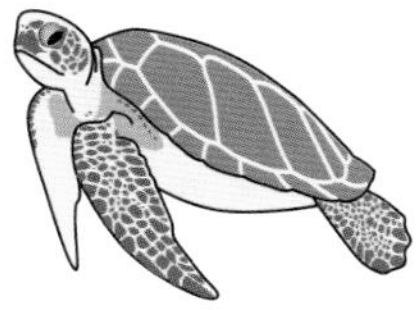

● 「[①]もかえる町」が町のキャッチコピーで、きれいな[②]を守るために、使った食用油を、石けんに作りかえている。

(2) 次の文のうち、岡垣町の特ちょうとして正しいもの１つに○を書きましょう。

㋐(　　　)自動車などの機械をつくる工業がさかんである。

㋑(　　　)びわなどの果物づくりがさかんで、自然を大切にしている。

㋒(　　　)昔から伝わる伝統を大切にする人たちがいる。

㋓(　　　)外国の人たちとの交流をさかんに行っている。

ポイント 岡垣町には自然のよさと人々の協力のよさがある。

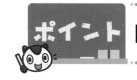

まとめのテスト

2　昔のよさを未来に伝えるまちづくり
◆　2　自然を生かしたまちづくり

とく点

/100点

おわったら
シールを
はろう

時間
20分

教科書　176〜199ページ　　答え　19ページ

1　太宰府の様子　**次の地図を見て、あとの問いに答えましょう。**　1つ5〔35点〕

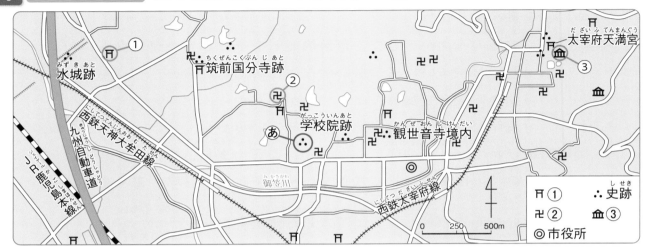

よく
出る

(1)　**地図**中の①〜③の地図記号は何をしめしていますか。

①（　　　　　）　②（　　　　　）　③（　　　　　）

(2)　史跡をしめす記号は、**地図**中にいくつありますか。　（　　　　　つ）

(3)　**地図**中にあでしめした ∴ について、次の文の{　　}にあてはまる言葉に○を書きましょう。

● あがしめす①{ 大宰府政庁跡　九州国立博物館 }は、約1300年前におかれた国の役所で、今の②{ 中国や朝鮮半島　アメリカやヨーロッパ }から来た客をもてなしたり、福岡県のある③{ 中国地方　九州地方 }を広くおさめるはたらきをしたりしていた。

2　太宰府のよさを守る　**次の問いに答えましょう。**　1つ5〔20点〕

記述

(1)　国が土地の調査を行うことに反対する住民がいたのはなぜですか。「史跡に指定されると」に続けて、簡単に書きましょう。

● 史跡に指定されると、（　　　　　　　　　　　　　　　）

(2)　太宰府天満宮の参道の景観について、右の**写真**を見て、次の文の □ にあてはまる言葉を書きましょう。

①（　　　　　）②（　　　　　）③（　　　　　）

● 参道の景観を守るため、電線を ① にうめ、参道のまわりの建物の ② をおさえ、建物の ③ を落ち着いたものにするなどのルールをもうけた。

3 岡垣町の自然 **次の地図を見て、あとの問いに答えましょう。**

地図1　岡垣町の土地の様子と土地利用

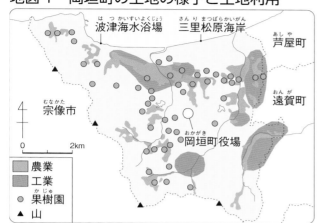

地図2　びわ畑のある場所と岡垣町の地形

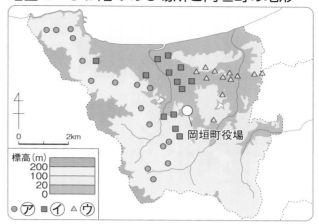

(1) **地図1**について、次の文の{ }にあてはまる言葉に○を書きましょう。

● 町役場が町の①{ 中央　東のはし }にあり、工業は町の②{ 西側　東側 }でさかん。果樹園が町の③{ 全体に広がっている　一部に集中している }。

(2) 岡垣町役場がある土地の高さを、次から選びましょう。　　　（　　　　）

㋐　0〜20m　　㋑　20〜100m　　㋒　100〜200m　　㋓　200m以上

(3) アカウミガメを守る活動として、あやまっているもの1つに×を書きましょう。

㋐（　　）アカウミガメが産卵するすなはまの清掃活動を行っている。

㋑（　　）海岸に、車が走れる場所をふやしている。

㋒（　　）アカウミガメが産卵する場所に防護さくを立てている。

㋓（　　）使った後の食用油を川や海に流さず、石けんにしている。

(4) 次の文を読んで、びわ畑の場所を**地図2**の㋐〜㋒から選びましょう。（　　　　）

びわづくりにてきしているのは、町の西側にある山のしゃ面である。

(5) 右の**グラフ**を見て、次の問いに答えましょう。

① 2020年のびわ畑の面積は約何haですか。

（　約　　　　　ha　）

② びわ畑の面積をふやすための取り組みとして、あやまっているもの1つに×を書きましょう。

㋐（　　）びわ農家を育てるえん助をする。

㋑（　　）びわ畑を町が広げて管理する。

㋒（　　）びわづくりをしたい人をつのる。

㋓（　　）小学生にびわづくりを体験してもらう。

びわ畑の面積

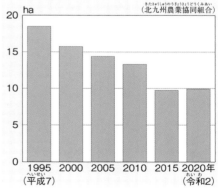

(6) 右のようなイメージキャラクターがつくられた目的を「びわ」「産地」という言葉を使って書きましょう。

（　　　　　　　　　　　　　　　　　　　　　　）

岡垣町イメージキャラクターびわりん&びわすけ

勉強した日 ▶ 　月　　日

もくひょう
外国との交流がさかんな地域の特ちょうを見てみよう。

おわったらシールをはろう

きほんのワーク

教科書 200〜205ページ　　答え 20ページ

① 多くの人がおとずれる福岡市／二つのげんかん

✎（　　）にあてはまる言葉を ▢ から書きましょう。

●福岡市で開かれる①（　　　　　　　　）の国際大会では外国から来た選手（せんしゅ）も走る。

●福岡市では、スポーツを通した②（　　　　　　　　）や、大型（おおがた）しせつでの③（　　　　　　　）が行われる。

●福岡市には、大型船が入れる④（　　　　　　　　）や、飛行機（ひこうき）に乗れる⑤（　　　　　　　）がある。また、⑥（　　　　　　）や韓国が近く、行き来しやすいことも、外国の人が多い理由である。

福岡市と飛行機や船でつながる主な国や地域（ちいき）

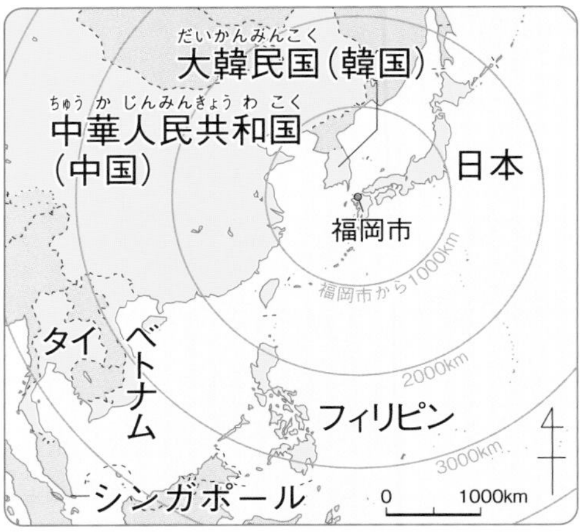

大韓民国（韓国）（だいかんみんこく）
中華人民共和国（中国）（ちゅうかじんみんきょうわこく）
日本
福岡市
福岡市から1000km
2000km
3000km
タイ
ベトナム
フィリピン
シンガポール
0　　1000km

| 博多港（はかたこう） | 中国（ちゅうごく） | 福岡空港 | 国際交流（こくさい） | 国際会議（かいぎ） | マラソン |

② アジアの中の福岡市

✎（　　）にあてはまる言葉を ▢ から書きましょう。

よみトク！ 地図

中国や韓国など⑦（　　　　　　）の国々と交流がさかん。

（　）の中は国名

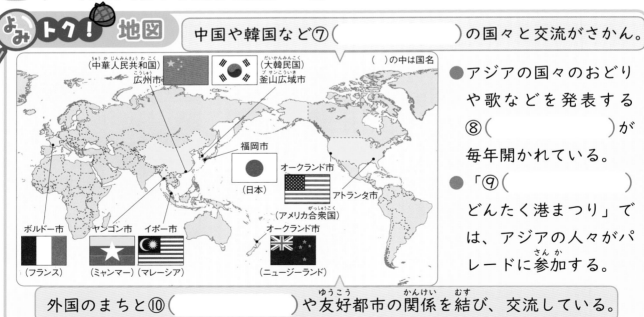

（中華人民共和国）（ちゅうかじんみんきょうわこく）広州市（こうしゅうし）
（大韓民国）（だいかんみんこく）釜山広域市（プサンこういき）
福岡市（日本）
オークランド市
アトランタ市
（アメリカ合衆国）（がっしゅうこく）
ボルドー市（フランス）　ヤンゴン市（ミャンマー）　イポー市（マレーシア）
オークランド市（ニュージーランド）

●アジアの国々のおどりや歌などを発表する⑧（　　　　　　）が毎年開かれている。

●「⑨（　　　　　　）どんたく港まつり」では、アジアの人々がパレードに参加（さんか）する。

外国のまちと⑩（　　　　　　　）や友好（ゆうこう）都市の関係（かんけい）を結（むす）び、交流している。

| 博多 | 姉妹都市 | アジア | アジアンパーティ |

しゃかいか工場　福岡空港は、外国人の出入国する人数が日本の全部の空港の中でも第4位で、その中でも、韓国や中国などのアジアからの外国人が多いことが特ちょうだよ。

練習のワーク

教科書 200～205ページ 答え 20ページ

できた数

／9問中

おわったら
シールを
はろう

1 次の問いに答えましょう。

(1) 右の**地図**を見て、次の話の{ }にあてはまる言葉に○を書きましょう。

博多港から①{ 中国 韓国 }のプサン(釜山)市に行くには、②{ 船 飛行機 }に乗るよ。

博多港からプサン(釜山)市へは、だいたい③{ 3 12 }時間くらいで行けるよ。

福岡市と飛行機や船でつながる主な国や地域

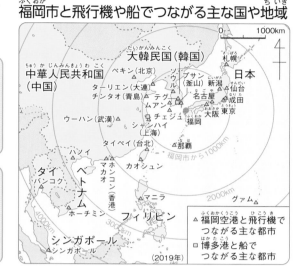

(2) 右の**表**を見て、次の文にあてはまる人の数が最も多い国の名前を書きましょう。

① 飛行機で入国した。

( )

② 船で入国した。

( )

福岡空港から入国した外国人の数
(2019年 法務省)

韓国	1057845
中国	775515
タイ	58056
フィリピン	44789
マレーシア	36225
その他	169526

博多港から入国した外国人の数
(2019年 法務省)

中国	450037
韓国	81499
アメリカ	4657
イギリス	2895
カナダ	1652
その他	11810

2 次の問いに答えましょう。

(1) 次のうち、国際交流を目的としている行事として、正しいもの1つに○を書きましょう。

㋐( )おにすべの祭り　　　㋑( )曲水の宴

㋒( )アジアンパーティ　　㋓( )民陶むら祭

(2) 次の国旗にあてはまる国の名前を、右の からそれぞれ選びましょう。

①( )　②( )　③( )

アメリカ
中国
フランス

ポイント 福岡市では、アジアの国々との交流がさかん。

91

勉強した日　　月　　日

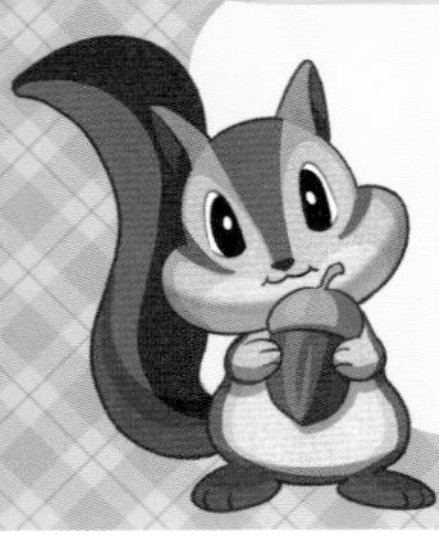

3　国際交流がさかんなまちづくり②

もくひょう
外国の人々と交流するために大切なことは何か考えよう。

おわったら シールを はろう

きほんのワーク

教科書 206〜211ページ　答え 20ページ

1 交流を続けていくために／世界との交流の輪が広がることを願って

（　　）にあてはまる言葉を□から書きましょう。

●毎年、外国の子どもが福岡(ふくおか)市で①（　　　　　）をして、交流を深めている。

●福岡市内の小学校が、福岡市の②（　　　　　）にある学校と姉妹校となり、交流している。

●外国の人の③（　　　　　）を知り、自分たちとちがうところがあることを知ることが大切である。

◆④（　　　　　）教の人は、食べ物にきまりがあるため、市が、食事のできる店をガイドマップにした。

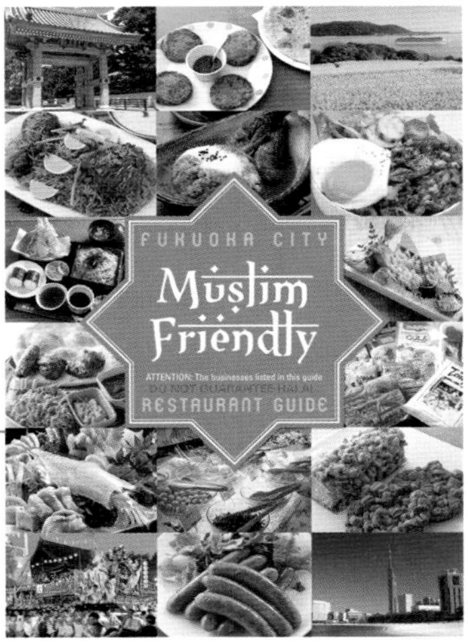

●柳川(やながわ)市では、日本語で会話したい人のためのバッジをつくり、バッジをつけた⑤（　　　　　）にすすんで話しかけるよう、地域(ちいき)の人によびかけている。

姉妹都市	イスラム	観光客(かんこう)	ホームステイ	生活習慣(しゅうかん)

2 自分たちの県を外国の人にしょうかいしよう

（　　）にあてはまる言葉を□から書きましょう。

●福岡県の白地図や写真、イラストなどを使って、⑥（　　　　　）をつくる。

よみトク！資料

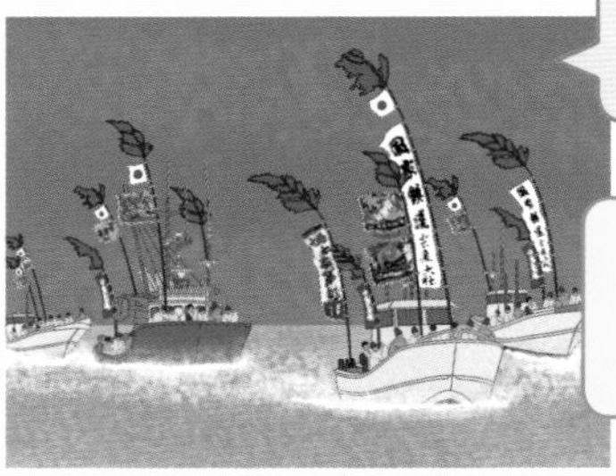

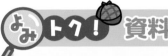

宗像(むなかた)市で受けつがれる⑦（　　　　　）

⑧（　　　　　）の博多人形(はかたにんぎょう)と久留米絣(くるめがすり)

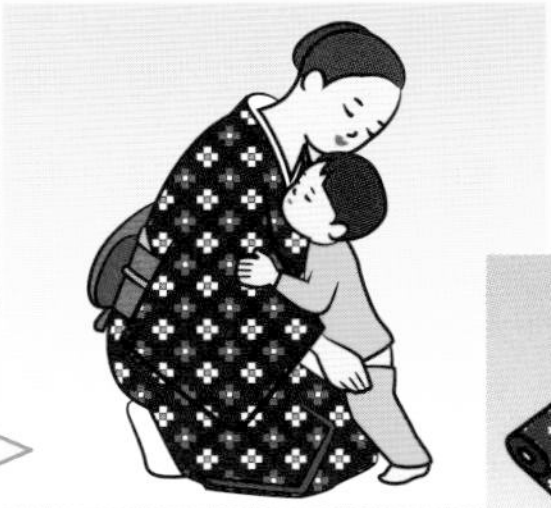

博多人形

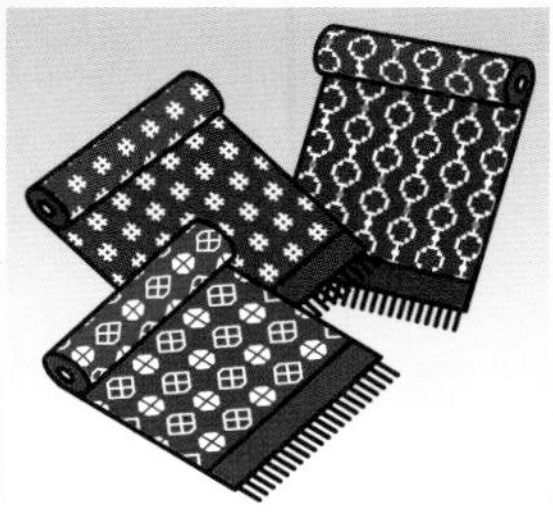

久留米絣

●福岡県について調べたことをふり返る。

◆⑨（　　　　　）には史跡(しせき)や文化財(ぶんかざい)が多い。

◆⑩（　　　　　）で焼(や)き物づくりがさかん。

太宰府市(だざいふ)	東峰村(とうほう)	みあれ祭	ガイドマップ	伝統的工芸品(でんとうてきこうげいひん)

しゃかい工場
イスラム教では、ぶた肉を食べてはいけないなど、食べ物に決まりがあるんだ。イスラム教の人が食べられる食事をハラールフードというよ。

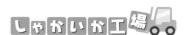

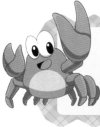

練習のワーク

教科書 206〜211ページ　答え 20ページ

できた数 ／10問中

おわったら シールを はろう

1 次の問いに答えましょう。

(1)　右の資料(しりょう)を見て、外国の人のための取り組みとして正しいもの２つに○を書きましょう。

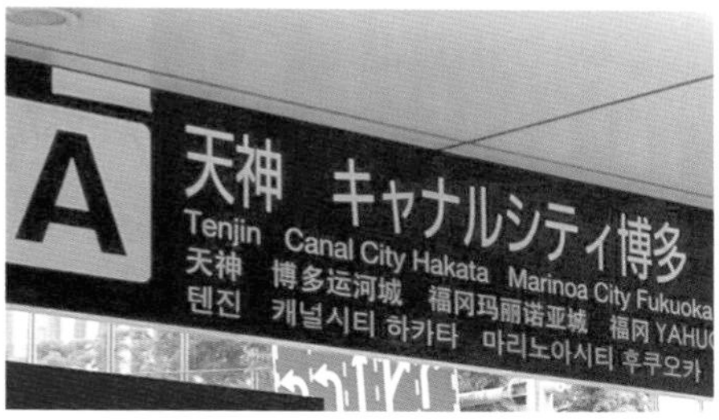

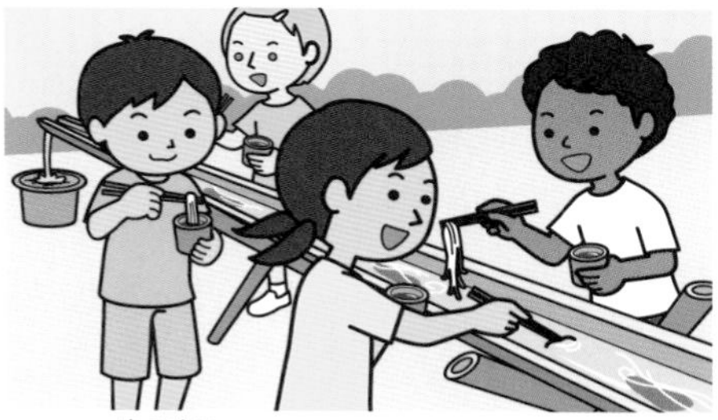

㋐(　　　)バスのりばの案内(あんない)を、外国語でも書いている。

㋑(　　　)外国の人だけが利用(りよう)できるバスをつくっている。

㋒(　　　)ホームステイをしている外国の子どもたちに、日本の文化を教えている。

㋓(　　　)文化のちがいを考えて、日本の文化を教えないようにしている。

(2)　次の文のうち、福岡市(ふくおかし)と外国とのきょりが近いことの説明(せつめい)には○、福岡市に外国の人のための取り組みがあることの説明には△を書きましょう。

①(　　　)韓国(かんこく)のプサン（釜山）市まで、高速船で３時間で着く。

②(　　　)毎年、外国の子どもが福岡市に来て、ホームステイをする。

③(　　　)地域(ちいき)の人たちと外国から来た人たちとの交流会が開かれる。

④(　　　)アジアの国々、特(とく)に中国(ちゅうごく)や韓国からの観光(かんこう)客が多い。

2 次の問いに答えましょう。

(1)　次の文のうち、福岡市の特ちょうにあてはまるもの１つに○を書きましょう。

㋐(　　　)山のしゃ面などを生かして果物(くだもの)づくりがさかんに行われている。

㋑(　　　)古い文化財(ぶんかざい)や史跡(しせき)が多く残(のこ)り、それらが大切に守られている。

㋒(　　　)外国の人々が集まる国際会議(こくさいかいぎ)が多く開かれている。

(2)　次の伝統的工芸品(でんとうてきこうげいひん)がある福岡県の市町村を、右の［　　］からそれぞれ選(えら)びましょう。

①(　　　　　　)　②(　　　　　　)　③(　　　　　　)

小石原焼(こいしわらやき)

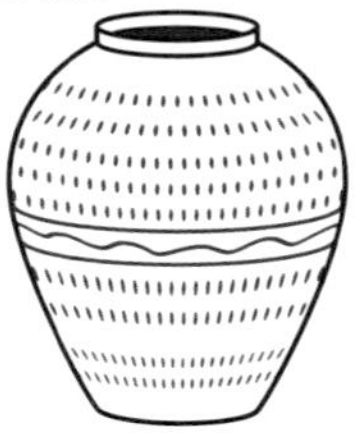

博多人形(はかたにんぎょう)

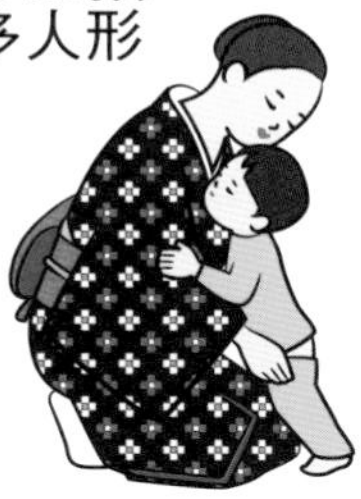

久留米絣(くるめがすり)

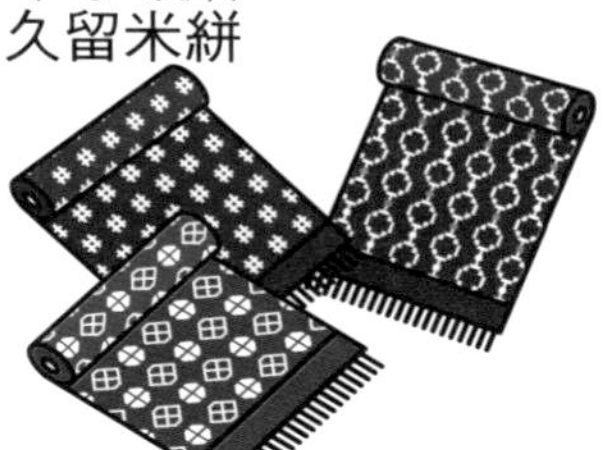

久留米市
東峰村(とうほうむら)
福岡市

ポイント　国際交流では、おたがいをわかり合うことが大切。

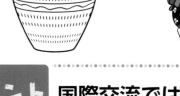

まとめのテスト

3 国際交流がさかんなまちづくり

とく点

/100点

おわったら
シールを
はろう

教科書 200〜211ページ　答え 20ページ

時間 20分

1 福岡市の国際交流 **次の問いに答えましょう。**

1つ5〔15点〕

(1) 福岡市で行われる国際会議の数は、国内で何番目に多いですか。右の**表**を見て書きましょう。

（　　　　　番目　）

(2) 福岡市の国際交流について、次の文の□□にあてはまる言葉を、それぞれカタカナで書きましょう。

①（　　　　　）　②（　　　　　）

● 福岡市で行われている福岡国際 ① では、外国の選手も参加している。このように、 ② を通した国際交流が行われている。

**国内の主な都市で
行われる国際会議の数**

行われる都市	件数
東京(23区)	561
神戸市	438
京都市	383
福岡市	313
横浜市	277

(2019年　日本政府観光局)

2 福岡市の位置 **右の資料を見て、次の問いに答えましょう。**

1つ5〔30点〕

(1) **表1・2**中の□□にあてはまる言葉を、次からそれぞれ選びましょう。

①（　　　　）　②（　　　　）

㋐ 福岡　　㋑ 博多
㋒ 太宰府　　㋓ 北九州

(2) **表1・2**の中の国のうち、**地図にも国名がしめされている国**はそれぞれいくつですか。

表1（　　　　　つ）

表2（　　　　　つ）

(3) 福岡市から最も近い都市を**地図中から選びましょう**。

（　　　　　　　）

記述 ▶ (4) 韓国や中国から福岡市に来る人が多い理由を、「きょり」という言葉を使って書きましょう。

（　　　　　　　　　　　　　　　　　　　　　　）

表1 ① 空港から入国
した外国人の数

韓国	1057845
中国	775515
タイ	58056
フィリピン	44789
マレーシア	36225
その他	169526

(2019年　法務省)

表2 ② 港から入国
した外国人の数

中国	450037
韓国	81499
アメリカ	4657
イギリス	2895
カナダ	1652
その他	11810

(2019年　法務省)

福岡市と飛行機や船でつながる主な国と地域

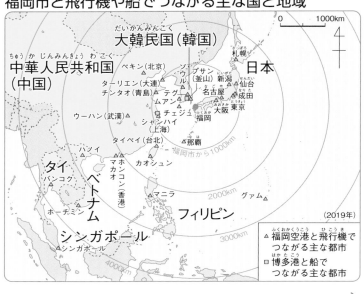

3 福岡市と外国の関係　右の地図を見て、次の問いに答えましょう。

1つ5〔30点〕

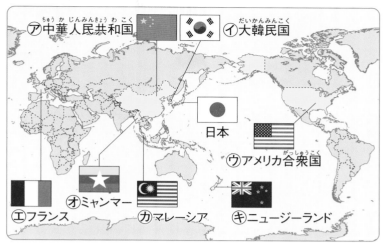

㋐中華人民共和国
㋑大韓民国
日本
㋒アメリカ合衆国
㋓フランス　㋔ミャンマー　㋕マレーシア　㋖ニュージーランド

(1) 地図中の㋐〜㋖は、福岡市と、文化交流などを目的に関係を結んでいる都市のある国です。このような都市を何といいますか。

（　　　　　　　　）

(2) アジアではない国を、地図中の㋐〜㋖から3つ選びましょう。

（　　）（　　）（　　）

(3) 右のメモを読んで、次の文の□□□にあてはまる言葉を、あとの□□□からそれぞれ選びましょう。

①（　　　　　　）　②（　　　　　　）

● 福岡市は水道や節水の高い ① を生かして、ヤンゴン市の水道工事に ② した。

> 文化　　ぎじゅつ　　協力　　反対

◆　福岡市とヤンゴン市の交流について調べた。

◆　福岡市は昔から水不足になやんできたことを生かして、ヤンゴン市との交流を深め、今も交流を続けている。

4 交流を深める　次の資料を見て、あとの問いに答えましょう。

1つ5〔25点〕

資料1

資料2
市役所の人の話

> わたしたちは、食べ物にきまりがあるイスラム教の人でも、食事のできる店をしょうかいしたガイドマップを作りました。

(1) 資料1について、次の文の（　　　　）にあてはまる言葉を書きましょう。

● 外国から来た人にもわかりやすいように、バスのりばの案内が（　　　　　）でも書かれている。

(2) 次の文のうち、資料2からわかることとして正しいものには○を、あやまっているものには×を書きましょう。

㋐（　　　）外国から来た人は、全員外国の人向けのレストランで食事をする。
㋑（　　　）ガイドマップは、地域の住民がボランティアで作っている。
㋒（　　　）国や宗教によって、食べるものなどの生活習慣がちがうことがある。

(3) 外国の人と交流するうえで、大切だと思うことを、1つ書きましょう。

（　　　　　　　　　　　　　　　　　　　　　　　　　　）

地図を使ってチャレンジ！

プラスワーク

1 都道府県は、何の形にみえるかな？

> ばらばらになった都道府県を、
> 自由に絵にしてみよう。

※　地図の縮尺は同じではありません。一部の島は省略しています。

例

愛知県は…　　　→　　　きょうりゅうにみえる！

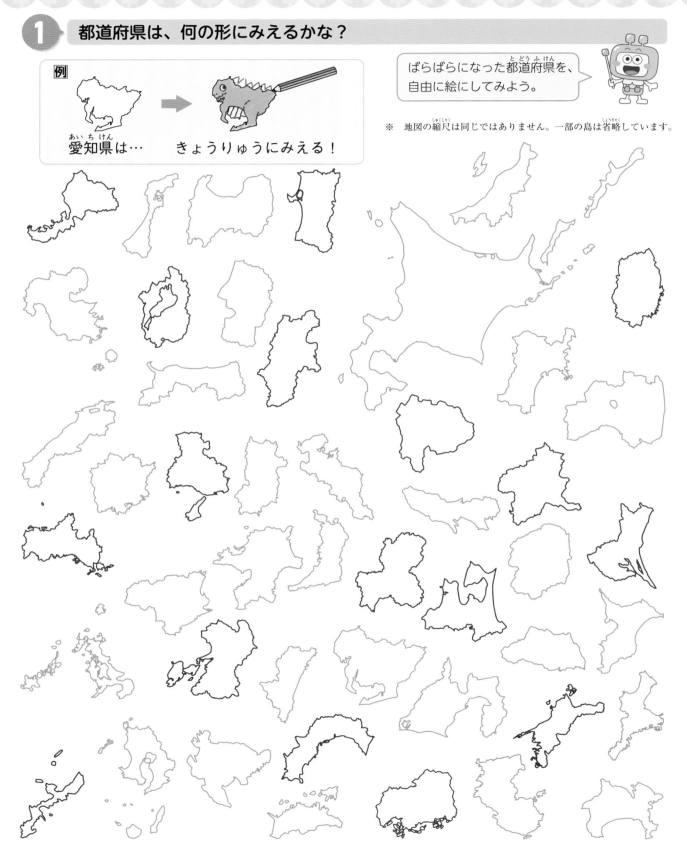

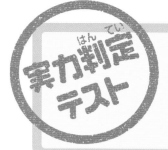

実力判定テスト

夏休みのテスト①

時間30分

名前	得点
	/100点

おわったらシールをはろう

教科書　14ページ～27ページ　答え　21ページ

県の地図を広げて①

1　次の地図を見て答えましょう。　1つ10〔50点〕

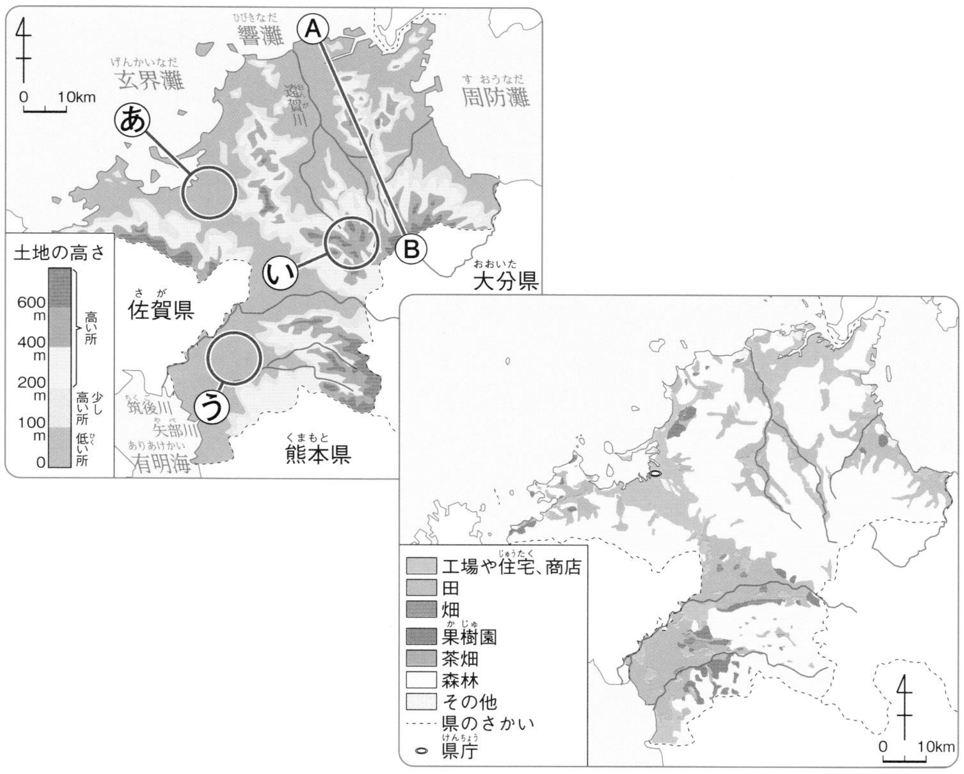

(1)　地図中のⒶ－Ⓑの土地の高さの様子をしめした図を、次から選びましょう。　(　　)

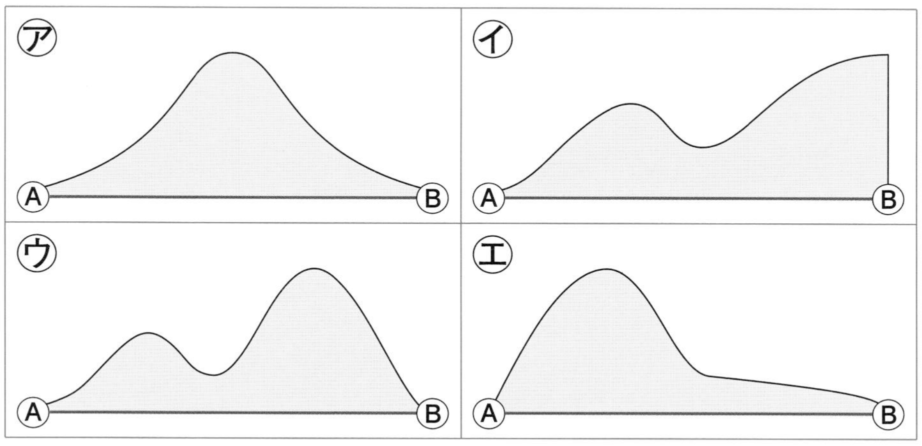

(2)　次の話は、それぞれ地図のどこにあてはまりますか。地図中のあ～うから選びましょう。

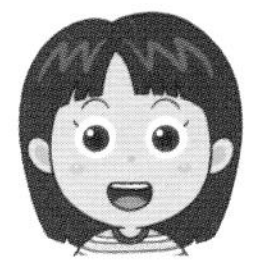
山が多くて、森林が広がっているよ。　□

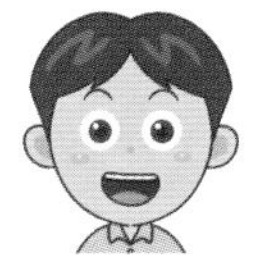
このあたりは平野になっていて、田畑が広がっているね。　□

県庁所在地があって、工場や住宅、商店がたくさんあるね。　□

(3)　県の土地利用についてわかることを、「地形」という言葉を使って簡単に書きましょう。

(　　　　　　　　　　)

県の地図を広げて②

2　次の地図を見て答えましょう。　1つ10〔50点〕

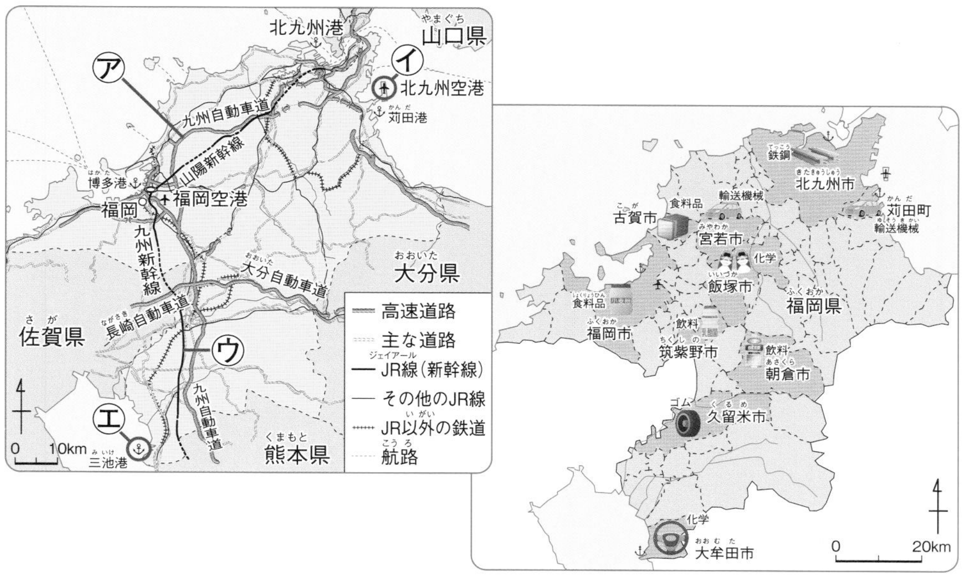

(1)　次の絵にあてはまる交通を、地図中の㋐～㋓からそれぞれ選びましょう。

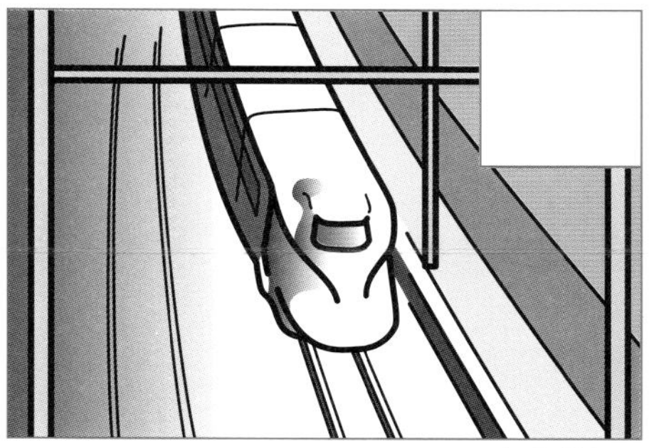

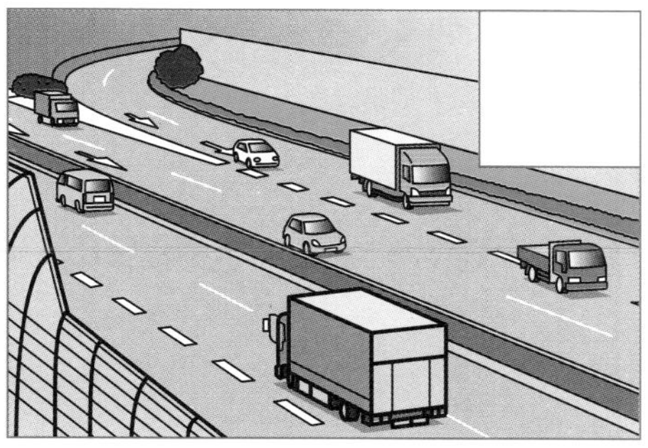

(2)　次の文のうち、福岡県の交通の様子について、地図からわかること1つに○を書きましょう。

㋐(　　)九州新幹線と山陽新幹線が、県内を東西に走っている。

㋑(　　)鉄道や道路が外国まで広がっている。

㋒(　　)県内に、空港は3つある。

㋓(　　)山口県までは、高速道路を使って行くことができる。

(3)　地図を見て、次の文の□にあてはまる言葉を、あとの□からそれぞれ選びましょう。

①(　　　　)　②(　　　　)

▶北九州市では鉄鋼がつくられており、福岡県の[①]の中心になっている。

▶宮若市や苅田町では、主に[②]などがつくられている。

工業　自動車　漁業　食料品

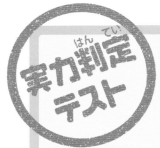

●勉強した日　　月　　日

実力判定テスト 夏休みのテスト②

時間 30分

名前	得点
	／100点

おわったらシールをはろう

教科書	28ページ～71ページ	答え	21ページ

ごみはどこへ

1 次の資料を見て答えましょう。　1つ10〔50点〕

[あ] 東京都（23区）のごみの量の変化

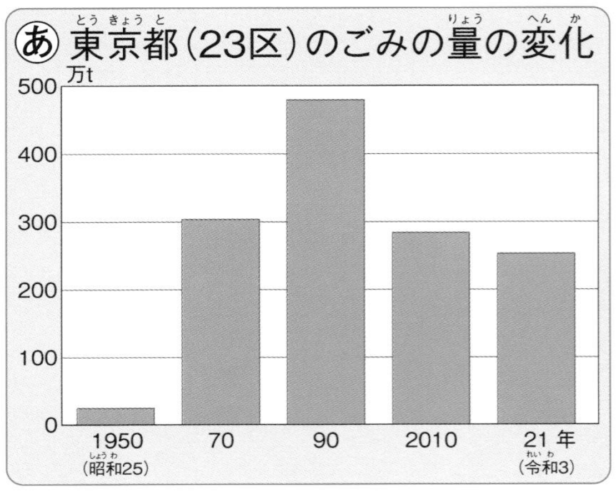

万t
500
400
300
200
100
0
1950
（昭和25）
70
90
2010
21年
（令和3）

[い] ごみを収集する場所にはられた看板

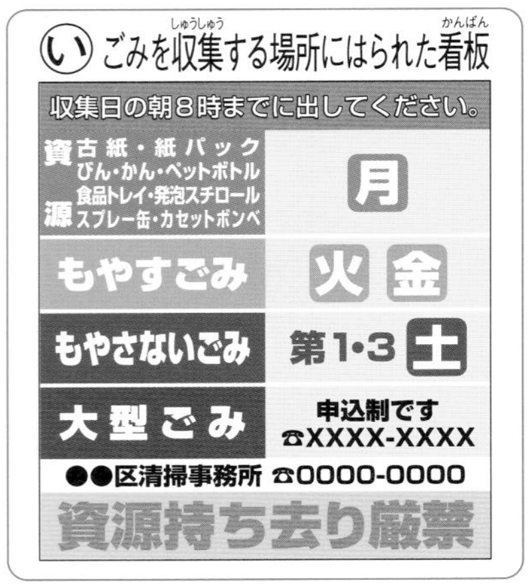

収集日の朝8時までに出してください。
資源
古紙・紙パック
びん・かん・ペットボトル
食品トレイ・発泡スチロール
スプレー缶・カセットボンベ
月
もやすごみ
火 金
もやさないごみ
第1・3 土
大型ごみ
申込制です
☎XXXX-XXXX
●●区清掃事務所 ☎0000-0000
資源持ち去り厳禁

[う]

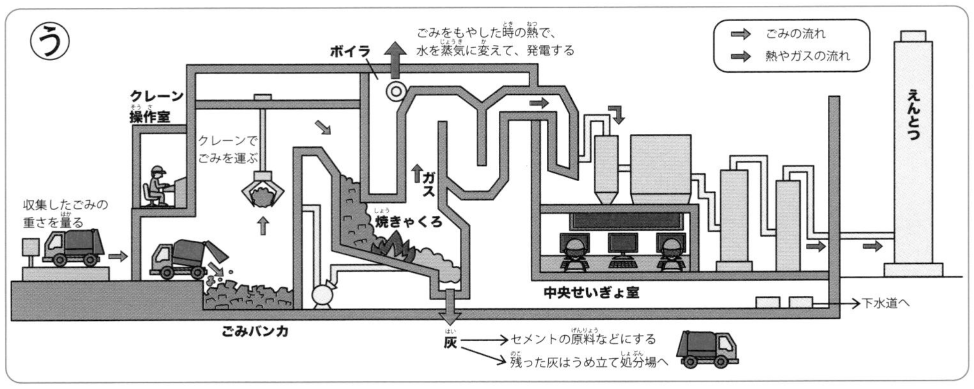

ごみの流れ
熱やガスの流れ
ボイラ
ごみをもやした時の熱で、水を蒸気に変えて、発電する
クレーン操作室
クレーンでごみを運ぶ
ガス
焼きゃくろ
えんとつ
収集したごみの重さを量る
中央せいぎょ室
下水道へ
ごみバンカ
灰
セメントの原料などにする
残った灰はうめ立て処分場へ

(1) 次の話にあてはまる資料を、上の[あ]～[う]からそれぞれ選びましょう。

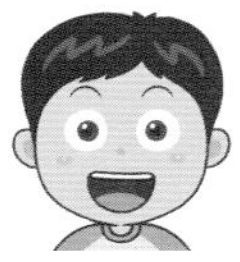

ごみは、種類によって出す曜日が決められているんだね。　［　　］

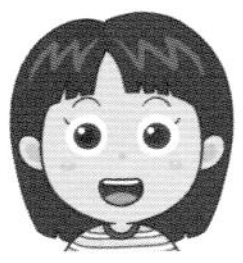

東京都23区のごみは、1990年が最も多いんだね。　［　　］

(2) 次のうち、資料からわかること1つに○を書きましょう。

㋐（　　）東京都のごみの量は、ふえ続けている。

㋑（　　）清掃工場では、ごみをもやしたときに出る熱で、電気がつくられている。

㋒（　　）もやさないごみは、もやすごみより多い。

(3) リサイクルについて、次の文の［　　］にあてはまる言葉を、あとの［　　］からそれぞれ選びましょう。

①（　　　　　　）　②（　　　　　　）

▶ごみをきちんと［①］たり、［②］の中をあらって出したりすることが大切である。

地面にうめ　分別し　資源　もえるごみ

水はどこから

2 次の資料を見て答えましょう。　1つ10〔50点〕

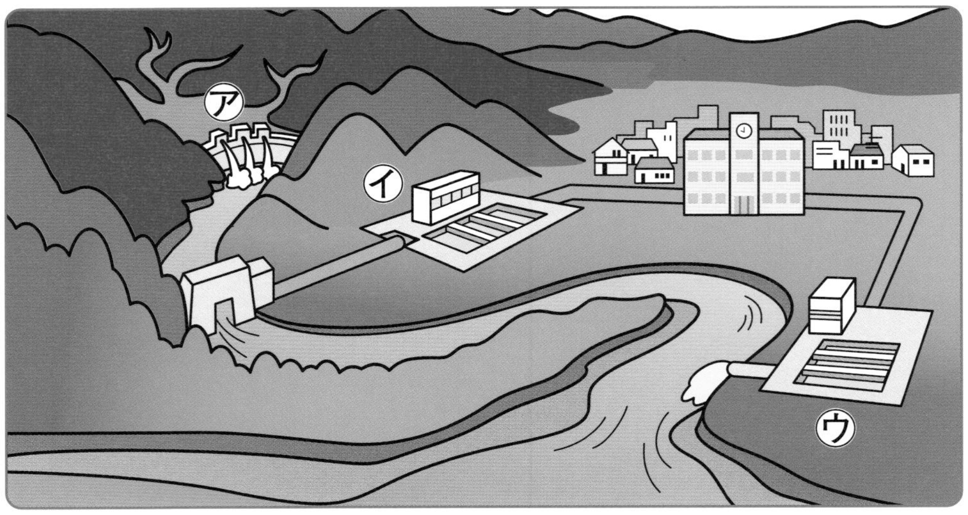

㋐
㋑
㋒

(1) 次の話にあてはまるしせつを、資料中の㋐～㋒からそれぞれ選びましょう。

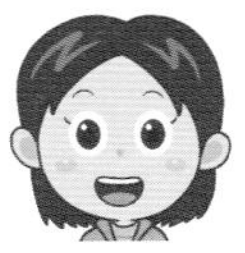

川の水量を調節したり、発電に利用されたりするよ。　［　　］

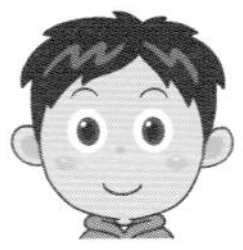

使った水をきれいにして、川に流したり再利用したりするよ。　［　　］

(2) ㋑のしせつを何といいますか。（　　　　　　）

(3) 次のグラフを見て、あとの文の（　　）にあてはまる言葉を、考えて書きましょう。

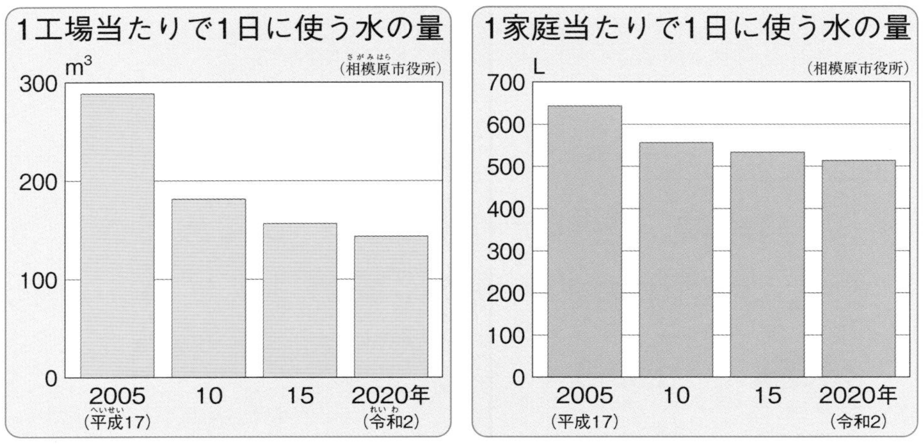

1工場当たりで1日に使う水の量
m³
（相模原市役所）
300
200
100
0
2005
（平成17）
10
15
2020年
（令和2）
1家庭当たりで1日に使う水の量
L
（相模原市役所）
700
600
500
400
300
200
100
0
2005
（平成17）
10
15
2020年
（令和2）

▶工場でも家庭でも、1日に使われる水の量は（　　　　　　）きている。

(4) 次の文のうち、節水の取り組みとして正しいもの1つに○を書きましょう。

㋐（　　）あらいものは、水を出したまま行う。

㋑（　　）ふろの残り湯はすぐにすてる。

㋒（　　）せんたくは少しずつ行い、回数をふやす。

㋓（　　）シャワーの水はこまめに止める。

●勉強した日　　月　　日

時間 30分

名前　　　　　　　　　　得点

おわったら
シールを
はろう

／100点

教科書　176ページ〜199ページ　答え 23ページ

実力判定テスト **学年末のテスト①**

◆ どちらかを選んでときましょう。

◆ **昔のよさを未来に伝えるまちづくり**

1 次の資料を見て答えましょう。

1つ20〔100点〕

 あ
 い

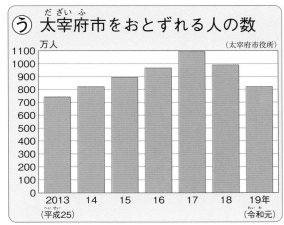 う 太宰府市をおとずれる人の数

 え

□ 史跡の指定地域
∴ 史跡

(1) 次のことがわかる資料を、上のあ〜えからそれぞれ選びましょう。

 太宰府市の観光客は2017年には1100万人近くになったんだね。　□

 昔、この場所に建物があったことをしめす石碑があるね。　□

(2) 次のうち、資料からわかること1つに〇を書きましょう。

㋐（　）2013年から2016年にかけて、太宰府市の観光客の数は約100万人ふえた。

㋑（　）太宰府市には外国からの観光客は来ない。

㋒（　）太宰府市には史跡がいくつかある。

(3) 次の文の□□にあてはまる言葉を、あとの◌◌◌からそれぞれ選びましょう。

①（　　　　　）　②（　　　　　）

▶地域の自然や歴史などがつくってきた風景である ① は、地域にくらす人々の ② によって守られている。

景観　　協力　　伝統的工芸品

◆ **自然を生かしたまちづくり**

1 次の資料を見て答えましょう。

1つ20〔100点〕

 あ
 い

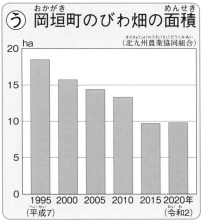 う 岡垣町のびわ畑の面積

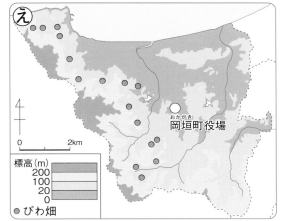 え

標高(m)
200
100
20
0
● びわ畑

(1) 次のことがわかる資料を、上のあ〜えからそれぞれ選びましょう。

 地域の特産品になるおかしをつくっているね。　□

 岡垣町のびわ畑の面積は、だんだんへってきているね。　□

(2) 次のうち、資料からわかること1つに〇を書きましょう。

㋐（　）岡垣町のびわ畑の面積は、2015年からは10ha以下になっている。

㋑（　）岡垣町のびわ畑は、平野に多い。

㋒（　）地域の清掃活動は、大人だけで行われる。

(3) 次の文の□□にあてはまる言葉を、あとの◌◌◌からそれぞれ選びましょう。

①（　　　　　）　②（　　　　　）

▶自然ゆたかな地域がもっている ① のよさは、地域にくらす人たちの ② によって守られている。

自然環境　　協力　　伝統的工芸品

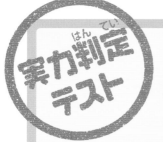

●勉強した日　　月　　日

実力判定(はんてい)テスト

学年末のテスト②

時間 30分　　名前　　得点　　／100点　　おわったら シールを はろう

教科書　14ページ～175ページ、200ページ～211ページ　　答え　23ページ

国際交流がさかんなまちづくり

1 次の地図を見て答えましょう。　1つ10〔50点〕

福岡(ふくおか)市の姉妹都市や友好(ゆうこう)都市

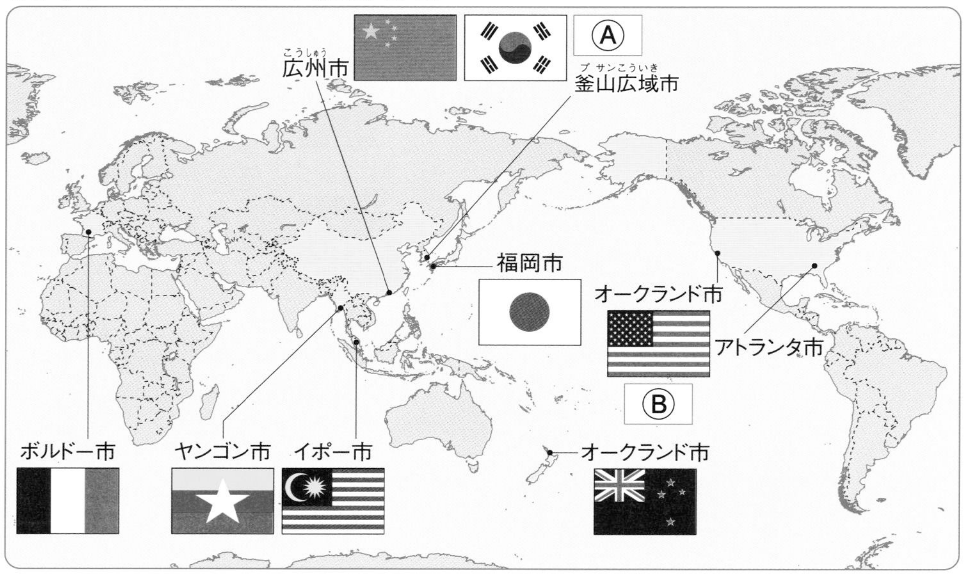

(1)　地図中のⒶ・Ⓑにあてはまる国の名前を、次からそれぞれ選(えら)びましょう。　Ⓐ(　　)　Ⓑ(　　)

㋐　アメリカ合衆国(がっしゅうこく)　　㋑　大韓民国(だいかんみんこく)

㋒　中華人民共和国(ちゅうかじんみんきょうわこく)　　㋓　フランス

(2)　次の文の□にあてはまる言葉を、あとの□からそれぞれ選びましょう。

①(　　　　)　②(　　　　)

▶姉妹都市は［①］を目的(もくてき)に結(むす)びつき、おたがいに理解(りかい)を深めながら助け合っている。

▶国と国とが交流するときは、国を表す目印(めじるし)である［②］を、たがいにそんちょうすることが大切である。

国旗(こっき)　産業(さんぎょう)　交流

(3)　右の表を見て、次の話の(　　)にあてはまる国名を、表の中から選びましょう。

福岡空港から入国する外国人で一番多いのは、(　　　　)から来た人だね。

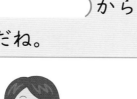

福岡空港から入国した外国人の数

国名	入国者数（人）
韓国(かんこく)	1057845
中国(ちゅうごく)	775515
タイ	58056
フィリピン	44789
マレーシア	36225
その他	169526

（2019年　法務省(ほうむしょう)）

1学期・2学期のまとめ

2 次の問いに答えましょう。　1つ10〔50点〕

(1)　次の話にあてはまるしせつを、あとの㋐・㋑からそれぞれ選びましょう。

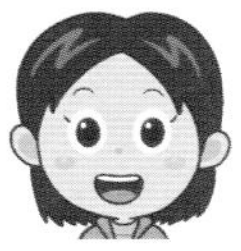

収集(しゅうしゅう)車が集めてきたごみをもやして処理(しょり)しているよ。　□

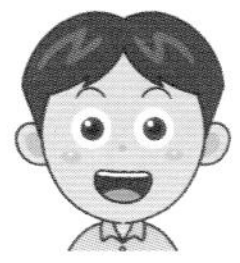

川の水を取り入れて、飲める水にしているよ。　□

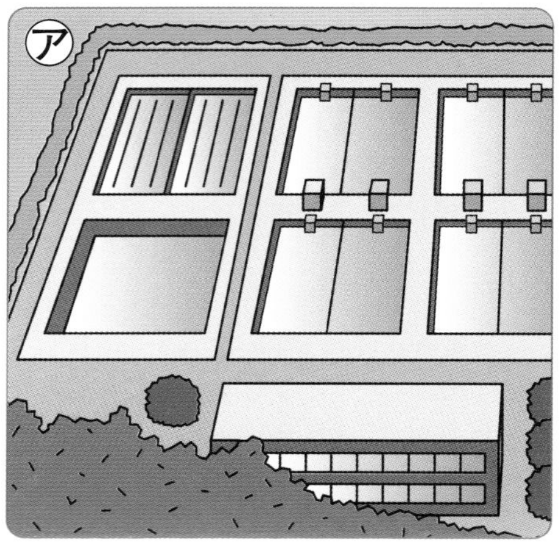

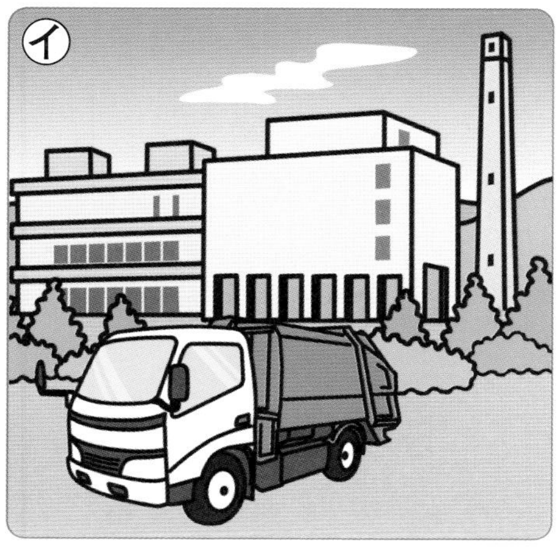

(2)　右の地図を見て、次の問いに答えましょう。

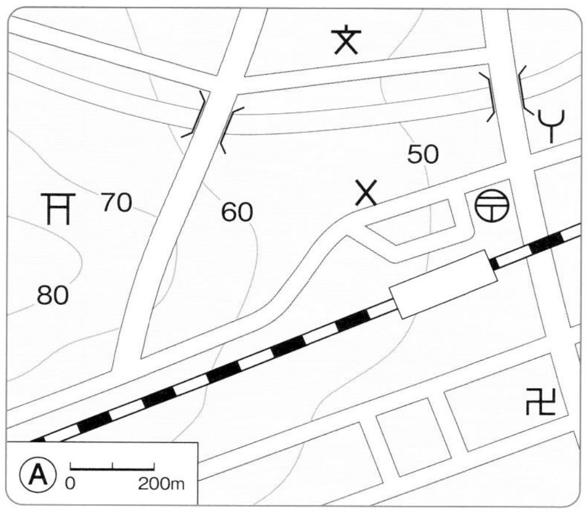

①　地図中のⒶが表しているものを、次から選びましょう。　(　　)

㋐　きょり

㋑　方位(ほうい)

㋒　土地の高さ

②　地図中の学校と神社をくらべると、どちらのほうが高い場所にありますか。

(　　　　)

(3)　次のうち、県を発展(はってん)させる取り組みとしてあやまっているもの1つに○を書きましょう。

㋐(　　)古い建物(たてもの)はなるべくこわして、地震(じしん)に強い新しい建物をたくさんつくる。

㋑(　　)伝統的(でんとうてき)な工芸品(こうげいひん)や行事を大切にする。

㋒(　　)交通を整えて、産業をさかんにする。

㋓(　　)他の県や外国から、たくさんの観光(かんこう)客を集める。

実力判定テスト

冬休みのテスト②

時間 **30**分

●勉強した日　　月　　日

名前　　　　　　　　得点

/100点

おわったらシールをはろう

| 教科書 | 130ページ〜175ページ | 答え | 22ページ |

昔から今へと続くまちづくり

1 次の資料を見て答えましょう。
1つ10〔50点〕

あ　井沢弥惣兵衛の年表

年	できごと
1663	紀伊国で生まれる。
1722	江戸に来る。
1727	秋ごろに、見沼代用水の工事を始める。
1728	春ごろに、見沼代用水が完成する。
1731	見沼通船堀が完成する。
1738	なくなる。

い

う　工事の大きさ
工事したきょり…約60km
参加した人数…約90万人
かかった費用…約2万両
ほった面積…約79万2000㎡

(1) 次のことがわかる資料を、上のあ〜うからそれぞれ選びましょう。

 見沼代用水をつくる工事は、どのように行われていたのかな。 ☐

 見沼代用水は、いつごろつくられたんだろう。 ☐

 見沼代用水をつくる工事は何人くらいで行われたのかな。 ☐

(2) 次のうち、資料からわかることとして正しいもの1つに〇を書きましょう。

㋐（　　）見沼代用水の工事には機械が使われた。

㋑（　　）井沢弥惣兵衛は埼玉県に生まれた。

㋒（　　）見沼代用水をつくるのに、昔のお金で約1万両かかった。

㋓（　　）見沼代用水は、工事を始めてから1年もかからずに完成した。

(3) 見沼代用水について、次の文の☐にあてはまる言葉を、あとの☐から選びましょう。
（　　　　　　　）

▶用水路が完成すると、その地域には新田が開かれ、☐がたくさんとれるようになった。

米　　果物　　魚　　木材

焼き物を生かしたまちづくり

2 次の問いに答えましょう。
1つ10〔50点〕

(1) 伝統的工芸品を作る人について話しています。次の文の☐にあてはまる言葉を、あとの☐からそれぞれ選びましょう。

①（　　　　　　）　②（　　　　　　）

 地域に伝わるぎじゅつを使って、一つ一つ ① で作っています。

 伝統的工芸品を作ることのできる人の数は、昔よりも ② います。

機械　　手作業　　ふえて　　へって

(2) 次の文のうち、伝統的な産業について、正しいもの1つに〇を書きましょう。

㋐（　　）伝統的工芸品は、だれでもすぐに作れるようになる。

㋑（　　）地域で手に入る原料や材料を生かして行うことが多い。

㋒（　　）伝統的なぎじゅつはひみつにし、わかい人には伝えないほうがよい。

㋓（　　）伝統を守ることを大切にし、新しい取り組みは行わない。

(3) 次の絵は、伝統的な産業を守る取り組みの様子です。それぞれの取り組みの目的にあてはまるものを、あとの㋐〜㋒から選びましょう。

まつりを開く。

テレビでしょうかいする。

㋐　地域にたくさんの観光客を集める。

㋑　遠くに住む人に伝統的工芸品を知ってもらう。

㋒　伝統的工芸品をつくるぎじゅつを身につけてもらう。

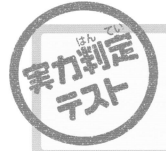

●勉強した日　　月　　日

実力判定テスト

冬休みのテスト①

時間 30分

名前	得点
	/100点

おわったらシールをはろう

教科書　80ページ～129ページ　　答え　22ページ

自然災害にそなえるまちづくり

1 次の問いに答えましょう。　1つ10〔50点〕

(1)　次の話にあてはまる絵を、あとの[あ]～[え]からそれぞれ選びましょう。

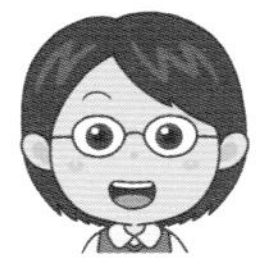
ひなん場所をしめす標識が、外国語でも書かれているね。　□

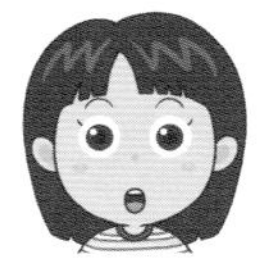
地震のゆれに強い家にするためのくふうがあるんだね。　□

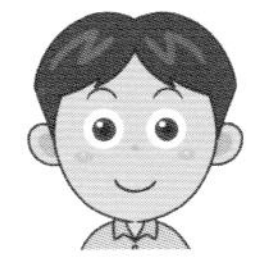
災害のときに必要になるものがほかんされているよ。　□

[あ]
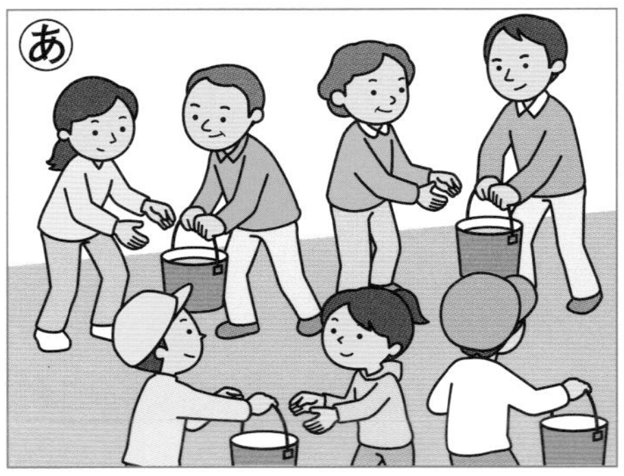

[い]
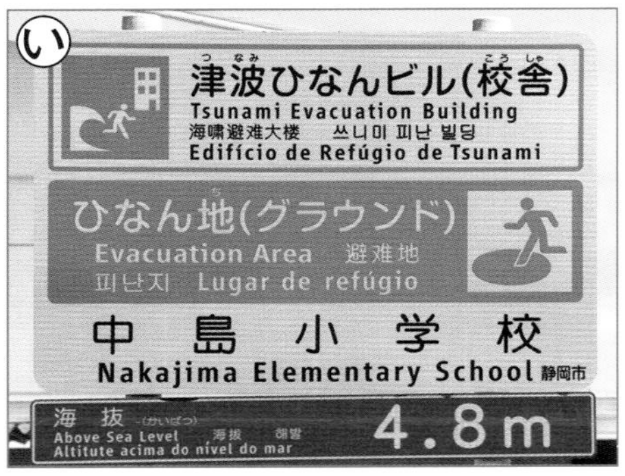

[う]
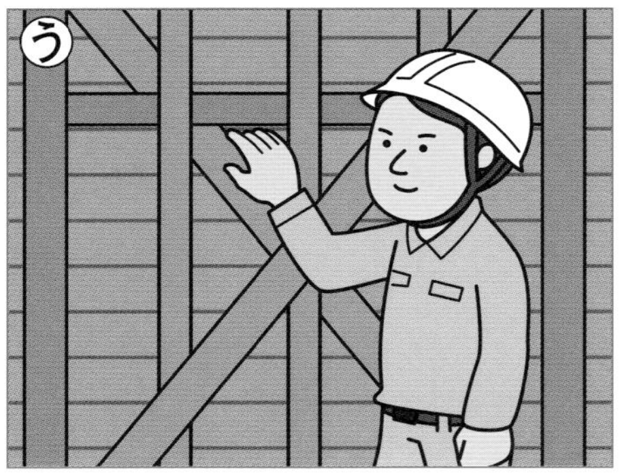

[え]
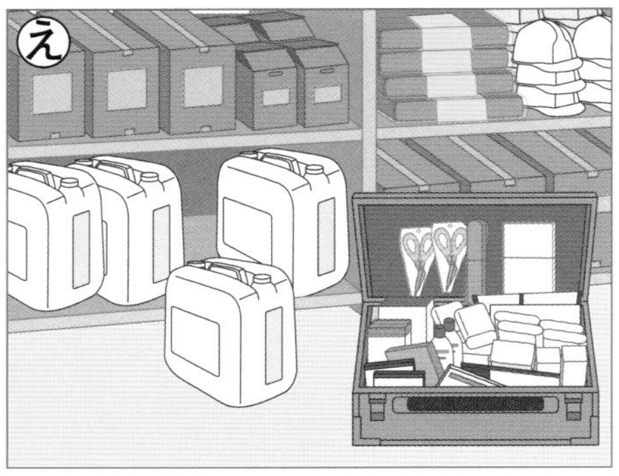

(2)　ふだんは国を守り、災害が起きたときにはひさい地で救助活動などを行う機関を、次の□から選びましょう。（　　　）

気象台　　自衛隊　　ボランティア

(3)　次の文のうち、自然災害へのそなえについて、正しいもの1つに○を書きましょう。

㋐（　　）予想されるひがいをしめす地図が、ボランティアによって作られている。

㋑（　　）災害が起こったとき、市や県などの関係機関が協力するしくみがある。

㋒（　　）災害にそなえて、食料や水は1日分だけ自分の家に準備しておけばよい。

地域で受けつがれてきたもの

2 次の問いに答えましょう。　1つ10〔50点〕

(1)　次の資料にあてはまる説明を、あとの文から選びましょう。（　　）

右の絵は、国の重要な文化財に指定されている、阿波人形浄瑠璃の様子です。

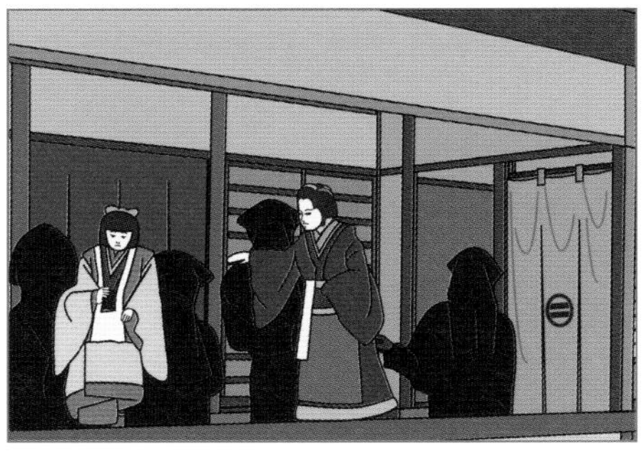

㋐　歴史ある建物が、使われなくなっている。

㋑　地域の伝統あるおどりが伝えられている。

㋒　人形を使った、伝統的なおしばいがある。

(2)　次のことを調べる方法として最もよいものを、あとの㋐～㋓からそれぞれ選びましょう。

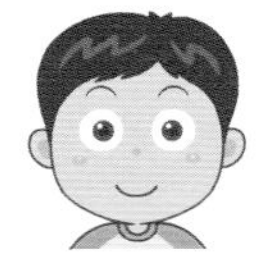
昔からあるおどりは、どのように伝えられているのかな。　□

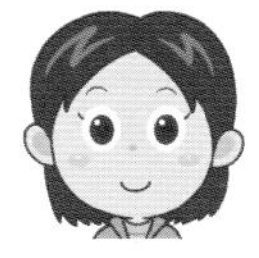
昔から残っている建物は、いつごろからあったのかな。　□

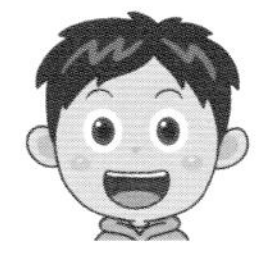
祭りについて、地域の人にはどんな思いがあるのかな。　□

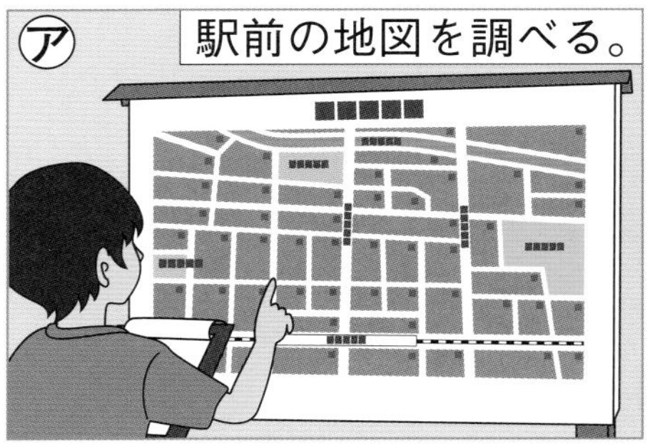
㋐　駅前の地図を調べる。

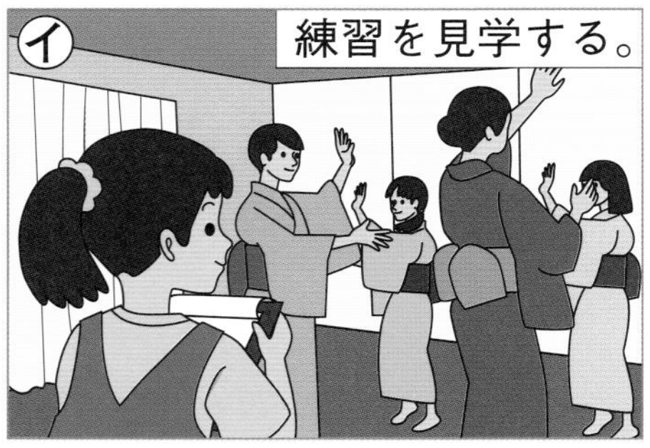
㋑　練習を見学する。

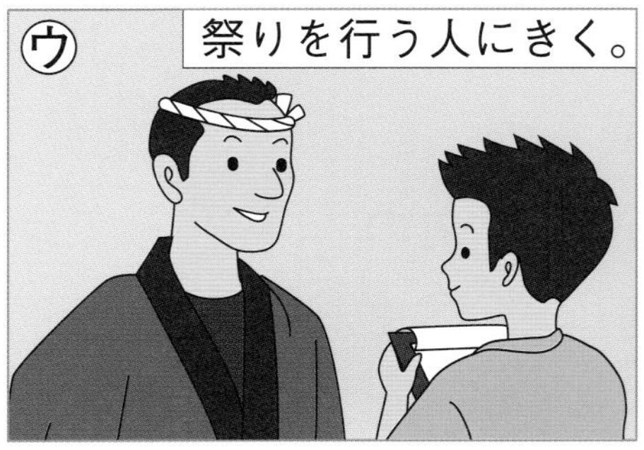
㋒　祭りを行う人にきく。

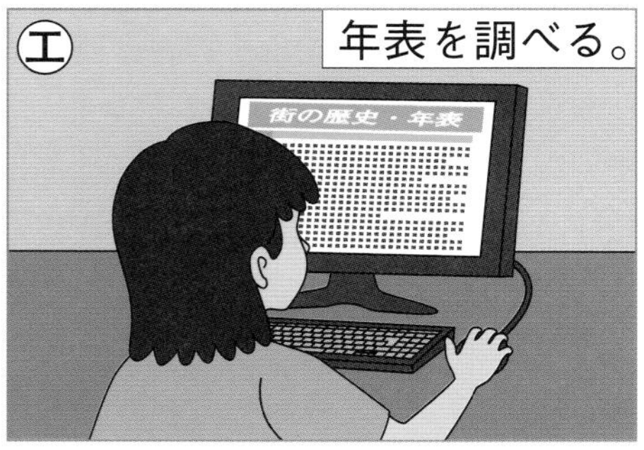

㋓　年表を調べる。

(3)　次の文の（　　）にあてはまる言葉を、考えて書きましょう。

▶地域に古くから残るものを、これから先も（　　　　　　　　）ことが大切である。

●勉強した日　　月　　日

実力判定（はんてい）テスト

かくにん！都道府県庁所在地

時間 30分

名前

できた数　／47問中

おわったらシールをはろう

都道府県庁所在地の名前を覚えよう。

答え　24ページ

☆ 次の地図中の①～㊼にあてはまる都道府県庁所在地（とどうふけんちょうしょざいち）名を、それぞれ漢字で書きましょう。

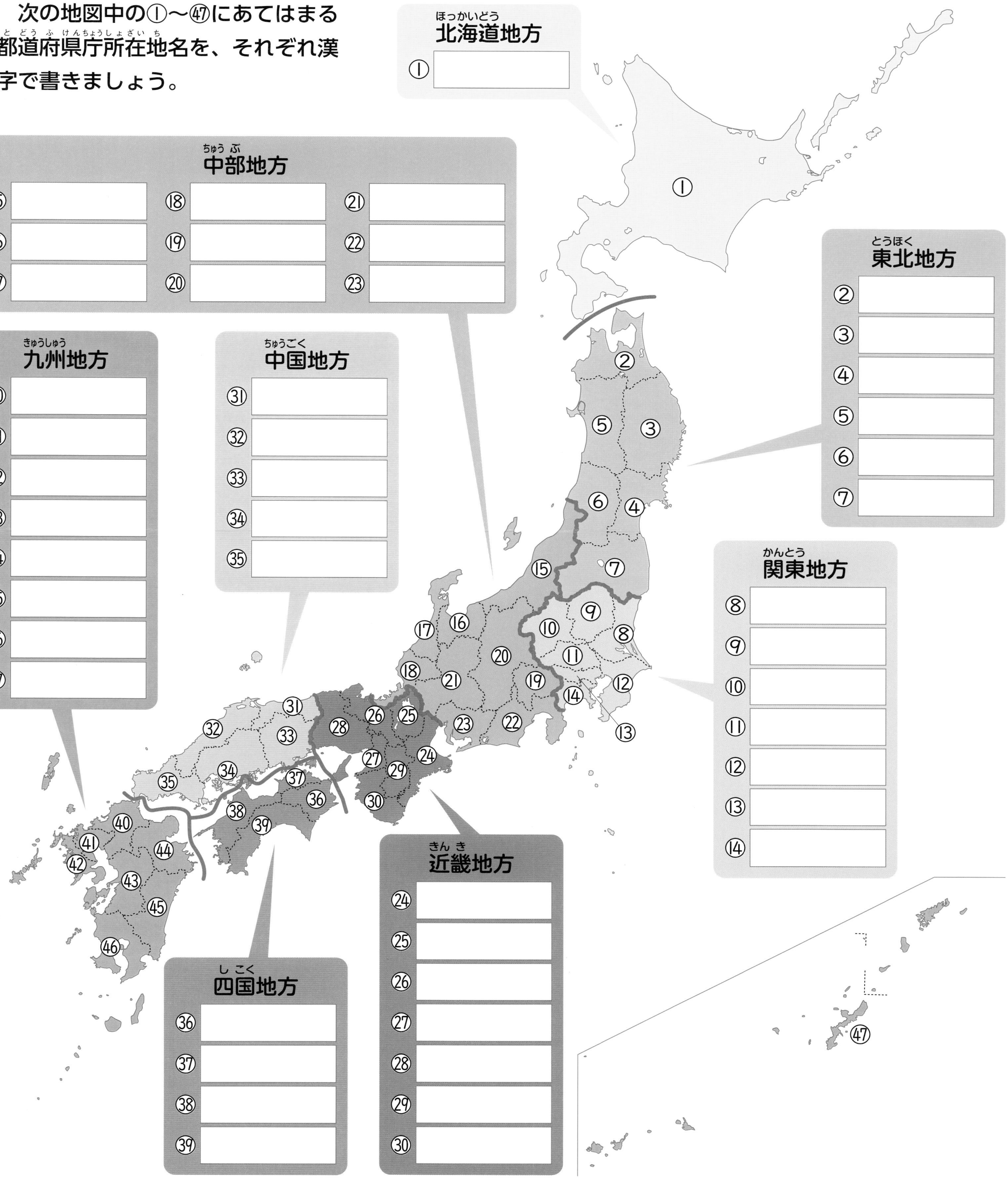

北海道（ほっかいどう）地方

①

東北（とうほく）地方

②
③
④
⑤
⑥
⑦

関東（かんとう）地方

⑧
⑨
⑩
⑪
⑫
⑬
⑭

中部（ちゅうぶ）地方

⑮
⑯
⑰
⑱
⑲
⑳
㉑
㉒
㉓

近畿（きんき）地方

㉔
㉕
㉖
㉗
㉘
㉙
㉚

中国（ちゅうごく）地方

㉛
㉜
㉝
㉞
㉟

四国（しこく）地方

㊱
㊲
㊳
㊴

九州（きゅうしゅう）地方

㊵
㊶
㊷
㊸
㊹
㊺
㊻
㊼

●勉強した日　　月　　日

実力判定テスト

かくにん！都道府県

時間 30分

名前　　できた数　　／47問中

おわったらシールをはろう

都道府県の位置と名前を覚えよう。

答え　24ページ

☆ 次の地図中の①〜㊼にあてはまる都道府県名を、それぞれ漢字で書きましょう。

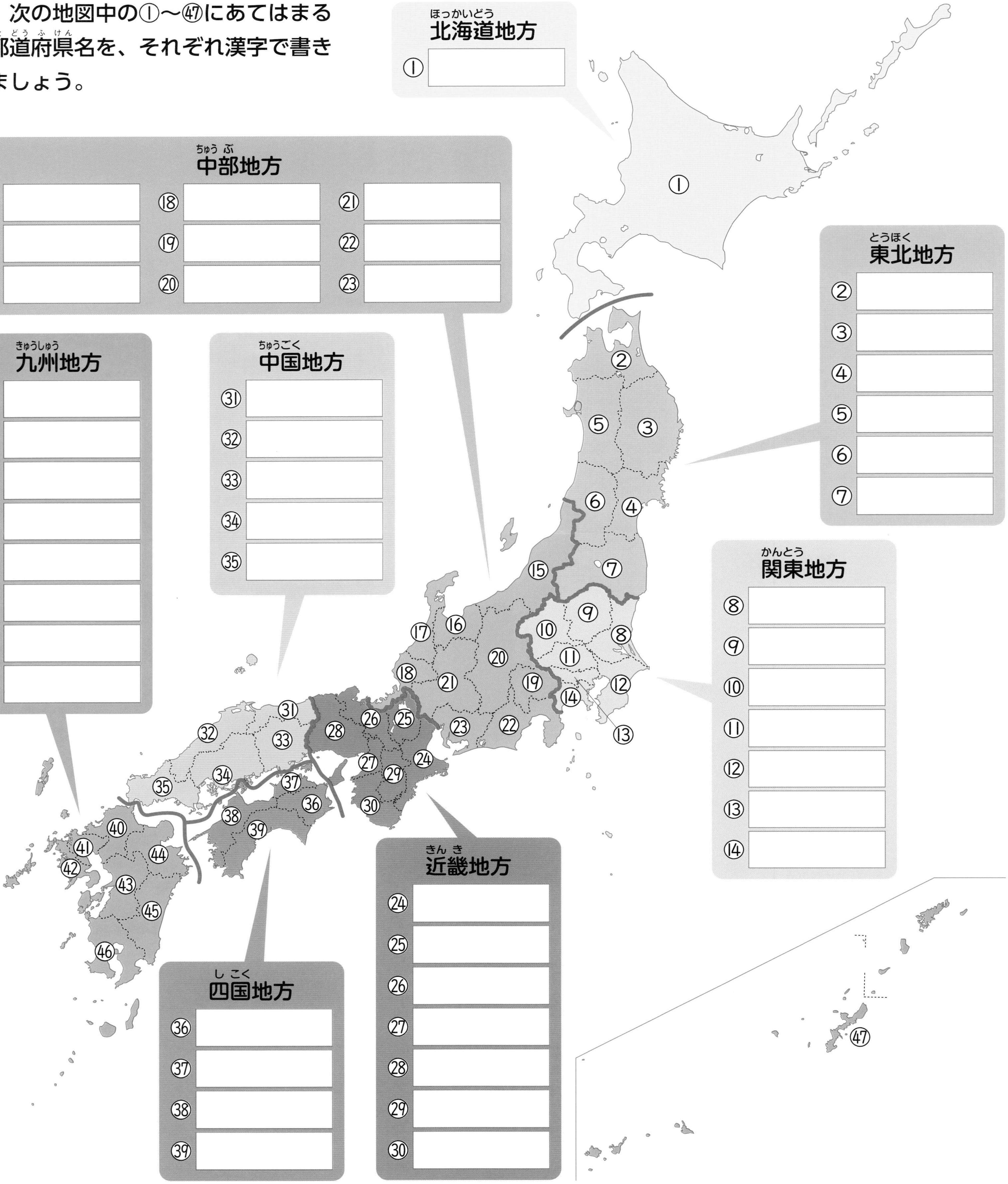

北海道地方

①

中部地方

⑮
⑯
⑰
⑱
⑲
⑳
㉑
㉒
㉓

東北地方

②
③
④
⑤
⑥
⑦

九州地方

㊵
㊶
㊷
㊸
㊹
㊺
㊻
㊼

中国地方

㉛
㉜
㉝
㉞
㉟

関東地方

⑧
⑨
⑩
⑪
⑫
⑬
⑭

近畿地方

㉔
㉕
㉖
㉗
㉘
㉙
㉚

四国地方

㊱
㊲
㊳
㊴

教科書ワーク

答えとてびき

「答えとてびき」は、とりはずすことができます。

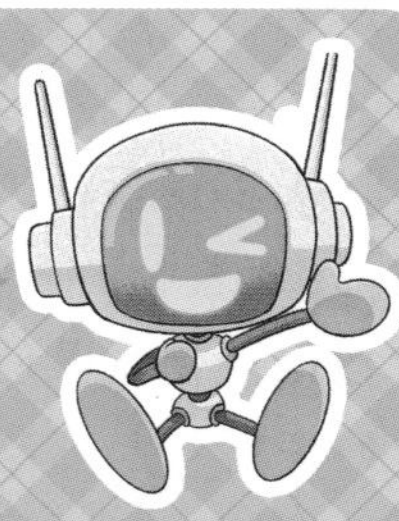

教育出版版

社会4年

使い方

まちがえた問題は、もういちどよく読んで、なぜまちがえたのかを考えましょう。正しい答えを知るだけでなく、なぜそうなるかを考えることが大切です。

知りたいな、47都道府県

2ページ　きほんのワーク

1 ①北海道　②関東　③中部
④四国　⑤九州

2 ⑥東京　⑦北海道　⑧京都
⑨43　⑩福岡　⑪西

3ページ　練習のワーク

1 (1)[あ]東北　[い]近畿
(2)①秋田県　②茨城県
③愛知県　④徳島県
(3)㋒
(4)中部

2 (1)47
(2)①㋓　②㋒　③㋑

てびき **1** (1)東北地方には、青森県、秋田県、岩手県、宮城県、山形県、福島県の６つの県がふくまれます。近畿地方には、滋賀県、三重県、京都府、奈良県、大阪府、和歌山県、兵庫県の７つの府県がふくまれます。

(3)㋐は四国地方にある県、㋑・㋓は中部地方にある県です。

(4)中部地方には、長野県など９県がふくまれます。

2 (1)１都１道２府43県あります。

(2)みかんは和歌山県や愛媛県、さくらんぼは山形県、肉牛は宮崎県や北海道、鹿児島県の特産物です。

4・5ページ　まとめのテスト

1 (1)㋒関東　㋓中部　㋗九州
(2)①㋐　②㋒　③㋔　④㋓

2 (1)①㋒　②㋐　③㋑
(2)①㋐　②㋓　③㋑

3 (1)京都
(2)㋒
(3)①[え]　②[お]　③[か]　④[い]
(4)右図

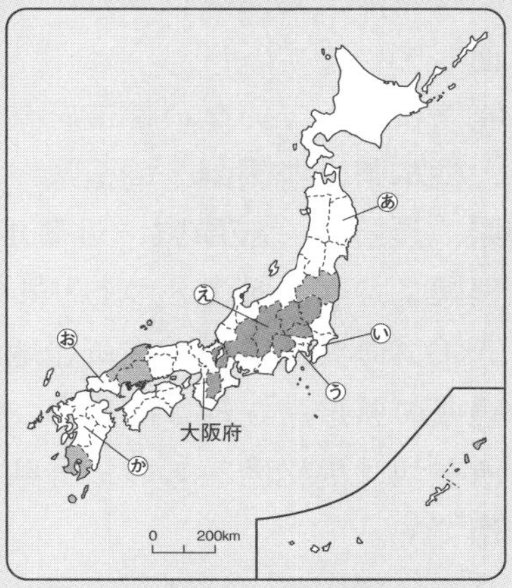

(5)①㋔・㋕
②[あ]松山市　[い]金沢市
[う]仙台市

てびき **1** (1)㋒関東地方には、日本の首都である東京都がふくまれます。また、人口が２番目に多い神奈川県もあります。㋓中部地方には、工業がさかんな愛知県があります。ぜんぶで、９つの県がぞくしています。㋗九州地方には、８つの県がふくまれます。都道府県の中でいちばん西にある沖縄県も、この地方の県です。

(2)①は**北海道地方**、②は東京「都」がある**関東地方**、③は京都「府」と大阪「府」がある**近畿地方**、④は**中部地方**のことです。

2 (1)①**青森ねぶた祭**は、青森市で８月に行われる、大きな山車をひく祭りです。②**仙台七夕まつり**は、宮城県仙台市で、８月６日から８日にかけて行われる祭りです。③**岸和田だんじり祭**は、９月に大阪府の岸和田市で行われる祭りです。「だんじり」とよばれる山車が使われます。

(2)①**富士山**は日本でいちばん高い山で、山梨県にもまたがっています。②白川郷には、合掌造りという昔からのつくりの家が多く残っています。③**姫路城**は、兵庫県姫路市にある城です。①～③は、すべて世界遺産になっています。

3 (1)「府」という言葉には、もともと、「ものごとの中心となる所」という意味があります。

(2)地図中に■でしめされた県は、北から**福島県**、**島根県**、**広島県**、**鹿児島県**です。㋐近畿地方の県はふくまれていません。㋑中国地方の県は、**島根県・広島県**の２つです。㋓瀬戸内海に面しているのは、**広島県**だけです。

(3)[あ]は**岩手県**、[い]は**千葉県**、[う]は**神奈川県**、[え]は**長野県**、[お]は**山口県**、[か]は**熊本県**です。[お]の山口県は、北側は日本海に、南側は瀬戸内海に面しています。

(4)海に面していない都道府県は、関東地方では、**栃木県**、**群馬県**、**埼玉県**、中部地方では**山梨県**、**長野県**、**岐阜県**、近畿地方では**滋賀県**、**奈良県**で、合わせて８つあります。

(5)①㋐の北海道の道庁所在地は**札幌市**、㋑の沖縄県の県庁所在地は**那覇市**、㋒の香川県の県庁所在地は**高松市**、㋓の三重県の県庁所在地は**津市**です。

②[あ]は**愛媛県**、[い]は**石川県**、[う]は**宮城県**です。松江市は、島根県の県庁所在地です。

なぞり道場 何回も書いてかくにんしよう！

と	どう	ふ	けん		かん	こう	ち
都	道	府	県		観	光	地
せ	と	ない	かい		ぎ	ふ	けん
瀬	戸	内	海		岐	阜	県
と	どう	ふ	けん	ちょう	しょ	ざい	ち
都	道	府	県	庁	所	在	地

県の地図を広げて

6ページ きほんのワーク

1 ①有明海　②筑後　③筑紫
④佐賀　⑤熊本　⑥大分

2 ⑦福岡　⑧平野　⑨川　⑩果樹園

7ページ 練習のワーク

1 (1)等高線
(2)①②下図　③(約)45(m)

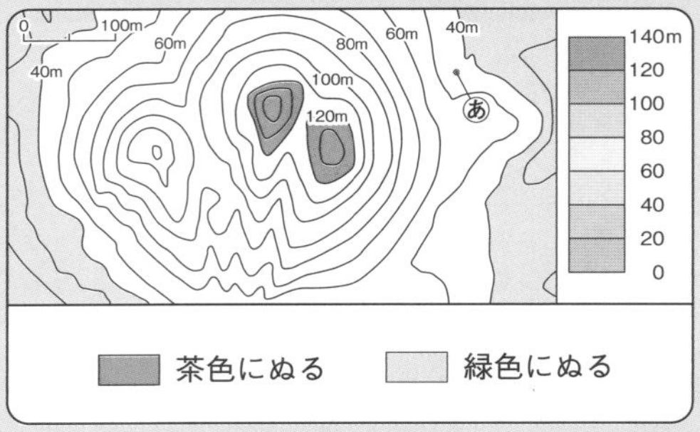

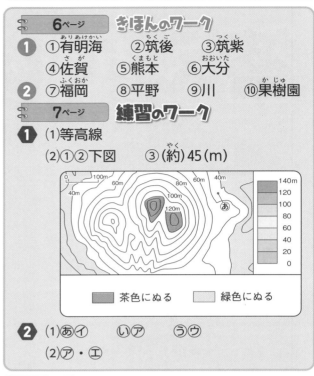

2 (1)[あ]㋑　[い]㋐　[う]㋒
(2)㋐・㋓

てびき **1** (1)**等高線**の間かくがせまい所は、短いきょりで土地の高さが変わるということになるため、土地のかたむきは急です。反対に、間かくが広い所のかたむきはゆるやかです。

(2)③[あ]の地点は、40mの等高線と、50mの等高線のちょうど間にあります。

2 (1)**土地利用図**と**地形図**をくらべると、どんな地形の所が何に利用されているのかがわかります。[あ]**工場や住宅**、**商店**は、福岡県の北部の海ぞいなど、平野や土地の低い所に多いです。[い]**田**は、福岡県の北部の川ぞいや、南部の筑紫平野に多いです。[う]**果樹園**は、福岡県南部の熊本県とのさかいの辺りなど、土地の少し高いところに多いです。

(2)㋑県の南に広がっています。㋒東を大分県、南を熊本県、西を佐賀県に囲まれています。宮崎県は福岡県の南東にあり、となり合ってはいません。

なぞり道場 何回も書いてかくにんしよう！

とう	こう	せん		つく	し	へい	や
等	高	線		筑	紫	平	野
か	じゅ	えん		ちく	ご	がわ	
果	樹	園		筑	後	川	

8ページ きほんのワーク

1 ①南　②筑紫　③いちご
④有明

2 ⑤鉄鋼　⑥自動車　⑦食料品
⑧ゴム　⑨化学

9ページ 練習のワーク

1 (1)南　(2)下図　(3)㋐・㋑

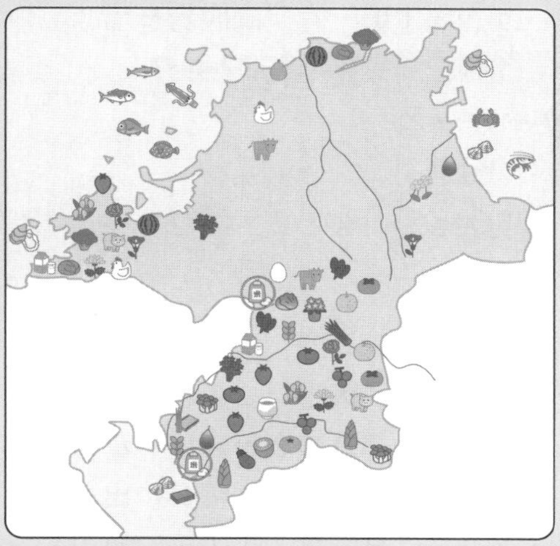

2 (1)①㋐　②㋓　③㋔
(2)㋑・㋒

てびき **1** (1)南の平野で農業がさかんです。

(3)㋒地図からは、農産物のとれる量はわかりません。㋓4つの海で、とれる海産物にちがいがあります。

2 (1)①㋑の宮若市の工業製品の出荷額は3番目です。②㋒の漁業は工業ではありません。③苅田町の出荷額は約13000億円、福岡市の出荷額は約6000億円です。

(2)福岡県の工業の中心である北九州市は海に面していて、昔、鉄の原料をとかすのに必要な石炭が近くでとれました。

10ページ きほんのワーク

1 ①福岡　②高速道路
③九州　④航路

2 ⑤平野　⑥田　⑦農業
⑧工業　⑨鉄道

11ページ 練習のワーク

1 (1)①㋒　②㋐　③㋑
(2)㋐・㋓

2 (1)①㋑・㋓　②㋐
(2)福岡市　(3)[う]

てびき **1** (1)㋐は新幹線、㋑は高速道路、㋒は船です。①工業製品には重いものが多いので、主に船を使って運ばれます。そのため、工業は海ぞいでさかんです。②新幹線は、現在ある鉄道の中では、最も速く移動することができます。③高速道路では、ふつうの道路よりもスピードを出すことができます。また、信号もありません。

(2)㋑漁業がさかんな所にもあります。㋒人口の多い土地の低い平野を通って、市や町、ほかの都道府県を結んでいます。

2 (1)①㋒㋔農業についてのカードです。㋕土地利用についてのカードです。

(2)福岡県の県庁所在地は福岡市ですが、新幹線の駅の名前は「博多」です。港も「博多港」とよばれています。

(3)㋕のカードによると、果樹園は県の南西側の山のふもとに多いです。

12・13ページ まとめのテスト

1 (1)①筑後　②筑紫　③有明
④北九州　⑤福岡
(2)①㋑　②㋐　③㋓

2 (1)高さ
(2)㋐
(3)(約)150(m)
(4)下図

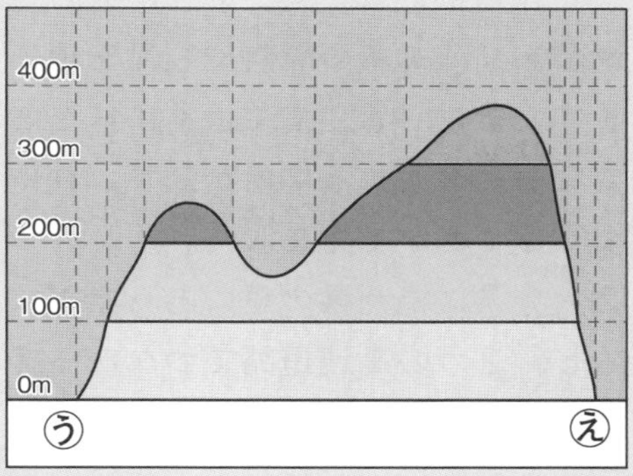

3 (1)㋑・㋓
(2)[あ]㋓　[い]㋐
[う]㋑　[え]㋒
(3)〈例〉海に面していて、原料や製品を運ぶのに便利だから。

4 (1)福岡市
(2)㋑
(3)①北東　②西

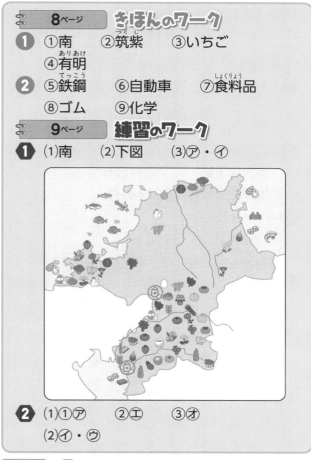

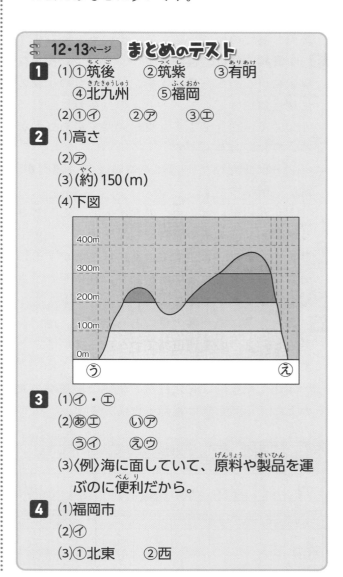

てびき **1** (1)①**筑後(ちくご)川**と②**筑紫(つくし)平野**の読み方に注意しましょう。③**有明海**は、長崎県、佐賀県、福岡県、熊本県に囲まれた海です。④**北九州市**は、鉄鋼の町として昔から工業がさかえ、現在も福岡県の工業の中心地となっています。⑤**福岡市**は、福岡県の県庁所在地です。

(2)田には、広い平らな土地と水が必要です。そのため、大きな川の流れる平野に多いです。

2 (1)等高線を見ると、その土地の高さの様子がわかります。

(2)**等高線**の間かくがせまいほど、土地のかたむきは急で、間かくが広いほど、土地のかたむきはゆるやかになります。㋐のほうが、等高線の間かくが広いです。

(3)[い]の地点の**等高線**を読み取ります。下の断面図で見ると、100mと200mの等高線の真ん中あたりになります。

(4)左半分にならって、**等高線**と横から見た図の同じ高さの所に点を書き、その点を結びます。

3 (1)**資料1**には、福岡県でつくられている主な農産物がしめされています。㋐福岡県の小麦の生産量は約8万tで、トマトの生産量は約2万tなので、約4倍です。㋒福岡県で最も生産が多い果物はみかんです。

(2)[あ]は北九州市、[い]は苅田町、[う]は福岡市、[え]は久留米市です。

(3)北九州市には、大型の船が入ることができる港があり、工業の原料や製品を運ぶことができます。また、昔、すぐ近くに鉄をとかすのに必要な石炭のとれる場所があり、鉄鋼をたくさんつくることができました。

4 (2)大分県は福岡県の東にある県です。地図を見ると、2つの高速道路でつながっていることがわかります。

(3)北九州空港は北九州市の東側の周防灘の海の上に、福岡空港は福岡市にあります。

なぞり道場 何回も書いてかくにんしよう！

きゅう	しゅう	しん	かん	せん		てっ	こう
九	州	新	幹	線		鉄	鋼
せき	たん			く	る	め	し
石	炭			久	留	米	市

1 ごみはどこへ

14ページ きほんのワーク

1 ①もやす ②もやさない ③大型 ④資源 ⑤発泡スチロール

2 ⑥収集車 ⑦ふくろ ⑧分別 ⑨清掃工場 ⑩回収しせつ

15ページ 練習のワーク

1 (1)㋐・㋒

(2)分別

(3)①㋑ ②㋐ ③㋒

2 (1)㋑・㋓

(2)①月 ②土 ③月

てびき **1** (1)㋑大きなごみが1か月間出ていないかどうかは、この表からはわかりません。㋓牛乳パックは日曜日と水曜日に出ましたが、プラスチックは日曜日と火曜日に出ました。

(3)生ごみとは、わたしたちが食べたあとの残りや、野菜の食べられない部分などです。大きなごみとは、家具や家電製品などです。

2 (1)㋐大田区では、1日に180台以上の収集車が使われています。㋒区のごみ置き場や、マンションのごみ置き場にまとめて置きます。

(2)①食品トレイは、資源に分別されます。②ガラスやせとものは、もやさないごみに分別されます。③空きかんは、資源に分別されます。ごみの種類によって、処理のしかたがちがうので、分別して出すことが大切です。

16ページ きほんのワーク

1 ①クレーン ②蒸気 ③発電 ④灰 ⑤中央せいぎょ室 ⑥有害物質

2 ⑦清掃工場 ⑧うめ立て処分場 ⑨土 ⑩セメント

17ページ 練習のワーク

1 (1)清掃工場

(2)①へり ②上がらず ③高い

(3)①㋒ ②㋑ ③㋓ ④㋐

2 (1)㋑ (2)①2001 ②へっている

(3)セメント

てびき ❶ (1)清掃工場は、ごみをもやして灰にするほか、ごみをもやしたときの蒸気で発電をしたり、温水プールを温めたりします。

(2)②生ごみは出すときに、「水分をよくきって出す」というきまりがあります。水分が少ないほうが、燃料が少なくてすむからです。

(3)もやすごみの処理の順番もおぼえておきましょう。「運んできたごみを集める」→「クレーンでごみを運ぶ」→「高温でごみをもやして、ガスと灰にする」→「ごみをもやしたときの熱で、水を蒸気に変え、発電する」→「ごみをもやして出たガスから有害物質を取りのぞく」となります。

❷ (1)うめ立て処分場を長く使い続けるために、さまざまなくふうが行われています。

(2)2001年には130万 t ほどだったうめ立て処分場にうめられた灰ともやさないごみの量は、2021年には30万 t ほどにへっています。

18ページ きほんのワーク

❶ ①資源　②セメント
③資源の回収しせつ
④分別　⑤原料

❷ ⑥3R　⑦分別　⑧資源
⑨リデュース　⑩リユース

19ページ 練習のワーク

❶ (1)①△　②○　③○　④○
(2)家電リサイクル(法)
(3)①㋑　②㋐　③㋒　④㋓

❷ (1)①ふえ　②ふえた
(2)リサイクル

てびき ❶ (2)家電リサイクル法は、1998年に定められました。

(3)資源にあてはまるものには、びん・かん・ペットボトル・紙パック・雑誌類などがあります。回収しせつに運ばれ、リサイクルされます。

❷ (2)3Rとは、ごみそのものをへらすリデュース、ものをくり返して使うリユース、資源を原料にして再利用するリサイクルのことをいいます。

20ページ きほんのワーク

❶ ①スーパーマーケット　②資源
③時間　④ボランティア
⑤フードドライブ

❷ ⑥分別　⑦マイバッグ
⑧リサイクル　⑨3R

21ページ 練習のワーク

❶ (1)[あ]㋒　[い]㋑　[う]㋐
(2)㋑・㋒

❷ (1)①㋑　②㋐　③㋓　④㋒
(2)3R

てびき ❶ (1)フードドライブとは、家庭や会社などから、あまっている食品などをきふしてもらい、しえんが必要な人に配るしくみです。地域の人どうしで助け合い、またあまっている食品をむだにしない取り組みです。

(2)㋐フードドライブはごみをへらす取り組みです。㋓ボランティアセンターに集まった食品は、しえんを必要とする人たちに配られます。

❷ (1)㋐のマイバッグやマイバスケットとは、スーパーマーケットなどで買い物をしたときにレジぶくろのかわりに使うものです。マイバッグやマイバスケットを使うことで、レジぶくろをへらすことにつながります。㋑ごみの量は近年へってきていますが、処理にかかる費用はふえてきています。

22・23ページ まとめのテスト

1 (1)④・⑤
(2)①㋑　②㋒　③㋐

2 (1)①㋐　②㋔　③㋓
(2)セメント
(3)㋑

3 (1)㋑
(2)[あ]㋒　[い]㋓
[う]㋐　[え]㋑
(3)〈例〉ごみを出すときに、きちんと分別して出す。

4 (1)①へって　②へって
(2)マイバッグ
(3)①リデュース　②リサイクル
③リユース

[てびき] **1** (1)資源には、紙類や、びん・かん・ペットボトル、発泡スチロール・食品トレイなどがあります。④のだんボールは紙類、⑤は食品トレイです。

(2) 今から約70年前は、家の庭や空き地でもやしたり、うめたりしていました。人口やごみの量がふえてきた約60年前に、トラックなどで集めて処理をするようになりました。

2 (1)ごみを処理するまでのしくみは、整理しておきましょう。

(2)もやしたあとの灰は、セメントの原料になります。もやしたあとの灰を資源として利用することで、うめ立て処分場にうめる量をへらし、処分場をできるだけ長く使うことにもつながります。

(3)2001年にはおよそ130万tありましたが、それ以降はうめ立てられるごみの量はじょじょにへって、2021年にはおよそ30万tになっています。

3 (1)右のラベルはグリーンマークとよばれるもので、一度使われた紙を原料にして、リサイクルされた製品であることをしめすマークです。紙のリサイクルを進めることを目的としています。

(2)もやすごみは**清掃工場**へ、大型ごみは、そ大ごみはさい処理しせつへ、資源は資源の回収しせつへ送られます。

4 (1)区民一人当たりが1年間に出すごみの量は、2006年が最も多く、それ以降は全体的にへっていることがわかります。区民一人当たりのごみの処理にかかる費用は2000年が最も多く、2021年には2000年の約3分の2になっています。

(3)①食料を必要なぶんだけ買うことで、むだをなくし、ごみをへらすことにつながります。②資源を回収に出すと、**リサイクル**できます。③まだ使えるものをほしい人にゆずることで、ごみをへらすことができます。

なぞり道場 何回も書いてかくにんしよう！

せい	そう	こう	じょう		しゅう	しゅう	しゃ
清	掃	工	場		収	集	車
し	げん		げん	りょう		ぶん	べつ
資	源		原	料		分	別

2 水はどこから

24ページ きほんのワーク

1 ①450 ②料理 ③せんたく ④じゃ口 ⑤水道水 ⑥水道管

2 ⑦受水そう ⑧浄水場 ⑨ダム

25ページ 練習のワーク

1 (1)1594 (m^3)
(2)①○ ②△ ③△ ④△

2 (1)①㋑ ②㋐ ③㋒
(2)相模川
(3)㋑・㋒・㋔

[てびき] **1** (1)上下水道使用量のお知らせの中にある、「使用水量」のところを読み取りましょう。「m^3」は立方メートルと読みます。**1㎥（立方メートル）**は、たて、よこ、高さがそれぞれ1mのはこに入る量をしめしており、これは1000Lと同じ量です。

2 (1)**水道管**をたどっていくと、**浄水場**につながっていて、浄水場の水はさらに上流の**ダム**や湖、最後は山の中にまでつながっていることがわかります。

(2)谷ケ原浄水場の位置をしめしている左の地図から読み取りましょう。

(3)㋐神奈川県内の主な水道しせつを見ると、いくつも**ダム**があることがわかります。㋓多くの**浄水場**は、川の近くにつくられていることがわかります。

26ページ きほんのワーク

1 ①ちんさ池 ②ちんでん池 ③ろか池 ④浄水池 ⑤配水池

2 ⑥地下 ⑦水道管 ⑧検査 ⑨人口 ⑩費用

27ページ 練習のワーク

1 (1)浄水場
(2)①6 ②24 ③水質試験室

2 (1)[あ]㋒ [い]㋑
(2)①（約）70（万人）
②㋑・㋓

[てびき] ❶ (1)浄水場で川の水がきれいになるまでのしくみは、次の通りです。薬を加えて、「**ちんさ池**」ですなをしずめる➡にごりの固まりをしずみやすくするためにかきまぜ、「**ちんでん池**」でしずめる➡「**ろか池**」で、ちんでん池で取りのぞけなかったよごれを、すなの層を通して取りのぞく➡「**浄水池**」➡「**配水池**」➡家や学校に水道水がとどく。

❷ (1)安心して水を使うために、県は古い**水道管**を取りかえ、水もれの検査を行います。

(2)①相模原市の人口の変化のグラフを見ましょう。②㋐相模原市の人口は、2000年代からもわずかですが、ふえています。㋒水道管の2021年のきょりは、約9300kmです。㋔この2つのグラフからは、水道の使用量についてはわかりません。

28ページ きほんのワーク

❶ ①川　②量
③水力発電　④水不足

❷ ⑤日当たり　⑥手入れ
⑦根　⑧草木　⑨土
⑩水　⑪水源

29ページ 練習のワーク

❶ (1)㋐・㋓
(2)水力発電
(3)上流

❷ (1)①貯水池㋑　緑のダム㋐
②㋐
(2)①×　②○　③×　④×
⑤○

[てびき] ❶ (1)㋑川の水が足りなくなったとき、ダムからためた水を流します。㋒ダムは川の上流につくられています。

❷ (1)①水源の森林は「緑のダム」とよばれています。貯水池とは、ダムがつくられたことによってできた人工の湖です。②㋐川を流れる水をきれいにして飲めるようにするのは、浄水場のはたらきです。

(2)①水源の森林を守るために、ボランティアの人々が活動しています。④木の手入れをする人は年々へっています。

30ページ きほんのワーク

❶ ①下水管　②下水処理しせつ
③水質試験　④水のじゅんかん

❷ ⑤節水　⑥せんたく
⑦再利用　⑧食品ロス
⑨たいひ

31ページ 練習のワーク

❶ (1)水のじゅんかん
(2)㋒・㋓
(3)①㋒　②㋑　③㋓
④㋐　⑤㋔

❷ (1)[あ]
(2)①○　②△　③△　④△

[てびき] ❶ (1)地球上には、約13億8000万km³の水があるといわれています。そのうちの約98%が海水で、わたしたちが生活に使える水は、地球上の約0.02%です。じゅんかんした水を大切に使いましょう。

(2)㋐残飯や食用油をそのまま流してしまうと、下水管がつまってしまうおそれがあります。また、食用油がまざった水をきれいにするには、たくさんの水が必要です。㋑下水処理しせつできれいにした水を、水せんトイレなどにふたたび利用する取り組みなどが始まっています。

(3)①～③までは、川からの水がきれいにされて、わたしたちの学校にとどくまで、④・⑤は使ったあとのよごれた水をきれいにして川や海にもどすまでの流れです。

❷ (1)1日に使われる水の量が多いほうが工場です。

(2)家庭でできる水をむだに使わない取り組みには、ほかに「食器のよごれはふき取ってから洗う」「トイレの大小のレバーを使い分ける」などがあります。

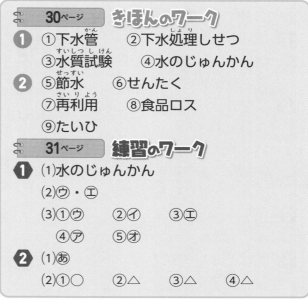

なぞり道場　何回も書いてかくにんしよう！

じょう	すい	じょう		げ	すい	しょ	り
浄	水	場		下	水	処	理
すい	げん	りん		か	な	がわ	けん
水	源	林		神	奈	川	県
せっ	すい			すい	どう	りょう	きん
節	水			水	道	料	金

32・33ページ まとめのテスト

1 (1)〈例〉川の近く

(2)①㋓　②㋔　③㋐

(3)水質試験室

2 (1)ダム

(2)㋐・㋓

(3)水源

(4)〈例〉雨水をたくわえて、ゆっくりと水を流すはたらきがあるから。

3 (1)①[う]　②[あ]　③[い]

(2)①交かん　②検査　③費用

4 (1)①下図　②(約) 2500 (km)

③㋐

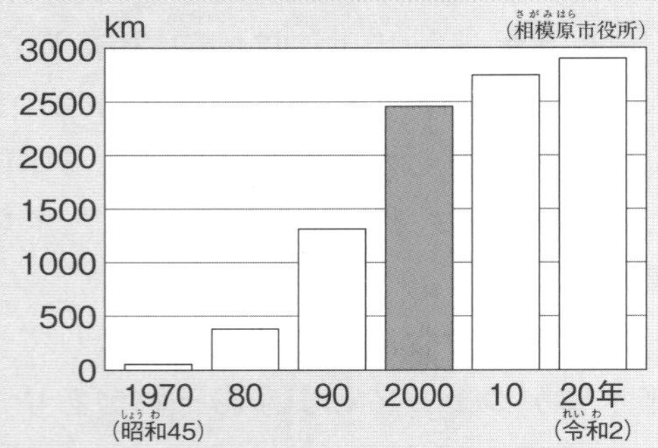

(2)節水

てびき **1** (1)浄水場は、川から取り入れた水をきれいにして、飲むことができるようにするしせつです。

(2)㋒と㋑が入っているので、それを手がかりにして、流れを考えましょう。

(3)機械を使って、水の中の細きんやにごりなどを調べます。

2 (1)・(2)ダムは、水道に使われる川の水の量を調節したり、発電をするために使われます。

(4)**森林**は、木の根によって土やすなをおさえこみ、ふった雨水をたくわえることができます。

3 (1)①水道管ののびるきょりについてであることから[う]、②人口についてであることから[あ]、③水道が使われる量についてであることから[い]のグラフを選びます。

4 (1)①2000年のグラフに色をぬります。②2000年の**下水管**のきょりを読み取ります。③下水処理のしくみがなかった時代は、川や海がよごされてしまうことがありました。人口や水の使用量がふえるのに合わせて、下水処理のしくみが整えられました。

2　くらしと電気／ガスはどこから

34ページ きほんのワーク

1 ①燃料　②発電所　③ダム

④送電線　⑤家庭

2 ⑥停電　⑦火力　⑧石油

⑨二酸化炭素　⑩原子力　⑪水力

35ページ 練習のワーク

1 (1)㋐

(2)停電

(3)①㋐　②㋒

2 (1)①できない　②停電

③調節した量を

(2)①㋑　②㋒　③㋐

てびき **1** (1)外国とつながっている交通は船か飛行機です。燃料は重いので、飛行機ではなく船で運ばれます。

(2)**停電**が起きると、生活にさまざまな問題が出てきます。たとえば、冷蔵庫が使えなくなるため、食べ物はすぐにくさってしまいます。また、照明もつかなくなるため、夜には真っ暗な中で過ごさなければなりません。

(3)**水力発電所**はダムがつくられているところにあるので、大きな湖の近くにあります。

2 (1)電力会社は、必要な電気の量を予想し、計画的に電気をつくっています。

(2)それぞれの発電のよいところとわるいところを確認しておきましょう。今の日本では、**火力発電**が最も多くなっています。

36ページ きほんのワーク

1 ①節電　②太陽光　③断熱

④風力　⑤省エネルギー

⑥換気

2 ⑦天然ガス　⑧ガス管　⑨供給

⑩24

37ページ 練習のワーク

1 (1)㋑

(2)①㋐　②㋒　③㋑

2 (1)㋓

(2)①○　②△　③△

(3)①地震　②保安指令センター

[てびき] **1** (1)**火力発電**は発電のときに多くの**二酸化炭素**を出し、**地球温暖化**の原因になるといわれています。ただ、**風力**や**地熱**、**太陽光**などの自然の力を利用した発電は、いつも同じ量の電気をつくることができないことや、費用がかかることが問題です。

2 (1)ガスの原料は、船で運ばれます。

(3)ガス会社では、ガスが正常に流れているかどうかを24時間、交代で見守り、何かあった場合は、すぐに対応できるようになっています。

38・39ページ まとめのテスト

1 (1)①海　②湖
(2)変電所

2 (1)①石油　②ウラン　③ダム
(2)㋐・㋒
(3)㋐・㋓

3 (1)火力　(2)㋑
(3)(約)9000(億kWh)
(4)①[あ]㋒　[い]㋓
②〈例〉発電のときに二酸化炭素を出さないから。

4 (1)天然ガス
(2)〈例〉ガスににおいをつける。
(3)㋑・㋓

[てびき] **1** (1)**火力発電所**や**原子力発電所**は、外国から船で運ばれてくる燃料を使うので、海ぞいにつくられています。

2 (1)②2011年の**東日本大震災**のときには、福島県にある**原子力発電所**で事故が起きました。今も広いはんいで、人々のくらしにえいきょうをおよぼしています。

(2)㋑㋓つくり出すことのできる電力、実際に使われた電力ともに、2010年までふえていますが、2021年はへっています。

3 (4)①[あ]は**太陽光発電**、[い]は**風力発電**です。②**火力発電**は、石油や天然ガスなどを燃やしたときに、**二酸化炭素**を多く出してしまいます。

4 (1)**天然ガス**は、LNGという液体にされてから、**タンカー船**で運ばれます。

(3)㋐ガスのはん売量は年々ふえ続けていて、最も多いのは2019年です。㋒ガスのはん売量が200億㎥をこえたのは2000年からです。

地震にそなえるまちづくり

40ページ きほんのワーク

1 ①地震　②地震防災センター
③安政東海地震　④ひがい
⑤がけ

2 ⑥防災セット　⑦電気
⑧水　⑨ラジオ

41ページ 練習のワーク

1 (1)三重県
(2)㋐・㋓
(3)㋑・㋒

2 (1)㋑・㋓
(2)①ひなん訓練　②㋑・㋒

[てびき] **1** (1)年表に書かれていることを、しっかり読み取りましょう。

(2)㋑宝永地震は、静岡県から大分県にかけて発生しました。㋒年表のうち、特にひがいが大きかったのは安政東海地震ですが、この年表からはひがいの大きさはわかりません。

2 (1)㋑防災セットは、ひなん所やひなん所となる学校でも用意が必要です。㋓**ひなん地**は、公民館などにもうけられています。

(2)ひなん地となる学校では、多くの人がひなんしてくることが考えられるため、毛布や食料がほかんされています。

42ページ きほんのワーク

1 ①情報　②消防
③救出　④ひなん所
⑤市役所

2 ⑥ハザードマップ　⑦防災メール
⑧ラジオ　⑨安全
⑩ひなん地

43ページ 練習のワーク

1 (1)地域防災計画
(2)㋑・㋒
(3)㋐・㋑

2 (1)㋐
(2)①㋐　②㋑
(3)①近い　②高く

てびき **1** (1)地域防災計画では、災害時に人々の命や生活を守るために、さまざまな取り組みが決められています。

(2)人々の救出をする人は、警察や消防のほかに自衛隊などがあります。

(3)㋒のひさい地の住民に防災メールを送るのは市役所、㋓の災害対策本部の求めで集まるのは消防の人です。自衛隊は、県の求めで出動します。

2 (1)㋒の地震防災センターは、地震のこわさ、そなえの大切さを伝える取り組みをしています。

(2)・(3)津波ひなんしせつは、津波がきても命が守れるように一時的にひなんする、予想される津波よりも高くつくられた建物です。

44ページ きほんのワーク

1 ①自主防災倉庫　②自治会
③防災用品　④食料
⑤救急箱

2 ⑥安全　⑦ハザードマップ
⑧地震防災センターの人
⑨地域の住民　⑩自治会の人
⑪市役所の人

45ページ 練習のワーク

1 (1)㋑・㋒・㋔
(2)①(約)25000(戸)　②㋑・㋒

2 (1)①大き　②来ない　③南
(2)ひなん訓練〔訓練〕

てびき **1** (1)救援物資がとどくまでに必要な食料や水、けがをしたときのための救急箱、足が不自由な人のための車いすなどが用意されています。

(2)②㋐2004年には、約2500戸です。㋒2008年は約10000戸なので、2021年の約25000戸は２倍以上になっています。

2 (1)東日本大震災での津波のはんいは、ハザードマップでしめされた線よりも内陸側(南側)に大きくひろがっています。

なぞり道場　何回も書いてかくにんしよう！

きゅう	えん	ぶっ	し		じ	えい	たい
救	援	物	資		自	衛	隊

46・47ページ まとめのテスト

1 (1)[う]
(2)[い]
(3)㋒
(4)㋒

2 (1)市〔市役所〕
(2)①㋑　②㋒　③㋐

3 (1)ハザードマップ
(2)㋐・㋒
(3)〈例〉津波ひなんタワーは、海の近くにつくられている。

4 (1)①[い]　②[う]　③[え]　④[あ]
(2)㋐③　㋑④
(3)①㋐市役所　㋑線路
②〈例〉多くの人がにげやすく、利用しやすいようにするため。

てびき **1** (1)今から150年前は1870年代です。1870年代に最も近い[う]を選びます。

(2)宝永地震は、中部地方から九州地方にかけて起こった大きな地震です。

2 (1)市役所には、地震や津波などの災害にそなえる取り組みを進める係の人がいます。

(2)③気象台から県にむかう矢印であることから㋐だとわかります。②ひさいした住民にとどけられていて、③が㋐であることから、㋒です。①市からいろいろな関係機関にのびていることから、㋑だと考えられます。

3 (1)ハザードマップには、ひなん場所もしめされています。「ハザード」とは「危険」という意味をもつ英語です。

(3)津波はとても高い波がおしよせる災害です。海の近くにいて津波が起こったとき、一時的にひなんできるように、海に近い所に津波ひなんタワーがつくられています。

4 (2)㋐は、市の防災会議のようすです。防災会議では、毎年、地域防災計画を見直しています。㋑は自治会の防災倉庫です。自治会の人が、月に１回は点検しています。

なぞり道場　何回も書いてかくにんしよう！

つ	なみ		ぼう	さい	そう	こ
津	波		防	災	倉	庫

水害にそなえるまちづくり

48ページ　きほんのワーク

1 ①大雨　②ていぼう
③自衛隊　④信濃
⑤水害

2 ⑥ていぼう　⑦住民
⑧水防倉庫　⑨ひなん訓練
⑩にげどきマップ

49ページ　練習のワーク

1 (1)①2004(年)　②15163(戸)
(2)㋐・㋓
(3)㋑・㋓
(4)①何度も　②上流

2 (1)①消防団　②水防倉庫
(2)㋑・㋒

てびき **1** (1)①なくなった人の数も、ひがいにあった家の数も、2004年のほうが多いです。②10935＋4228＝15163戸です。

(2)水害は、台風が来たときや梅雨の時期などに起こりやすくなります。最近は、ゲリラ豪雨とよばれる雨でも、水害が起こることがあります。

(3)㋐川は、大雨によって、水位があがってはんらんするおそれがあるので、川ぞいの公園にひなんするのはきけんです。

2 (2)㋐は自衛隊や警察、消防の仕事です。

50ページ　きほんのワーク

1 ①水害　②防災無線
③災害対策　④警察
⑤国土交通　⑥地域防災

2 ⑦川はば　⑧標識
⑨ハザードマップ　⑩河川防災
⑪水防

51ページ　練習のワーク

1 (1)自衛隊
(2)①㋑　②㋐　③㋒　④㋓

2 (1)①○　②×　③×　④○
(2)①標識　②ひなん場所

てびき **1** (1)住民を救出する役割の人なので、自衛隊が正しいです。

(2)①国に協力を求めるということから県だとわかります。③災害対策本部を立ち上げるということから市だとわかります。④国が管理する河川とあることから、国の機関である国土交通省だとわかります。

2 (1)②川から近い所に、河川防災ステーションをつくりました。③川はばの一部を広くする工事を行いました。

(2)絵は、「まるごとまちごとハザードマップ」の標識です。

火山の噴火にそなえて／雪の災害にそなえて

52ページ　きほんのワーク

1 ①噴火　②ひなん
③火山防災計画
④ハザードマップ　⑤ひなん訓練

2 ⑥雪　⑦雪おろし　⑧除雪車
⑨自主防災会　⑩雪かき

53ページ　練習のワーク

1 (1)1822(年)　(2)㋑　(3)㋐

2 (1)㋐・㋓
(2)①[あ]㋓　[い]㋒　[う]㋑　[え]㋐
②災害対策本部

てびき **1** (1)82名がなくなった1822年が、最もひがいが大きいといえます。

(2)1822年から1853年までは31年、1853年から1910年までは57年、1910年から1943年までは33年、1943年から1977年までは34年、1977年から2000年までは23年なので、あてはまる年が最も多い㋑の約30年～40年を選びます。

(3)㋑・㋒・㋓は、すべて国の機関です。

2 (1)㋒は地震のときの様子です。

なぞり道場　何回も書いてかくにんしよう！

ふん	か		こく	ど	こう	つう	しょう
噴	火		国	土	交	通	省
き	しょう	だい			じょ	せつ	しゃ
気	象	台			除	雪	車

54・55ページ まとめのテスト

[1] (1)㋑(→)㋐(→)㋓(→)㋒
(2)[う]

[2] (1)㋒
(2)①防災 ②㋐
(3)〈例〉川の水がていぼうからあふれないようにするため。

[3] (1)[あ]㋓ [い]㋐ [う]㋑ [え]㋒
(2)ハザードマップ
(3)㋑・㋓
(4)ひなん

[4] (1)①㋑ ②㋒ ③㋐ ④㋓
(2)〈例〉集めた雪を置く場所が市内の各地にある。

[てびき] [1] (1)雨がふって川の水の量がふえ、川の水が**ていぼう**からあふれると、まちが水につかってしまいます。

(2)問題の文から、**水害**が起こりやすいのは、信濃川と五十嵐川が合流する地点だとわかります。

[2] (1)国の機関である**国土交通省**は、国が管理する川の様子を見守り、水害が起こりそうな場合は市に連らくをします。

(2)①**河川防災ステーション**は、市が、国と協力してつくりました。②㋑三条市の「まるごとまちごとハザードマップ」の取り組みです。㋒川に近い所にある必要があります。

(3)ふえた川の水が2回に分けて取りこまれます。ふだんは田として利用されています。

[3] (3)㋐噴火のときに、火山に近づくのは大変きけんです。㋒連らくもうで連らくを順にまわしていると時間がかかってしまい、にげおくれてしまう人が出てしまいます。

(4)災害が起こったときに、あわてずに**防災計画**にもとづいて行動するためには、日ごろから**ひなん訓練**をきちんと行っておくことが大切です。

[4] (1)①国が管理するとあるので、国の機関である国土交通省があてはまります。④雪にかんする情報の提供は、天気を観測する気象台が行います。

(2)除雪のためのしせつ(除雪ステーション)ももうけられています。

地域で受けつがれてきたもの

56ページ きほんのワーク

❶ ①おぼん ②年中行事 ③400
④リズム ⑤連

❷ ⑥50 ⑦おどり ⑧安全
⑨交流 ⑩伝統
⑪文化財

57ページ 練習のワーク

[1] (1)①㋐ ②㋑ ③㋒
(2)㋒
(3)伝統行事

[2] (1)①東京都 ②36(か所)
(2)㋐○ ㋑× ㋒× ㋓○

[てびき] [1] (1)㋐の**節分**は、もともとは季節の変わり目のことをいい、今は春になる前の2月3日ごろのことをいいます。㋑の**たんごの節句**は、5月5日に男の子の成長を祝う日となっています。㋒の**七五三**は、3さい、5さい、7さいのときに、子どもの成長を願うぎしきです。

(2)㋐おぼんの時期に、なくなった人を思い、なぐさめるために始まったおどりです。㋑きまったリズムにのっておどります。

[2] (1)①東京都が22か所で、最も多くなっています。②関東地方で阿波おどりが行われるのは、埼玉県、千葉県、東京都、神奈川県の4都県です。

(2)㋑1968年にはアメリカで阿波おどりが発表されました。現在はスペインなどでも行われています。㋒おどりを見に来る人に楽しんでもらうため、いろいろなくふうをして、けいこをつんでいます。

58ページ きほんのワーク

❶ ①文化財 ②座
③農村舞台 ④伝統芸能

❷ ⑤保存 ⑥ふえ
⑦費用 ⑧演奏会

59ページ 練習のワーク

[1] (1)①徳島県 ②阿波人形浄瑠璃
(2)㋐・㋑

[2] (1)①150 ②へり
(2)㋐・㋒ (3)㋑
(4)文化財

[てびき] **1** (1)阿波というのは、日本で使われていた古い国名で、徳島県のことです。

(2)㋒人々が生活の中で映画などを楽しむようになると、えんじられる回数がへりました。㋓農作業の合間の楽しみとして始められました。

2 (1)農村舞台は、約60年前にはほとんどが使われなくなりました。

(3)人々の思いのところに、伝統芸能とあるので、㋑が阿波人形浄瑠璃とわかります。㋐はみんながいっしょになっておどるとあるので、阿波おどりです。

60・61ページ まとめのテスト

1 (1)(約) 400(年前)

(2)㋐・㋓

(3)アメリカ〔アメリカ合衆国〕

2 (1)㋑・㋓

(2)①年中行事　②連

(3)①1(か所)　②東北地方

③〈例〉阿波おどりは、ほぼ全国に広まっている。

3 (1)①㋒　②㋑　③㋐

(2)㋑・㋓

4 (1)①下図　②ふえ

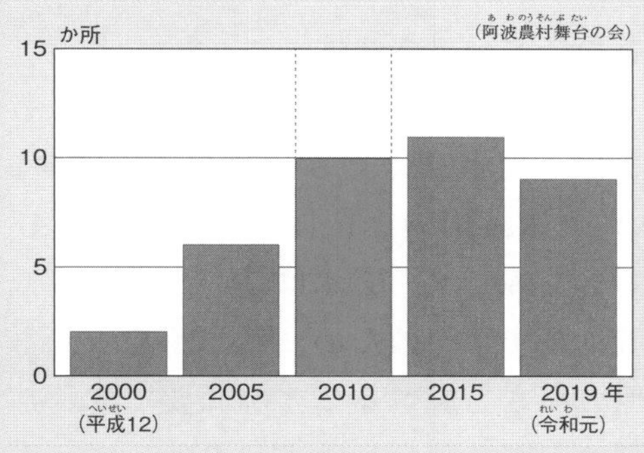

(2)㋐・㋒

[てびき] **1** (1)**阿波おどり**は約400年前に始まったといわれています。200年以上前の阿波おどりや、約80年前の阿波おどりを見ると、今の阿波おどりと、おどり方やいしょうの様子が変わっていることがわかります。

(2)㋑1937年に戦争が始まると、阿波おどりはそれまでのようにはできなくなりました。㋒阿波おどりが県外に広まったのは1957年で、海外で初めて発表されたのは1968年です。

2 (1)阿波おどりでは、他にも、たいこ、かねなどが使われます。これらの楽器は「鳴り物」とよばれます。

(2)①年中行事とは、毎年、同じ時期になると行われるぎしきや行事のことです。阿波おどりは、徳島県の年中行事です。②1つの連の人数は数十人から数百人とさまざまです。

(3)①九州地方で阿波おどりを行っているのは長崎県です。②日本を8つの地方に分けたとき、阿波おどりが行われていないのは東北地方だけだということになります。③徳島県の阿波おどりは、約50年前から県外の観光客が多くおとずれるようになり、県外の地域に広まっていきました。阿波おどりを通した、他の地域との交流も行われています。

3 (1)**阿波人形浄瑠璃**は、三味線ひき、せりふを言う太夫、人形つかいの人々の協力によって行われます。1つの人形を動かすのに、人形つかいは3人必要です。

(2)㋐資料館では、人形つかいの体験をすることができます。人形を動かすことは、かんたんではありません。人形つかいになるには、たくさんのれんしゅうが必要です。㋒現代においても、伝統的な動きを守り続けています。

4 (1)①グラフのたての目もりを見て、10になるようにグラフをかきます。②2000年には5か所もなかった農村舞台が、2015年には10か所をこえています。

(2)㋑**資料2**で、「農村舞台は、長く使わないでいると建物があれてしまう」といわれています。㋓**資料2**で、「演奏会と阿波人形浄瑠璃を、同じもよおしの中で行う」といわれています。

なぞり道場 何回も書いてかくにんしよう！

ぶん	か	ざい		ねん	ちゅう	ぎょう	じ
文	化	財		年	中	行	事
にん	ぎょう	じょう	る	り			
人	形	浄	瑠	璃			
しゃ	み	せん		でん	とう	げい	のう
三	味	線		伝	統	芸	能

昔から今へと続くまちづくり

62ページ きほんのワーク

❶ ①米　②ぬま
③土地　④水不足　⑤見沼新田

❷ ⑥井沢弥惣兵衛　⑦見沼代用水
⑧和歌山県　⑨１年

63ページ 練習のワーク

❶ (1)見沼代用水
(2)①浅く　②水不足
③あふれる
(3)㋑・㋓

❷ (1)①高い　②低い
(2)㋐○　㋑×　㋒○
(3)水

てびき ❶ (1)新田開発前の地域の様子を見ると、綾瀬川の西側に大きなぬまが見られます。**新田開発**後の地域の様子を見ると、大きなぬまがなくなり、芝川をはさむように、**見沼代用水**が流れていることがわかります。

(2)ぬまは底が浅いため、雨がふらないと水不足がおきたり、雨が続くと水があふれたりして、住民にとって、あまり使えない土地でした。

(3)江戸時代には、決められた量の米を江戸の役所におさめ、残りを自分たちが食べることができたので、つくる米の量がふえれば、自分たちがたくさん米を食べることができました。

❷ (1)**台地**は、平地よりも一段高くなった平らな土地です。川は台地のすきまの、低い部分を通っていることがわかります。

(2)㋐地図の北側を流れる利根川から取り入れられた見沼代用水が、南の荒川に合流しています。合計80kmものきょりを流れています。㋑見沼代用水は、**井沢弥惣兵衛**が中心になってつくりましたが、この地図からはわかりません。㋒見沼代用水は、とちゅうでふたてに分かれ、その間に見沼新田が開かれています。

(3)**見沼新田**で米をつくるための水が必要だったことから、見沼代用水がつくられました。

なぞり道場　何回も書いてかくにんしよう！

し	せき			しん	でん	かい	はつ
史	跡			新	田	開	発

64ページ きほんのワーク

❶ ①安定　②利根川　③高い
④低い　⑤川
⑥ふせこし　⑦へらす

❷ ⑧見沼新田　⑨へり　⑩高い
⑪芝川

65ページ 練習のワーク

❶ (1)①×　②×　③○
(2)①㋒　②㋐　③㋑

❷ (1)①②③下図

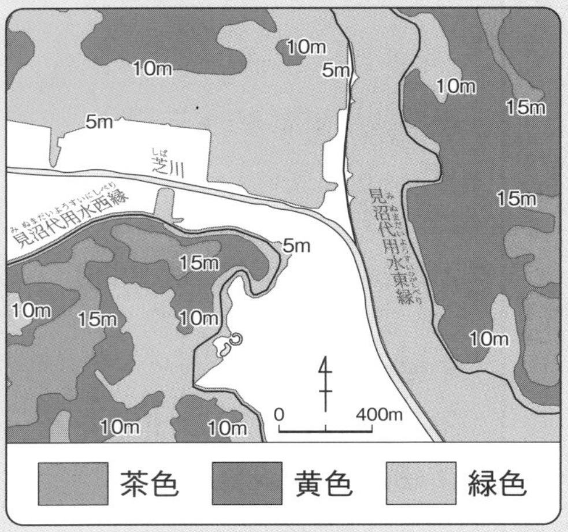

(2)㋐・㋒

てびき ❶ (1)**利根川**は、水源付近の山に積もった雪がとけて流れこむため、ゆたかな水量をたもつことができます。

(2)①「ふせこし」とは、川の底よりも下に水路を作って水をくぐらせるしくみです。「かけとい」とは、川の上にはしをかけわたして水を通すしくみです。②水は高い土地から低い土地へ流れます。そのため、用水路をつくるときは土地の高さを調べることが必要です。**井沢弥惣兵衛**は、水もり台や間ざおを使って、土地の高さを調べ、用水路のコースを決めました。③もともとある川を用水路の一部にすると、水の通り道を新しくつくる必要がなくなります。

❷ (1)等高線にそって色分けをすると、二つの用水路にはさまれた土地の高さが、まわりよりも低いことがわかります。これは、水が高い所から低い所へ流れることを利用して、用水路から水を田に引きこみやすくするためのくふうです。

(2)㋑(1)でも色をぬった通り、地図の外から中に向かって土地が低くなっています。㋓土地の低いところを通っています。

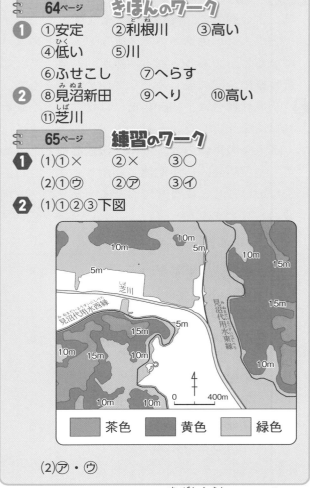

66ページ　きほんのワーク

[1] ①時間　②長い　③農民
④大工　⑤農作業　⑥村

[2] ⑦ていぼう　⑧時間　⑨せき
⑩萬年寺

67ページ　練習のワーク

[1] (1)①㋒　②㋓　③㋐　④㋑
(2)㋑・㋒

[2] ①㋑　②㋐　③㋓　④㋒

てびき [1] (1)②「もっこ」とよばれる道具です。ぼうにうつわやあみなどをつるして、物を運ぶためのものです。④「くわ」とよばれる道具です。木のぼうに、金属でできた刃がついています。

(2)**見沼代用水**の工事は、約半年で行われています。短い時間で工事が終わるように、米づくりの作業が少ない秋から冬に工事を行いました。また、参加する村ごとに担当する工事のはんいを決めて、工事をいろいろな場所で同時に進められるようにしました。工事は主に地域の農民たちが行い、江戸の大工は「ふせこし」や「かけとい」などのしせつをつくりました。かかわった人の数は約90万人といわれています。

[2] ①見沼代用水と星川の水量や流れを調節するくふうです。見沼代用水に**八間せき**、星川に**十六間せき**をつくり、農作業で水を使うときは、見沼代用水のせきをあけ、水を使わないときは、せきをしめて星川に水を流しました。②**利根川**から水を取り入れるしせつのくふうです。川から取り入れる水量を調節できるしせつを、利根川の**ていぼう**の中にうめこみました。利根川のはんらんにそなえて、しせつのまわりを、石で固めてじょうぶにしました。③「かけとい」とよばれるしくみです。川の上にはしをかけわたし、水を通しました。④「ふせこし」とよばれるしくみです。川の底より下に水路を作り、水をくぐらせて流しました。

なぞり道場　何回も書いてかくにんしよう！

え	ど		み	ぬま	だい	よう	すい
江	戸		見	沼	代	用	水
と	ね	がわ		わ	か	やま	けん
利	根	川		和	歌	山	県

68ページ　きほんのワーク

[1] ①ぬま　②米　③田
④水路　⑤江戸

[2] ⑥農業　⑦畑　⑧公園
⑨田植え

69ページ　練習のワーク

[1] (1)㋐・㋑
(2)①石　②ふね

[2] (1)①㋒　②㋐　③㋑
(2)㋒・㋓

てびき [1] (1)㋐**見沼代用水**は、**見沼新田**に水を引くためにつくられました。水量がゆたかで安定した**利根川**から水を取り入れたことで、安定して水をえることができました。㋑ぬまだったところに見沼新田ができ、田の面積がふえたことで、米がたくさんとれるようになりました。㋒用水路にそった地域で、新田ができましたが、住宅はふえていません。㋓見沼代用水は、米をつくる水をえたり、地域の産物などを運んだりするために使われました。

(2)①**ha（ヘクタール）**は面積を表す単位で、1haは、10000㎡の広さを表します。**石**は、米がとれる量を表す単位で、1石は約180L（おふろ1ぱい分くらい）です。②**見沼通船堀**は、ふたてに分かれたそれぞれの用水路と、新田の真ん中を流れる芝川をつなぐ水路のことです。この水路は、**見沼新田**でとれた米をふねに積み、芝川まで運び出すのに利用されました。芝川に出ると、米は大きなふねに積みかえられ、**江戸**に運ばれました。

[2] (1)1728年に「見沼ため井のかわりになる…」とあるので、①か②に見沼ため井が入ります。②はぬまから水をぬくとあり、土地をつくる㋐の新田開発となります。よって①は㋒です。③は「用水として」という言葉があるので、㋑だとわかります。

(2)見沼新田が開かれた場所では、畑や田が広がっていて、田植えの体験なども行われています。また、見沼の地域にある公園で参加者に自然ゆたかな見沼を楽しんでもらうもよおしも行われています。

70・71ページ まとめのテスト

[1] (1)㋐・㋓
(2)①決められた　②食べていた
③ぬま

[2] (1)和歌山県
(2)1728(年)
(3)[う]㋒　[え]㋐

[3] (1)〈例〉水量がゆたかで安定しているから。
(2)㋐
(3)[え]
(4)㋒・㋓

[4] (1)㋑・㋒
(2)(約) 9000(ha)
(3)〈例〉米のとれる量がふえ、人々の生活はゆたかになった。

てびき [1] (1)ぬまの水を田に使っていましたが、㋐や㋓のような理由で、ぬまの水を使って米をつくることをあきらめました。

(2)このころは、米がたくさんとれるほど、人々の生活はゆたかになりました。

[2] (1)和歌山県は、近畿地方の県です。

(2)「見沼代用水の工事は、1年もかけずに行われた」とあるので、1727年の次の年である1728年が答えになります。

[3] (2)水は高い所から低い所に流れます。用水路をつくるとき、水が流れるコースを決めるために、土地の高さを調べることが必要です。**井沢弥惣兵衛**は、水もり台などの道具を使って、土地の高さを調べました。

(3)「2つの用水路にはさまれ」「まわりの土地より低い」の2つにあてはまる場所をさがしましょう。

(4)㋐井沢弥惣兵衛が、工事の無事や水量の安定を願って建てたとされています。㋑かけといやふせこしは、江戸からまねかれた大工がつくりました。

[4] (1)㋐川だった所ではなく、ぬまだった所に**新田**ができました。㋓**見沼新田**は、約1200haです。

(2)「開発前は約5000haだったが、約14000haにふえた」とあるので、14000－5000＝9000より、9000haふえました。

(3)見沼代用水が完成して、人々は安定して米づくりができるようになりました。

地域に学校をひらく／地域の人々を病気から救う

72ページ きほんのワーク

❶ ①小笠原東陽　②読書院
③小学校　④羽鳥学校
⑤耕余塾　⑥教育

❷ ⑦杉浦健造　⑧ミヤイリガイ
⑨日本住血吸虫　⑩住民

73ページ 練習のワーク

❶ (1)神奈川県
(2)㋒・㋓
(3)㋒

❷ (1)㋐×　㋑○　㋒×
(2)①へって　②1985

てびき ❶ (1)神奈川県は、関東地方にふくまれる県です。

(2)**耕余塾**では、算術、習字のほか、読書、修身、作文なども教えられていました。修身とは、今の授業では道徳にあたります。

(3)**小笠原東陽**は、東京からまねかれ、**読書院**という学校をひらきました。そして、毎晩、地域の親を学校に集めて、昔から伝わる物語や人の生き方などの話をし、教育の大切さを伝えて、学校への入学をすすめました。

❷ (1)㋐地域の教育を発展させるための取り組みです。㋑たとえば、ミヤイリガイをえさとする生き物が育てられ、田や川にはなたれたり、その取り組みに協力してくれる人には費用のえん助が行われたりしました。㋒地域の人々を病気から救った**杉浦親子**の病院のあとは、**文化財**として保存されていますが、このことは病気をなくすために行われた取り組みではありません。

(2)この病気でなくなった人は、1955年には357人もいましたが、1965年には194人に、1975年には130人にへり、1985年には一人もいなくなりました。

なぞり道場　何回も書いてかくにんしよう！

そう	り	だい	じん		よし	だ	しげる
総	理	大	臣		吉	田	茂
く	じょ		ひ	よう		びょう	き
駆	除		費	用		病	気

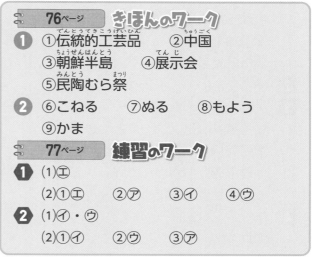

沖縄の文化のよさを伝える／北海道で、いねを実らせる

74ページ きほんのワーク

1 ①伊波普猷　②文化　③おもろ名　④歌　⑤図書館　⑥組踊

2 ⑦改良　⑧中山久蔵　⑨水路　⑩太陽熱　⑪赤毛種

75ページ 練習のワーク

1 (1)①○　②×　③×　④×

(2)㋐

2 (1)㋓

(2)①川　②温める　③長く

(3)㋐・㋒

てびき **1** (1)①**伊波普猷**は、『古琉球』や『校訂おもろそうし』などの本の出版にかかわっています。②普猷は、沖縄県那覇市で生まれ、東京の大学で「おもろ」の研究を始めました。③普猷が館長をつとめたのは、沖縄県の県立図書館です。④年表から、1906年には沖縄にもどっており、沖縄で昔についての資料を集めていることがわかります。

(2)普猷は、それまで知られてこなかった昔の沖縄の人々のくらしや考え方を本や新聞に発表して、沖縄にある文化のよさを多くの人に伝えようとしました。

2 (1)**中山久蔵**がうつり住んだ1869年ごろの北海道では、南側の地域以外では、寒さのえいきょうで、いねが育ちませんでした。そのため、久蔵は、寒さに強い「**赤毛種**」という品種のいねをつくり、北海道の農民に配りました。

(2)久蔵は、寒い土地でいねを育てるためには、温かい水を田に入れ続ける必要があると考えました。昼間は太陽熱で温めた水を田に引き入れ、夜はふろでわかした湯を田まで運んで注ぎ入れました。

(3)㋑グラフ中の６つの都道府県のうち、東北地方にある都道府県は秋田県、山形県、宮城県の３つです。新潟県は中部地方、北海道は北海道地方、茨城県は関東地方にふくまれます。㋓グラフを読み取ると、北海道の米の生産量は約55万ｔで、宮城県は約33万ｔであるため、２倍以下です。

1　焼き物を生かしたまちづくり

76ページ きほんのワーク

1 ①伝統的工芸品　②中国　③朝鮮半島　④展示会　⑤民陶むら祭

2 ⑥こねる　⑦ぬる　⑧もよう　⑨かま

77ページ 練習のワーク

1 (1)㋓

(2)①㋓　②㋐　③㋑　④㋒

2 (1)㋑・㋒

(2)①㋑　②㋒　③㋐

てびき **1** (1)**民陶むら祭**は、毎年、春と秋に行われます。**小石原焼**を買い求めに、県の内外から10万人近い人がおとずれます。

(2)**小石原焼**は、約70年前に本でしょうかいされ、約60年前に外国の展示会で高い評価をうけました。その後、民陶祭（今の民陶むら祭）が始まると広く知られるようになり、**かま元**もふえました。約40年前には、国の**伝統的工芸品**にも指定されています。

2 (1)㋐小石原焼で使うとう土は、東峰村でとれます。㋑**ろくろ**に練りつけ、回しながら形を作っていきます。㋒㋓小石原焼の伝統を守りながら、今の生活に合うような新しい形のうつわや、アクセサリーなどを作る取り組みも行われています。

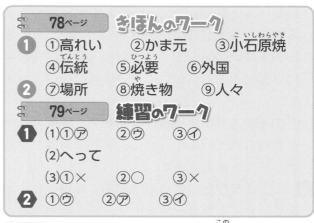

78ページ きほんのワーク

1 ①高れい　②かま元　③小石原焼　④伝統　⑤必要　⑥外国

2 ⑦場所　⑧焼き物　⑨人々

79ページ 練習のワーク

1 (1)①㋐　②㋒　③㋑

(2)へって

(3)①×　②○　③×

2 ①㋒　②㋐　③㋑

てびき **1** (3)①今の人の生活や好みに合わせて、さまざまなものが作られています。③どうやって、わかい人へぎじゅつを受けついでいくかということが課題です。

80・81ページ まとめのテスト

1 (1)〈例〉中国や朝鮮半島と、きょりが近かったから。

(2)①10　②60　③２倍　④へって

(3)伝統的工芸品

2 ①㋑　②㋓　③㋒　④㋐

3 (1)㋑・㋓

(2)①高れい化　②あとつぎ

(3)記号[い]

理由〈例〉お客さんの好みや必要に合わせているため。

4 (1)①○　②△　③○

(2)㋒

てびき **1** (1)約350年前に東峰村をおさめていた黒田氏が、伊万里焼(現在の佐賀県伊万里市で作られている焼き物)の焼き物づくりの仕事をする人を村にまねいて、明(今の中国)の作り方にならって、焼き物を作らせました。

(2)②③**民陶祭**(今の民陶むら祭)が始まったのが約60年前なので1960年ごろと考えると、1960年には10軒もなかったかま元が、15年間で24軒くらいにふえていることがわかります。

2 **小石原焼**のあたたかな色合いを出すためには、㋐ゆう薬をかける、㋓けしょう土をぬる、という作業は欠かせません。

3 (1)㋐このグラフでは、男性と女性の人口の区別がつけられていないので、分かりません。㋑東峰村の人口は、2000年には、3000人よりも少し少ないくらいにへっています。㋒1970年から1980年は、約600人へっていますが、1980年から1990年は約200人しかへっていません。㋓1960年には6000人をこえていた人口が、2023年には2000人をこえないくらいの数になっています。

(3)今の人の生活様式に合わせて、洋風のうつわも作られています。他に、小石原焼のアクセサリーなどもあります。

4 (1)①③**昔からのぎじゅつ**が高く評価され、本や展示会でも評価されたのは、焼き物そのものがよいものだったからです。②焼き物づくりに必要な材料が手に入るのは場所のよさです。そのほか、中国や朝鮮半島に近いという利点もあります。

2 昔のよさを未来に伝えるまちづくり

82ページ きほんのワーク

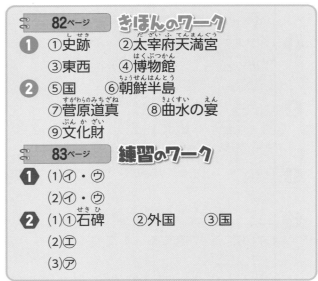

1 ①史跡　②太宰府天満宮

③東西　④博物館

2 ⑤国　⑥朝鮮半島

⑦菅原道真　⑧曲水の宴

⑨文化財

83ページ 練習のワーク

1 (1)㋑・㋒

(2)㋑・㋒

2 (1)①石碑　②外国　③国

(2)㋓

(3)㋐

てびき **1** (1)㋐**北九州空港**は北九州市にあります。㋓**九州国立博物館**は、太宰府市にありますが、**文化財**ではありません。

(2)㋐７年間で最も太宰府市をおとずれる人が少なかったのは、2013年です。㋓2013年に太宰府市をおとずれる人は約750万人、2019年に太宰府市をおとずれる人は約800万人となっており、ふえています。

2 (1)**大宰府政庁**は、中国と朝鮮半島から来た大事な客をもてなすなど、外国との交流が大きな仕事でした。また、九州など、広い地域をおさめるはたらきをもっていました。

(2)**菅原道真**は、約1100年前に都(今の京都)で重要な仕事をしていて、太宰府に来てなくなった人物です。うめの花を好んだといわれます。

(3)太宰府には、**史跡**や**文化財**が多くあります。

84ページ きほんのワーク

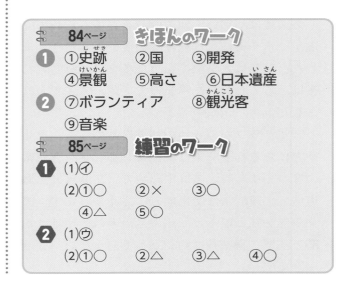

1 ①史跡　②国　③開発

④景観　⑤高さ　⑥日本遺産

2 ⑦ボランティア　⑧観光客

⑨音楽

85ページ 練習のワーク

1 (1)㋑

(2)①○　②×　③○

④△　⑤○

2 (1)㋒

(2)①○　②△　③△　④○

[てびき] **1** (1)国の調査によって史跡に指定されると、その土地の持ち主が自由に使うことができなくなります。しかし、調査が進むにつれて、地域の人々は、史跡や文化財の保存を大切に考えるようになりました。

(2)太宰府市は、地域が守り伝えてきた文化を、話し合って**市民遺産**に認定し、守っています。市民遺産になることで、地域の文化をより深く知ることができるようになりました。

2 (1)もよおしの案内から、「**観世音寺・戒壇院**」という文字を読み取りましょう。

2 自然を生かしたまちづくり

86ページ きほんのワーク

1 ①北　②アカウミガメ
③果樹園　④びわ
⑤防護さく　⑥高れい者

2 ⑦食用油　⑧石けん
⑨特産物

87ページ 練習のワーク

1 (1)㋑・㋒
(2)①[あ]自然　[い]協力
②㋐・㋓

2 (1)①海がめ　②海〔川、水〕
(2)㋑

[てびき] **1** (1)アカウミガメは、海水がきれいで、広いすなはまがある場所で産卵します。あたたかい海であることも、産卵の大切な条件です。

(2)②㋐㋓びわの実は、木の高い所になるため、収穫などの作業が大変です。また、びわ畑は、山のしゃ面にあるため、高れい者にとって、移動することも大きな負担になります。

2 (1)アカウミガメが来るきれいな海を守るため、さまざまな取り組みが行われています。

(2)岡垣町の**特産物**や**特産品**には、びわなどの果物や、小学生からの提案で生まれた「かめさんクッキー」などがあります。ゆたかな自然を大切にしたまちづくりを行っています。

なぞり道場 何回も書いてかくにんしよう！

し	ぜん	かん	きょう		とく	さん	ぶつ
自	然	環	境		特	産	物

88・89ページ まとめのテスト

1 (1)①神社　②寺院　③博物館
(2)9 (つ)
(3)①大宰府政庁跡
②中国や朝鮮半島
③九州地方

2 (1)〈例〉持ち主が自由にその土地を使うことができなくなるため。
(2)①地下　②高さ　③色

3 (1)①中央　②東側
③全体に広がっている
(2)㋐
(3)㋑
(4)㋐
(5)① (約)10 (ha)　②㋑
(6)〈例〉岡垣町がびわの産地であることを広く知ってもらうため。

[てびき] **1** (2)**史跡**の地図記号は ∴ です。

(3)①[あ]の地図記号が ∴ で、🏛 ではないので、大宰府政庁跡が答えだとわかります。②大宰府政庁がおかれていたころの日本は、アメリカやヨーロッパとの交流はまだありませんでした。

2 (1)土地の持ち主が土地に家を建てようとしても、**史跡**に指定されると自由にできなくなります。

(2)写真を見ると、電線がまったくなく、建物の高さも一定で、はでな色が使われていないことがわかります。太宰府をおとずれた観光客に、**景観**も楽しんでほしいという地域の人々の願いがあらわれています。

3 (1)**地図1**「岡垣町の土地の様子と土地利用」を見ましょう。

(2)**地図2**「びわ畑のある場所と岡垣町の地形」から、岡垣町役場の土地の高さを読み取りましょう。

(3)㋑海岸に車が入れないようにしました。「海がめもかえる町」を住民みんなで協力して守っています。

(5)②グラフから、びわ畑の面積が年々へっていることがわかります。びわ農家は、町と協力して、**特産物**であるびわを未来に残すための取り組みを行っています。

(6)親しみやすいキャラクターをつくり、全国に岡垣町のみりょくをアピールしています。

3　国際交流がさかんなまちづくり

90ページ　きほんのワーク

1　①マラソン　②国際交流
③国際会議　④博多港
⑤福岡空港　⑥中国

2　⑦アジア　⑧アジアンパーティ
⑨博多　⑩姉妹都市

91ページ　練習のワーク

1　(1)①韓国　②船　③3
(2)①韓国　②中国

2　(1)㋒
(2)①フランス　②アメリカ
③中国

てびき　**1**　(1)釜山（プサン）は韓国にある都市で、韓国の中で、首都であるソウルについで大きい都市です。

(2)飛行機を使うと**福岡空港**から、船を使うと**博多港**から入国することになります。

2　(1)㋐太宰府天満宮で１月７日の夜に行われる祭りです。㋑太宰府天満宮で毎年３月に行われる行事です。㋓東峰村で小石原焼を広めるために行われている祭りです。

92ページ　きほんのワーク

1　①ホームステイ　②姉妹都市
③生活習慣　④イスラム
⑤観光客

2　⑥ガイドマップ　⑦みあれ祭
⑧伝統的工芸品　⑨太宰府市
⑩東峰村

93ページ　練習のワーク

1　(1)㋐・㋒
(2)①○　②△　③△　④○

2　(1)㋒
(2)①東峰村　②福岡市
③久留米市

てびき　**1**　(1)バスのりば以外にも、日本語といっしょに英語や中国語、韓国語などの表示がある場所がふえてきています。

2　(1)福岡市で**国際会議**が多く開かれているのは、会場にできるような**大型しせつ**があるからです。

94・95ページ　まとめのテスト

1　(1)4（番目）
(2)①マラソン　②スポーツ

2　(1)①㋐　②㋑
(2)表１　4（つ）　表２　2（つ）
(3)プサン〔釜山〕
(4)〈例〉韓国も中国も福岡市ときょりが近いから。

3　(1)姉妹都市〔友好都市〕
(2)㋒・㋓・㋖
(3)①ぎじゅつ　②協力

4　(1)外国語
(2)㋐×　㋑×　㋒○
(3)〈例〉それぞれの生活習慣がちがうことを知り、わかり合うこと。

てびき　**1**　(1)福岡市には、一度にたくさんの人が集まれる大型のしせつがあります。

(2)スポーツを通した**国際交流**で最も大きなものは、４年に１度行われる**オリンピック・パラリンピック**です。

2　(2)**表１**の中には、**韓国、中国、タイ、フィリピン**の４つの国があります。**表２**の中には、**中国、韓国**の２つの国があります。

(3)福岡市からプサン（釜山）までは、福岡市から東京までよりもずっと近いです。

3　(2)㋒は北アメリカの国、㋓はヨーロッパの国、㋖はオセアニアの国です。すべての国は国を表す印である**国旗**をもっています。国旗には、その国の人々の思いやほこりがこめられているため、そんちょうし合うことが大切です。

4　(1)バスのりばの案内板には、日本語、英語、中国語、韓国語で案内が書かれています。

(2)㋑市役所の人の話から市が作っていることがわかります。㋒イスラム教では、ぶたの肉を食べることができません。

(3)生活習慣だけでなく、言葉や考え方も国によってちがいがあります。まずは、ちがいがあるということを知ることが大切です。

なぞり道場　何回も書いてかくにんしよう！

こく	さい	こう	りゅう			こっ	き
国	際	交	流			国	旗

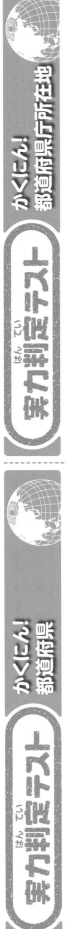

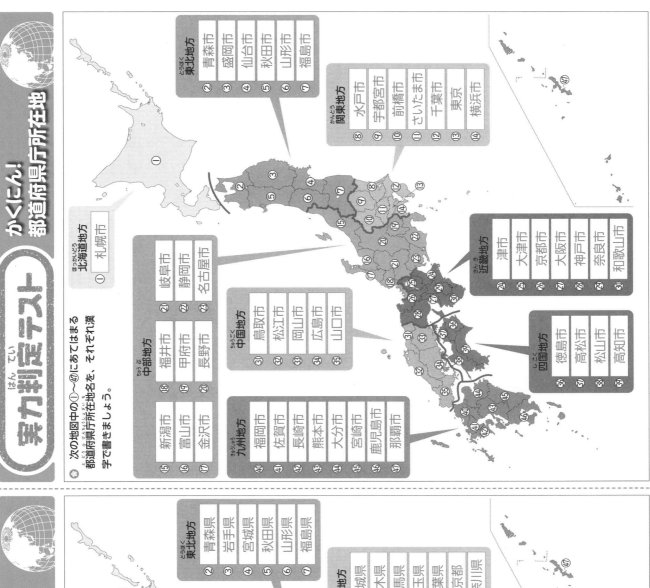

実力判定テスト かくにん! 都道府県

次の地図中の①～㊼にあてはまる都道府県名を、それぞれ漢字で書きましょう。

北海道地方
① 北海道

東北地方
② 青森県
③ 岩手県
④ 宮城県
⑤ 秋田県
⑥ 山形県
⑦ 福島県

関東地方
⑧ 茨城県
⑨ 栃木県
⑩ 群馬県
⑪ 埼玉県
⑫ 千葉県
⑬ 東京都
⑭ 神奈川県

中部地方
⑮ 新潟県
⑯ 富山県
⑰ 石川県
⑱ 福井県
⑲ 山梨県
⑳ 長野県
㉑ 岐阜県
㉒ 静岡県
㉓ 愛知県

近畿地方
㉔ 三重県
㉕ 滋賀県
㉖ 京都府
㉗ 大阪府
㉘ 兵庫県
㉙ 奈良県
㉚ 和歌山県

中国地方
㉛ 鳥取県
㉜ 島根県
㉝ 岡山県
㉞ 広島県
㉟ 山口県

四国地方
㊱ 徳島県
㊲ 香川県
㊳ 愛媛県
㊴ 高知県

九州地方
㊵ 福岡県
㊶ 佐賀県
㊷ 長崎県
㊸ 熊本県
㊹ 大分県
㊺ 宮崎県
㊻ 鹿児島県
㊼ 沖縄県

実力判定テスト かくにん! 都道府県庁所在地

次の地図中の①～㊼にあてはまる都道府県庁所在地名を、それぞれ漢字で書きましょう。

北海道地方
① 札幌市

東北地方
② 青森市
③ 盛岡市
④ 仙台市
⑤ 秋田市
⑥ 山形市
⑦ 福島市

関東地方
⑧ 水戸市
⑨ 宇都宮市
⑩ 前橋市
⑪ さいたま市
⑫ 千葉市
⑬ 東京
⑭ 横浜市

中部地方
⑮ 新潟市
⑯ 富山市
⑰ 金沢市
⑱ 福井市
⑲ 甲府市
⑳ 長野市
㉑ 岐阜市
㉒ 静岡市
㉓ 名古屋市

近畿地方
㉔ 津市
㉕ 大津市
㉖ 京都市
㉗ 大阪市
㉘ 神戸市
㉙ 奈良市
㉚ 和歌山市

中国地方
㉛ 鳥取市
㉜ 松江市
㉝ 岡山市
㉞ 広島市
㉟ 山口市

四国地方
㊱ 徳島市
㊲ 高松市
㊳ 松山市
㊴ 高知市

九州地方
㊵ 福岡市
㊶ 佐賀市
㊷ 長崎市
㊸ 熊本市
㊹ 大分市
㊺ 宮崎市
㊻ 鹿児島市
㊼ 那覇市

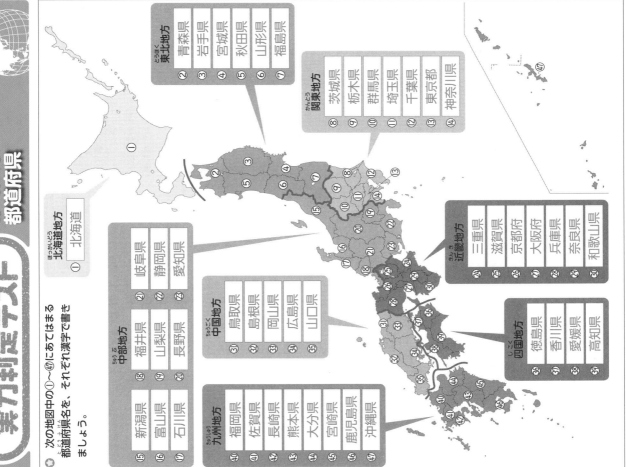

3 2 1 0 9 8 7 6 5 4
* * D C B A

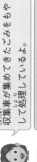

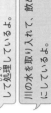

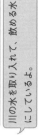

実力判定テスト　学年末のテスト①

◆昔のよさを未来に伝えるまちづくり

1 次の資料を見て答えましょう。　1つ20〔100点〕

あ
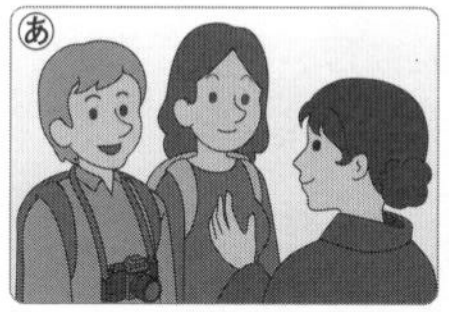
い
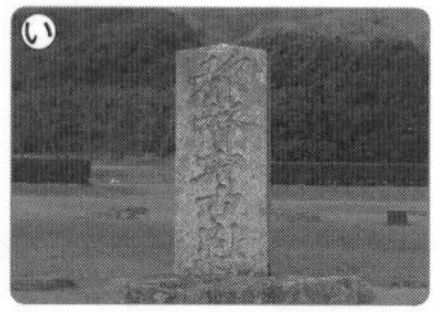
う 太宰府市をおとずれる人の数
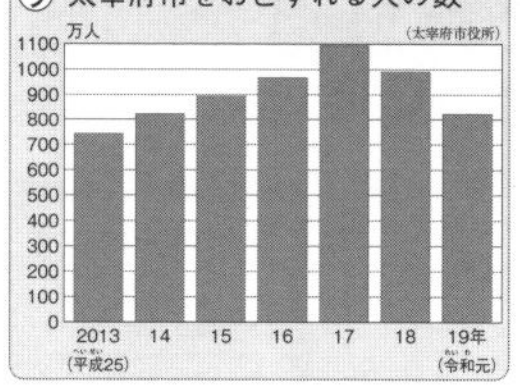

え
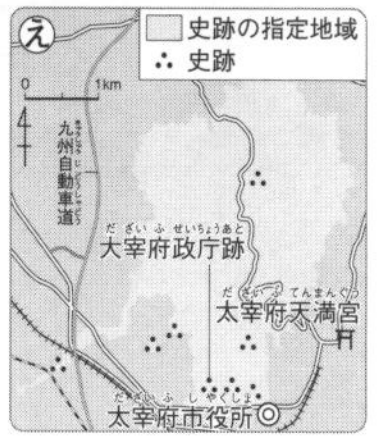

(1) 次のことがわかる資料を、上のあ～えからそれぞれ選びましょう。

太宰府市の観光客は2017年には1100万人近くになったんだね。（う）

昔、この場所に建物があったことをしめす石碑があるね。（い）

(2) 次のうち、資料からわかること1つに○を書きましょう。

ア（　）2013年から2016年にかけて、太宰府市の観光客の数は約100万人ふえた。

イ（　）太宰府市には外国からの観光客は来ない。

ウ（○）太宰府市には史跡がいくつかある。

(3) 次の文の□にあてはまる言葉を、あとの⬚からそれぞれ選びましょう。

①（　景観　）②（　協力　）

▶地域の自然や歴史などがつくってきた風景である①は、地域にくらす人々の②によって守られている。

景観　協力　伝統的工芸品

◆自然を生かしたまちづくり　◆どちらかを選んでときましょう。

1 次の資料を見て答えましょう。　1つ20〔100点〕

あ
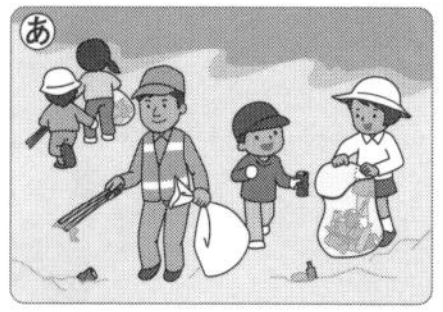
い
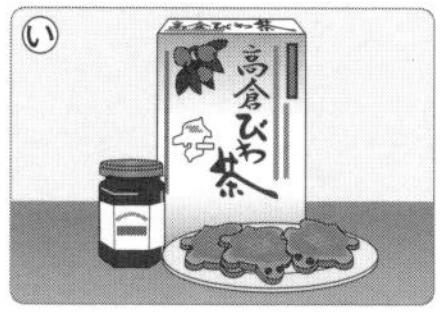

う 岡垣町のびわ畑の面積
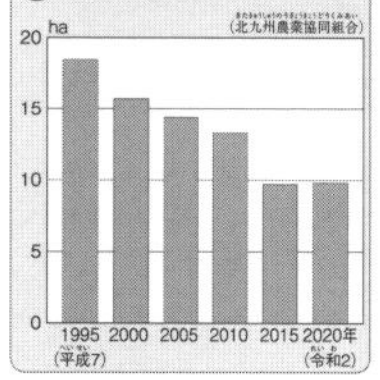

え
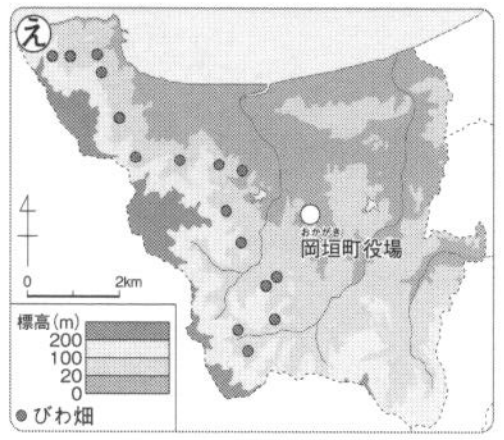

(1) 次のことがわかる資料を、上のあ～えからそれぞれ選びましょう。

地域の特産品になるおかしをつくっているね。（い）

岡垣町のびわ畑の面積は、だんだんへってきているね。（う）

(2) 次のうち、資料からわかること1つに○を書きましょう。

ア（○）岡垣町のびわ畑の面積は、2015年からは10ha以下になっている。

イ（　）岡垣町のびわ畑は、平野に多い。

ウ（　）地域の清掃活動は、大人だけで行われる。

(3) 次の文の□にあてはまる言葉を、あとの⬚からそれぞれ選びましょう。

①（自然環境）②（　協力　）

▶自然ゆたかな地域がもっている①のよさは、地域にくらす人たちの②によって守られている。

自然環境　協力　伝統的工芸品

実力判定テスト　学年末のテスト②

◆国際交流がさかんなまちづくり

1 次の地図を見て答えましょう。　1つ10〔50点〕

福岡市の姉妹都市や友好都市

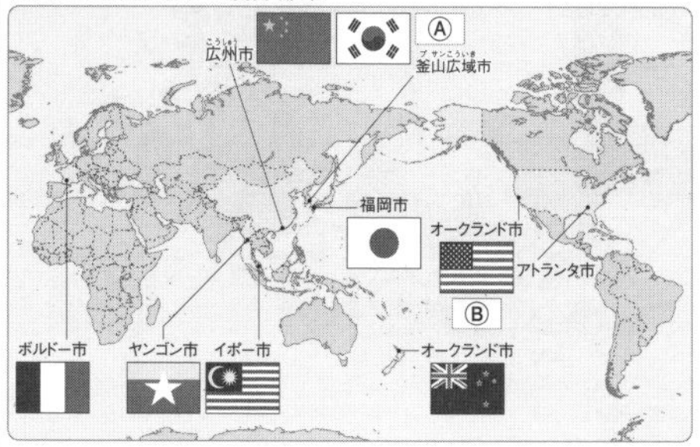

(1) 地図中のⒶ・Ⓑにあてはまる国の名前を、次からそれぞれ選びましょう。　Ⓐ（イ）　Ⓑ（ア）

ア　アメリカ合衆国　イ　大韓民国

ウ　中華人民共和国　エ　フランス

(2) 次の文の□にあてはまる言葉を、あとの⬚からそれぞれ選びましょう。

①（　交流　）②（　国旗　）

▶姉妹都市は①を目的に結びつき、おたがいに理解を深めながら助け合っている。

▶国と国とが交流するときは、国を表す目印である②を、たがいにそんちょうすることが大切である。

国旗　産業　交流

(3) 右の表を見て、次の話の（　）にあてはまる国名を、表の中から選びましょう。

福岡空港から入国する外国人で一番多いのは、（　韓国　）から来た人だね。

福岡空港から入国した外国人の数

国名	入国者数（人）
韓国	1057845
中国	775515
タイ	58056
フィリピン	44789
マレーシア	36225
その他	169526

（2019年　法務省）

◆1学期・2学期のまとめ

2 次の問いに答えましょう。　1つ10〔50点〕

(1) 次の話にあてはまるしせつを、あとのア・イからそれぞれ選びましょう。

収集車が集めてきたごみをもやして処理しているよ。（イ）

川の水を取り入れて、飲める水にしているよ。（ア）

ア
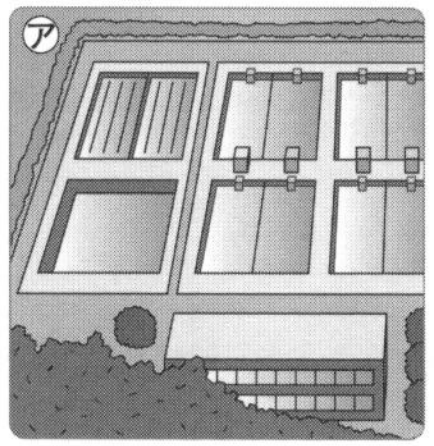
イ
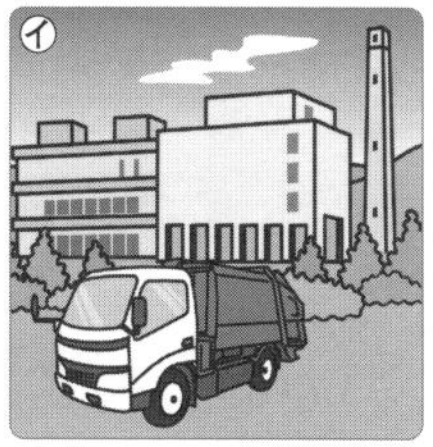

(2) 右の地図を見て、次の問いに答えましょう。

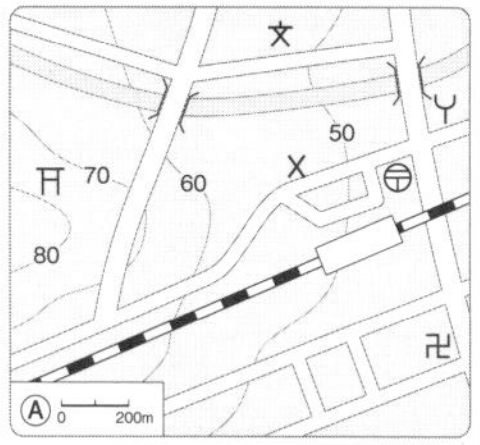

① 地図中のⒶが表しているものを、次から選びましょう。（ア）

ア　きょり

イ　方位

ウ　土地の高さ

② 地図中の学校と神社をくらべると、どちらのほうが高い場所にありますか。

（　神社　）

(3) 次のうち、県を発展させる取り組みとしてあやまっているもの1つに○を書きましょう。

ア（○）古い建物はなるべくこわして、地震に強い新しい建物をたくさんつくる。

イ（　）伝統的な工芸品や行事を大切にする。

ウ（　）交通を整えて、産業をさかんにする。

エ（　）他の県や外国から、たくさんの観光客を集める。

冬休みのテスト①

自然災害にそなえるまちづくり

1 次の問いに答えましょう。 1つ10〔50点〕

(1) 次の話にあてはまる絵を、あとの㋐〜㋒からそれぞれ選びましょう。

- ひなん場所をしめす標識が、外国語でも書かれているね。 〔 ㋑ 〕
- 地震のゆれに強い家にするための、くふうがあるんだね。 〔 ㋒ 〕
- 災害のときに必要となるのが、ほかにもかかれているよ。 〔 ㋓ 〕

   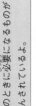

㋐　㋑

(2) ぶたんは国を守り、災害が起きたときにはひ…地域で救助活動などを行う機関を、次の____から選びましょう。 （　自衛隊　）

気象台　自衛隊　ボランティア

(3) 次の文のうち、自然災害へのそなえについて、正しいものの1つに○を書きましょう。

- ㋐（　）予想されるひがいをしめす地図を、ボランティアによって作られている。
- ㋑（○）災害が起こったとき、市区町村などの関係機関が協力するしくみがある。
- ㋒（　）災害にそなえて、食料や水は1日分だけ自分の家に準備しておけばよい。

地域で受けつがれてきたもの

2 次の資料にあてはまる言葉を、あとの文から選びましょう。

(1) 次の資料にあてはまる説明を、あとの文から選びましょう。

右の絵は、国の重要な文化財に指定されている、阿波人形浄瑠璃の様子です。

(2) あとの㋐〜㋒からそれぞれ選びましょう。

- 歴史ある建物が、使われなくなっている。 〔 ㋑ 〕
- 地域の伝統おどりが伝えられている。 〔 ㋓ 〕
- 人形を使った、伝統的なおどりが調べられるといいな。 〔 ㋔ 〕

- ㋐ 練習を見学する。
- ㋑ 年表を調べる。
- ㋒ 駅前の地図を調べる。
- ㋓ 祭りを行う人に聞く。

(3) 次の文の（　）にあてはまる言葉を、考えて書きましょう。

▲地域に古くから残るものを、これから先も（（例）守り伝える）ことが大切である。

冬休みのテスト②

昔から今へと続くまちづくり

1 次の資料を見て答えましょう。 1つ10〔50点〕

㋐ 井沢弥惣兵衛の年表

年	できごと
1663	紀伊国で生まれる。
1722	江戸に来る。
1727	秋ごろから、見沼代用水の工事を始める。
1728	春ごろに、見沼代用水が完成する。
1731	見沼通船堀が完成する。
1738	

㋒ 工事の大きさ
工事したきょり…約60km
参加した人数…約90万人
かかった費用…約2万両
ほった面積…約9万2000㎡

(1) 次のことがわかる資料を、上の㋐〜㋒からそれぞれ選びましょう。

- 見沼代用水をつくる工事は、どのように行われていたのかな。 〔 ㋑ 〕
- 見沼代用水は、いつごろつくられたんだろう。 〔 ㋐ 〕
- 見沼代用水をつくるのに、昔のお金は何両くらいで行われたのかな。 〔 ㋒ 〕

(2) 次のうち、資料からわかることとして正しいものの1つに○を書きましょう。

- ㋐（　）見沼代用水の工事には機械が使われた。
- ㋑（　）井沢弥惣兵衛は埼玉県に生まれた。
- ㋒（　）見沼代用水をつくる工事は何人くらいで行われたのかな。
- ㋓（○）見沼代用水は、工事を始めてから1年もかからずに完成した。

 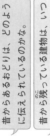  

(3) 見沼代用水について、次の____にあてはまる言葉を、あとの____から選びましょう。

▲用水路が完成すると、その地域には新田が開かれ、____がたくさんとれるようになった。 （　米　）

米　果物　魚　木材

焼き物を生かしたまちづくり

2 次の問いに答えましょう。

(1) 伝統的工芸品を作る人について話しています。次の文の____にあてはまる言葉を、あとの____からそれぞれ選びましょう。

- 地域に伝わるぎじゅつを使って、①（　手作業　）で作ります。
- ①（　　）②（　ふえて　）

機械　手作業　ふえて

(2) 次の文のうち、伝統的な産業について、正しいものの1つに○を書きましょう。

- ㋐（○）地域で手に入る原料や材料を生かして行うことが多い。
- ㋑（　）伝統的なぎじゅつはひみつにし、わかい人には伝えないほうがよい。
- ㋒（　）伝統を守ることを大切にし、新しい取り組みは行わない。
- ㋓（　）伝統的な産業を守る取り組みのためにはまるものを、あとの㋐〜㋒から選びましょう。

(3) 次の絵は、それぞれ伝統的工芸品を守る取り組みの様子です。それぞれの取り組みの目的にあてはまるものを、あとの㋐〜㋒から選びましょう。

- ㋐ 地域にたくさんの観光客を集める。
- ㋑ 遠くに住む人に伝統的工芸品を知ってもらう。
- ㋒ 伝統的工芸品をせいかつじゅうに身につけてもらう。

夏休みのテスト②

水はどこから

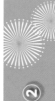

2 次の資料を見て答えましょう。　1つ10〔50点〕

(1) 次の話にあてはまるしせつを、資料中のⓐ〜ⓒからそれぞれ選びましょう。

- 川の水量を調節したり、発電に利用されたりするよ。
- 使った水をきれいにして、川に流したり再利用したりするよ。

ⓐ

ⓒ

(2) ①のしせつを何といいますか。（ 浄水場 ）

(3) 次のグラフを見て、あとの文の　にあてはまる言葉を、考えて書きましょう。

［家庭当たり1日に使う水の量］
- 2005（平成17）
- 2020（令和2）
300㎥ 200 100

［工場当たり1日に使われる水の量］
- 2005（平成17）
- 2020（令和2）
700L 600 500 400 300 200 100

▲工場でも家庭でも、節水の取り組みとして正しいもの

次の文の　にあてはまる言葉は、

(4) 次の文のうち、　の1つに○を書きましょう。
- ⓐ（　）あらいものは、水を出したまま行う。
- ⓘ（　）ふろの残り湯はすぐにすてる。
- ⓒ（　）せんたくは少しずつ行い、回数をふやす。
- ⓔ（　）シャワーの水はこまめに止める。

実力判定テスト

ごみはどこへ

1 次の資料を見て答えましょう。　1つ10〔50点〕

［東京都（23区）のごみの量の変化］
500万t 400 300 200 100
1950（昭和25）70 90 2010 21（令和3）年

月	火金	土
もえるごみ	もえないごみ	大型ごみ

(1) 次の話にあてはまる資料を、上のⓐ〜ⓒからそれぞれ選びましょう。

- ごみは、種類によって出す曜日が決められているんだね。
- 東京都23区のごみは、1990年が最も多いんだね。

ⓐ

ⓘ

(2) 次のうち、資料からわかることに1つに○を書きましょう。
- ⓐ（　）東京都のごみの量は、ふえ続けている。
- ⓘ（　）清掃工場では、ごみをもやしたときに出る熱で、電気がつくられている。
- ⓒ（　）もえないごみは、もえるごみよりも多い。

(3) リサイクルについて、次の文の　にあてはまる言葉を、あとの　からそれぞれ選びましょう。

▲ごみをきちんと①（ 分別 ）したり、②（ 資源 ）の中かららって出したりすることが大切である。

地面にうめる　資源　もえるごみ
分別

夏休みのテスト①

県の地図を広げて②

2 次の地図を見て答えましょう。　1つ10〔50点〕

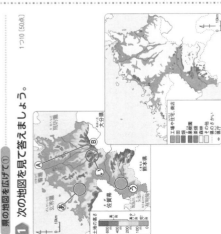

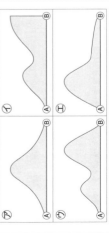

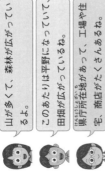

（山口県）（北九州市）
—主な道路
—◯◯線（新幹線）
その他の鉄道
JR線（新幹線）

(1) 次の絵にあてはまる交通を、ⓐ〜ⓔからそれぞれ選びましょう。

ⓐ
ⓘ
ⓒ

(2) 次のうちわかることに1つに○を書きましょう。
- ⓐ（　）鉄道や道路が外国まで広がっている。
- ⓘ（　）県内に、空港は3つある。
- ⓒ（　）山口県までは、高速道路を使って行くことができる。
- ⓔ（　）福岡県の交通路線が、県内を東西に走っている。

(3) 地図を見て、次の文の　にそれぞれ選びましょう。

▲北九州市では鉄鋼が①（ 工業 ）の中心になっている。福岡県の①（ 工業 ）がさかんになっている。
▲宮若市や苅田町では、主に②（ 自動車 ）などがつくられている。

工業　自動車　漁業　食料品

実力判定テスト

県の地図を広げて①

1 次の地図を見て答えましょう。　1つ10〔50点〕

土地の高さ
400m 300 200 100

(1) 地図中の（A）—（B）の土地の高さをしめした図を、次のⓐ〜ⓔから選びましょう。（　）

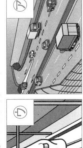

ⓐ A　B
ⓘ A　B
ⓒ A　B
ⓔ A　B

(2) 次の話は、地図中のどこにあてはまりますか。地図中のⓐ〜ⓒから選びましょう。

- 山が多くて、森林が広がっているよ。
- このあたりは平野になっているね。田畑が広がっているよ。
- 県庁所在地があって、工場や住宅、商店がたくさんあるね。

ⓘ
ⓒ
ⓐ

(3) 県の土地利用についてわかることを、「地形」という言葉を使って簡単に書きましょう。

（《例》地形に合わせた土地利用をしている。）